U0500395

通往文化传播之路

TONGWANG WENHUA CHUANBO ZHILU

刘 明◎编著

知识产权出版社
全国百佳图书出版单位

图书在版编目（CIP）数据

通往文化传播之路/刘明编著. —北京：知识产权出版社，2019.3
ISBN 978 – 7 – 5130 – 6083 – 7

Ⅰ.①通… Ⅱ.①刘… Ⅲ.①汉语—对外汉语教学—教学研究 Ⅳ.①H195.3

中国版本图书馆 CIP 数据核字（2019）第 026407 号

内容提要

本书是围绕汉语国际教育和文化传播路径的学术探索，内容包括中亚来华留学生课堂教学优化实证研究、新疆汉语国际教育专业发展的区域特征等理论思考、吉尔吉斯斯坦伊塞克湖州孔子课堂汉语言文化传播现状、留学生对中国传统节日认知状况调查等。本书从理论探索、实地调研和学术翻译三个方面呈现对汉语国际教育与文化传播的探究。

责任编辑：石红华　栾晓航　　　　责任校对：潘凤越
封面设计：邵建文　　　　　　　　责任印制：孙婷婷

通往文化传播之路

刘　明　编著

出版发行：知识产权出版社有限责任公司		网　　址：http://www.ipph.cn	
社　　址：北京市海淀区气象路 50 号院		邮　　编：100081	
责编电话：010 – 82000860 转 8130		责编邮箱：shihonghua@ sina.com	
发行电话：010 – 82000860 转 8101/8102		发行传真：010 – 82000893/82005070/82000270	
印　　刷：北京中献拓方科技发展有限公司		经　　销：各大网上书店、新华书店及相关专业书店	
开　　本：787mm×1092mm　1/16		印　　张：22	
版　　次：2019 年 3 月第 1 版		印　　次：2019 年 3 月第 1 次印刷	
字　　数：325 千字		定　　价：88.00 元	

ISBN 978-7-5130-6083-7

出版权专有　侵权必究
如有印装质量问题，本社负责调换。

基金资助：新疆维吾尔自治区普通高等学校人文社会科学重点研究基地"中亚汉语国际教育研究中心"

本书为国家社会科学基金西部项目"跨境民族塔吉克族同源节日民俗与文化认同研究"（项目批准号：17XMZ098）的阶段性成果和新疆师范大学国际文化交流学院教师科研启动基金项目"通往文化传播之路"的最终成果。

献给我的姐姐陈英

前　言

　　文化传播（Cultural Communication）是人类学、文化学、传播学、新闻学、社会学、国际关系、语言学、汉语国际教育等学科和领域研究的核心议题。文化传播也常常被学者称为文化扩散，是指人类文化由发源地向外辐射传播或散布的过程。由路径可分为直接传播和间接传播，由方向可分为纵向传播和横向传播。按其分类不同，研究的角度会有所差异。

　　从人类学、文化学的播化论学派观之，物质文明的地理分布是其研究的重点。它能反映文化移动的空间序列，侧重不同文化之间的横向联系。诚然，文化的移动和传播是人类较为普遍的现象。拉策尔（F. Ratzel）、弗罗贝纽斯（Leo – Frobenius）、弗·格累布奈尔（F. Graebner）、威廉·施米特（W. Schmidt）、威廉·里弗斯（W. H. R. Rivers）、G. 埃利奥特 – 史密斯（G. Elliot Smith）和威廉·詹姆斯·佩里（W. J. Perry）等都从空间范畴指明了不同群体间的文化联系。然而，人类学传播论者难以回答文化特质的最初起源。

　　如果将传播学作为研究侧重点，我们很容易发现：它更为关注人类文化传播现象及其规律，它是将传播学理论作为文化传播的理论基础，以传播作为研究文化的切入点。由此，研究任务不仅仅是洞察人类社会的文化行为，还重在研究其如何传播和分享文化。1948 年，哈罗德·拉斯韦尔（Harold D. Lasswell）撰文《社会传播的结构与功能》，正式明确传播过程以及五个构成要素，即谁（who）、说了什么（say what）、通过什么渠道（in which channel）、对谁（to whom）、取得了什么成效（with what effect）。这就是经典的 5W 传播模式，它更重视传播的确定效果。

　　假如我们愿意将传播赋予时代的表述，即将其看作新闻传媒或文化媒介；那么，按照媒介社会学者迈克尔·舒德森（Michael Schudson）对新闻传媒的研究范式可以分为三种维度：第一，宏观维度讨论媒介和新闻生产系统与国家权力和资本机制的关系；第二，中观维度关注新闻职业和传媒机构的组织社会学；第三，文化视角偏重文化价值、传统和表征系统对媒介运作及其意义建构过程的影响。

从语言学的视角来看，文化传播的三种符号形式即声音（语音）、形象和文字。最为经典的研究，如季羡林撰写的《浮屠与佛》《再谈浮屠与佛》。其中，前者主要是论证中国最古佛典翻译中的"佛"字，不是直接从梵文 Buddha，而是间接通过吐火罗文 A（焉耆文）的 pät 和 B（龟兹文）的 pud、pūd 译过来的。语言中一个字的音译所呈现的是佛教传入中国的途径和时间。后文一方面讨论"佛"字对音的来源，另一方面则是从"浮屠"与"佛"的关系推测佛教传入中国的途径和时间。此项研究，可以堪称是从语言学做切入点透视文化传播的典范之作。

汉语国际教育依托"汉语热""一带一路"倡议和孔子学院设立的时代背景，秉持"亲、诚、惠、容"和民心相通的理念，坚持"以邻为善、以邻为伴"，坚持"一带一路"共同愿景和"互信、互利、平等、协商、尊重多样文明、谋求共同发展"的人类命运共同体。中国优秀传统文化的传播对于形塑国家正面形象、提升国家核心竞争力、提高国家凝聚力、促进国家产业创造力、增强国家文化软实力和传承民族文化生命力等方面均具有积极的影响。

新疆师范大学国际文化交流学院成立于 2009 年 7 月，其前身是 1990 年 3 月成立的汉语教学研究部，2004 年更名为汉语教育学院。目前，学院拥有语言学及应用语言学和汉语国际教育两个硕士点，其中语言学及应用语言学硕士点下设对外汉语、社会语言学、语言与文化传播三个研究方向。截至 2017 年 6 月，我们有来自哈萨克斯坦、吉尔吉斯斯坦、塔吉克斯坦等 49 个国家的留学生。正是基于学术研究方向和语言教育对象的要求，学院从 2016 年至 2018 年设立中亚文化传播研究所，开展了为期 3 年侧重文化传播的学术探究。本书正是在这样一个时代环境和学术氛围中所做出的努力。

《通往文化传播之路》是笔者近年来从事语言与文化传播研究的心得和感悟。尤其是在学院中亚文化传播研究所平台打造的基础上，在学院主管领导的支持下，在教师同仁的帮助下，基于对中亚文化传播的若干理论探索和实地调研所凝结的学术作品。文集内容有：《中亚来华留学生课堂教学优化实证研究》《新疆汉语国际教育专业发展的区域特征》《丝绸之路经济带核心区建设现状与前瞻性述评》等理论与实践相结合的思考，也有我所带的汉语国际教育硕士研究生的毕业之作。它们分别是贾玮琼的《吉尔吉斯斯坦伊塞克湖州孔子课堂汉语言文化传播现状》（2016）、陈瑶婵的《中国传统节日认知状况调查——以台湾中国文化大学日韩留学生为例》（2017）、胡雅雯的《汉塔亲属称谓对比研究及其对汉语教学的启示》（2017）和李晓闻的《初级阶段汉语国际教育教师课堂语言传播效果调查研究——以新疆师范大学非学历留学生为例》（2018）。

特别要说明的是，张倩汝的《新时期灾后移民的民族关系重建及其交往方式探研——以新疆塔吉克阿巴提镇社区为例》和王倩的《新疆社会转型中塔吉克女性社会化程度研究》是对笔者田野调研的英文译介；冯雪的《帕米尔高原塔吉克族水文化调查研究》是对笔者撰文的俄语翻译。我们希望在文化传播方面实现多向互动，有更多的学术同仁共同助力！由于笔者和所带研究生学术水平和研究能力有限，有很多研究不到位、言说不清晰之处，还望研究者们不吝赐教！怀揣着对文化传播学术研究的赤诚之心，一路筚路蓝缕、薪火相传，是为前言！

2018 年 9 月
于新疆师范大学国际教育大厦

目 录

理论探索

中亚来华留学生课堂教学优化实证研究 …………………… 刘明（3）

新疆汉语国际教育专业发展的区域特征

    ——以新疆师范大学为中心 …………………… 刘明（10）

丝绸之路经济带核心区建设现状与前瞻性述评

    ——基于俄罗斯学者视角的中亚国家合作研究学术交流

    动态研究 …………………………………………… 刘明（18）

从实求知　志在惠民

    ——读周庆生《语言生活与语言政策：中国少数

    民族研究》 ………………………………………… 刘明（29）

神话的"谜思"：二律背反与"触及岩石"

    ——兼谈列维－斯特劳斯《阿斯迪瓦尔的武功歌》 ……… 刘明（32）

实地调研

吉尔吉斯斯坦伊塞克湖州孔子课堂汉语言文化传播现状 …… 贾玮琼（47）

中国传统节日认知状况调查

    ——以台湾中国文化大学日韩籍留学生为例 ………… 陈瑶婵（90）

汉塔亲属称谓对比研究及其对汉语教学的启示 ………… 胡雅雯（176）

初级阶段汉语国际教育教师课堂语言传播效果调查研究
　　——以新疆师范大学非学历留学生为例 ·················· 李晓闻 （223）

学术翻译

Research on Reconstruction of Ethnic Relations among Post – disaster Migrants
　　and Their Communication Patterns in the New Era—A Case of the
　　Community of Tajik Abati Town,
　　Xinjiang ················ 刘明/著、张倩汝/译、刘明/校 （275）
Research on the Degree of Tajik Women Socialization in Social Transformation
　　of Xinjiang ················ 刘明/著、王倩/译、刘明/校 （299）
Исследование о таджикской культуре воды в высокогорьях
　　Памира ················ 刘明/著、冯雪/译 （321）

理论探索

中亚来华留学生课堂教学优化实证研究❶

刘　明

一、中亚来华留学生课堂教学的现状

随着"一带一路"倡议的提出，丝绸之路经济带沿线国家不仅在政治、经济、国际关系等领域开展了广泛而密切的合作交流，在文化交流和高等教育等方面也逐渐发力，越来越多地展现出不同国家间友好交往的实质内容。自 20 世纪 80 年代新疆留学生教育逐渐兴起至今，留学生的培养，尤其是国别结构、招生力度和办学层次等方面的提升都是史无前例的。从向内和向外两个维度，都可以看到汉语教育、汉语教学如火如荼，汉语课程林林总总，留学生人数稳中有升。由此，针对中亚来华留学生课堂教学的优化，其重要性不言而喻。

自捷克教育家夸美纽斯在《大教学论》（1632）中提出并系统阐释班级授课制以来❷，社会教育、学校教育和家庭教育即成为教育场域中探讨教育问题时必定会论及的三个情境。作为学校教育，课堂教学又是最为人们所重视的。那么，高校教育中的现实和理论问题就逐渐浮现：一是师生如何有效互动？二是如何开展有效互动的课堂教学？三是面对留学生的课堂教学又存在哪些问题？四是留学生汉语课堂教学中如何实现良好的师生互动，以利于培养留学生对中华文化的认同和理解？对于上述问题，笔者尝试使用民族志的方式描述中亚来华留学生汉语课堂教学中师生互动的场景，希冀通过对实例的描绘和分析，不断提升高校教师对中亚来华留学生课堂教学的实践经验和理论思考。

---

❶ 文章的早期版本曾公开发表在《新疆师范大学学报》，2018 年第 5 期。

❷ ［捷克］夸美纽斯：《大教学论》，北京：教育科学出版社 1999 年版。

二、中亚来华留学生课堂优化的路径

(一) 克服师生在年龄等方面的差异

教师由于经过多年的师范类规训，不仅掌握了知识层面的理论和方法，在教学方法上也形成了一定的风格（激进型、立法型、评判型、整体型）❶。以往我们认为没有教不好的学生，只有不会教的老师，借此强调教师的育人责任。但事实上不同类型的学校、差异化的生源、区域性的文化分野等，都阻碍了师生之间的有效互动。

例如，教师和学生之间在年龄上是有差异的。一般而言，教师年长于学生，中国传统文化有尊老的习惯，因而造成教师往往存有优越感，认为学生应当尊重老师(当然，这并不是说"尊师重道"不重要)。在课堂教学中，学生尊重老师也成为一种潜意识，在诸多教学行为中均有所体现。诸如，学生在课堂上向老师问好，举手回答问题，迟到后站在教室门口经老师同意后才能落座，上课不能随意离开座位等。

作为一名教师，课堂上应当受到尊重，那是有场域的，课下我们也可以主动先向学生打招呼和问好。教师是可以心平气和地与学生良好沟通的，要加强互补、互动和相互理解，尽量抹平师生间在年龄、智识和心理上的差异。

(二) 师生有效互动的路径基于人格平等

教师是教的主体，学生是学的主体。中亚来华留学生比较注重自我，因此教与学作为主体之间的平等对话就显得尤为重要且必要。相对于留学生性格的直率，如果教师仍旧是一副居高临下的状态，的确很难实现良好的教学互动。

一位来自乌兹别克斯坦的留学生写道："我眼中最美的教师是新疆师范大学的某某老师，他既是我们的班主任，又是我们精读课的老师。他在节日里为我们组织活动，他在班里的严格，都是为了我们好。过诺鲁孜节时，他为我们买来蛋糕和水果；过冬至时，他会带我们一起包饺子，我们

---

❶ 贺雯：《教师教学风格的调查研究》，《心理科学》，2005 年第 1 期。

班的同学都很感动、很开心。因为班主任辛勤地工作才让我们取得优异的成绩。我们班里的同学们都以班主任为骄傲，都喜欢班主任。下课时，我们在班里复习，他让我们多看书，有时候我们不会的题目会问班主任，老师讲课我们认真听讲，下课我们认真做题，那时候我相信我们一定能取得好成绩。"（华侨 14－1 班，木合买提江）

一位来自中亚的留学生如是写道："当老师很不容易，我知道因为我妈妈是老师。她每天要准备上课，一天六节课，而且她教的内容包括数学、生物、俄语、阿尔泰语、文学等。她要开班会，也要参加会议。她早上去学校，晚上六七点才回家。在家她又要准备明天的课，要批改作业等等。我觉得老师的工作特别难。你要教孩子们他们不知道的东西，他们会问不明白的事情。因为他们不知道很多东西，所以老师要提前做好准备。如果老师不知道答案那怎么办？所以，老师也要有经验。"（语言学硕士 16－2 班，托克尼娜·艾苏露）

作为一名教师要承担"一岗双责"的重担，而育人又无时不在，这不仅要求老师向学生传授知识，还要言传身教地传达做人的道理。由此，师生间的人格平等才是构建教与学双主体间良好互动的有效路径。

（三）有效互动的课堂教学路径基于价值观的尊重

在中亚五国来华留学生的课堂上，笔者曾尝试询问汉语硕士留学生们："你们为什么来中国读研究生？"一位上课敢于回答问题的学生说，他希望今后能有一份收入不错的工作。这个回答功利性还较为明显。

笔者立即在课堂上布置给留学生们一项任务——写出十件你生命中最想完成的事情。过了几分钟，一位女同学就写好了：第一，读博士做一名优秀的同声传译；第二，……；第三，爬到珠穆朗玛峰，眨眼睛、呼吸、用降落伞跳下去；第四，走遍世界，开阔眼界，如法国、意大利、新西兰、西班牙等；第五，去好莱坞见自己最喜欢的演员；第六，跟最好的朋友们参加夏日沙滩聚会；第七，参观埃尔米塔日博物馆；第八，开自己的基金公司帮助孤儿们、患癌症的病人；第九，……；第十，跟男朋友结婚、生孩子，一起活到老。（汉硕 13－2 班，小月）

当她大声读出自己人生中想要完成的十件事，可以发现，如果帮助学生拓宽思维，还给学生一个宽广的眼界，学生们并没有以当下的经济利益作为终身的追求,他们有自己的内心格局。作为老师,我们不能决定学生的命运,但是希望能够帮助和影响他们作出自己的人生选择。与此同时,作为主体性的价值观,也应当表示理解,毕竟理性不是由他人灌输出来的,而是需要通过自身理解感悟产生。

(四)跨境民族的文化和情感需要得到共鸣

中亚留学生的知识结构建立在苏联的教育体系之中,如果老师要求女同学使用汉语进行表达,可能囿于语言水平的限制或者内敛的性格,她们会怯于在课堂上公开表达自己的观点或者不能准确地表达自己的观点。可是如果允许他们在课堂上使用母语来表达思想,那热情和互动效果就完全不同了。

在汉语国际教育硕士写作课上,笔者要求学生们准备自己喜欢的一首汉语诗歌,同学们觉得难以完成。可是,笔者转换思路:要求他们准备一首自己国家的诗歌,将其翻译成汉语并与同学们分享,没想到来自塔吉克斯坦的学生骄傲地朗读着鲁达基的诗作:(1)既然宇宙是唯一的,有谁不需要知识呢?打开你的嘴巴眼睛,做个求知若渴的人。(2)圣人绵延和平和善良,傻瓜绵延战争和内乱。(3)爱你的美丽和你的快乐,这个世界像奔流的溪水。忘记过去看未来的欢喜,生活在当下的幸福之中!(4)一年一次绽放闪耀玫瑰,对于卑微傲慢的我来说,你的脸庞永远美过玫瑰……来自俄罗斯的学生则自豪地朗诵着普希金的诗歌。这些课堂经验使笔者逐渐明白:师生之间的知识存量或许存在差异,但以贴近学生的文化和情感作为突破口,结合中亚留学生的群体特点,在此基础上再嫁接需要掌握的语言知识,可以实现语言和文化的双向贯通。因此,笔者还在写作课上要求学生们通过读散文、看小说、听音乐、赏电影等多种途径,真正接触、了解和翻译各类汉语文学作品。

笔者还尝试播放一些中国少数民族题材的电影,并要求学生撰写观后感。一次,笔者在课堂上放了一部中国塔吉克族题材的电影《冰山上的来客》。课后,一位来自塔吉克斯坦的学生非常感慨和感动。他的观后感如下:"这个电影的主题很深刻,所表现和想传达的寓意也很多。当然,看完电影都会有个人的感受。这个电影中的配乐非常优美,而且浓郁的民族风格(塔吉克族)打破了以往电影音乐所惯用的旋律和章法,使人耳目一新。片中哨所战士们的浩然正气和英雄主义精神值得人们称颂。这部电影中最让我感动的就是对战友思念的歌曲《怀念战友》。剧中最美的那一段阿米尔和古兰丹姆对唱的《花儿为什么这样红》，歌颂了美好的爱情，让我有了想学习这首汉语歌曲的冲动。看完这部电影，我第一次了解了中国塔吉克族曾经的生活状况和历史情形。希望能有机会亲自去塔什库尔干县看一看，了解他们现在的生活。"

作为国际文化交流学院的一名普通教师，我们有教书育人的职业责任感和使命感。同时，我们也要深刻体会新疆作为中亚文化交流的桥梁，在"一带一路"倡议下如何实现语言相通、语言服务、文化交流、民心相通的国家发展目标和重大需求。因此，中国边境地区跨民族的经济、社会及其文化和情感融通就显得格外重要和具体。

（五）师生关系在跨文化交际中加深理解

我们想当然地认为：老师上课就是教学生，学生上课就是来学习的。一如霍尔顿在学校的愤怒和焦虑无法释放❶，这种情感互动也使得我们很难自省：如何发挥学生的主动性？我们时常使用 HSK 或者 MHK 的考试用书来教留学生，让学生掌握各种汉语句型和语法。有一次，一位来自中亚的学生在上课时调皮地向笔者请示道："老师，我出去一下，马上回来。"我笑着回复道：马上是十分钟，还是两个小时？（是线性时间，还是循环时间）学生本想难住老师，作为老师如果不能机智地解答这个问题，不仅影响上课的进程和节奏，而且也不利于课堂教学中师生有效互动。

中亚留学生在初等教育中就已养成了多种学习习惯。事实证明，学生问问题有时也只是一种希望与老师进一步互动的方式。如果我们可以更好地包容学生，有效互动之萌芽就成为可能。课堂作为教与学的载体，还承载着文化惯习的差异，要想彼此认识、了解，还有更广阔的跨文化交际和沟通工作可做。

（六）留学生课堂教学也要增强跨文化理解能力

我们除了在师生关系中要加深跨文化理解能力，在课堂教育中也需要增强跨文化理解能力。无论老师遇到怎样的学生，学生作为主体的人之唯

---

❶ ［美］塞林格：《麦田里的守望者》，广州：广州出版社 2007 年版。

一性是值得珍视的。学生在知识上遇到困惑的情绪是需要宣泄的，学生在生活上遇到的不解是需要指引的，学生在情感上碰到的各类状况是需要对话的。现实中老师也有很多知识、生活和情感上的困惑，也正因为如此，我们才有可能将心比心地理解学生。

作为留学生汉语研究生的课程，要求留学生查阅文献和自我获取知识的能力需要提高。一些老师通过指定的教材提高其语言技能，一些老师透过文化课程设置增强其情感认知❶，我们在课堂上能做的还有什么呢？对于语言文字的学习当然不仅是在课堂上，课余的操练也比较重要，即课堂其实与课下也有紧密的联系。在通过与学生的交谈后，我们了解到中亚留学生获取图书的方式较为单一。他们在自己国家大多是去图书馆看书，购买图书的机会很少。因为许多学生还没有培养起自我阅读的习惯，总是在升学的指挥棒下应付各种考试。于是，笔者给学生们发放了很多图书，让学生们逐渐培养起自己的阅读和研究兴趣。对于课上积极回答的同学，笔者会将图书赠送给他们以示鼓励。课下，一位中亚男生给笔者写了一张小纸条："老师，感谢您。您给我很大动力，我佩服您的智慧、知识！"

每个国家的国情不同，阅读习惯也有所差异。所以，在针对中亚来华留学生课堂教学优化时，我们要重视增强教师和学生间的跨文化理解能力。比如，老师须多了解学生曾经接受的教育教学环境，而学生们则可以通过阅读逐渐拓宽思路和视野，找寻各自喜欢的图书，进而在课堂上分享心得体会。这也是知识的贡献和力量，知识的分享能帮助更多的学生从中汲取养料。中亚来华留学生自身想了解的态度、愿意学的主体意识，其交往意愿和跨文化理解能力也会随之有所提升。

三、中亚来华留学生课堂教学的趋势

高等院校作为教育机构，教学管理工作通过教学计划、教学大纲、教师教案、课件准备的检查督导，试卷命题审批表、试卷分析、参考答案、考场情况登记等内容的分析，周工作计划、班主任工作计划、班级日志、毕业实习设计等教学环节使得课堂教学能够被有效的管理和监督。教师和

---

❶ 刘明：《新疆民族学人类学理论与实践》，乌鲁木齐：新疆人民出版社 2013 年版。

学生在学校这一较为封闭的生活空间和教学环节中，其实并不是对立者，而是陪伴者。教师陪着学生成长，学生伴着教师成熟。更何况作为高校教师还面临着知识生产的职责和使命❶。这也是一种学术和实践契机，让我们重新加强师生的平等互动，建立和谐的师生关系。

高校教育之路长远，依据学生主体差异性，教师也要积极做出调整。一切语言都是思想的标记，反之，思想标记的最优越的地方，就是运用语言这种最广泛的工具来了解自己和别人❷。面对年龄、知识体系、跨文化交际的差异，如何实现有效互动，需要教师从自身努力发挥巧思，凝结教学智慧。透过人格和情感平等的可能性，找到尊重人格和价值观、实现文化和情感共鸣、不断提升学生跨文化理解的能力等课堂教学策略。由此，提高留学生的教育质量，培养其对中国的情感认同和文化理解。作为睦邻友好的隔壁邻居，在与周边国家关系的新型外交理念指导下，如何发展和实现我们与他者利益、命运、责任的共同体，如何开拓一个新局面，学习互鉴、互利共赢，怎样在情感方面紧紧连在一起，世世代代友好下去，为国与国之间民心相通和文化交流贡献自己的智慧和力量❸，是我们需要研究的课题。

以往我们在研究留学生课堂教学时，常常会采取定量问卷统计的方法。当然，根据研究问题可以收集很多数据信息和态度指向。面对丝绸之路经济带所赋予我们的语言相通、文化相通和民心相通的历史契机，我们还需要收集和整理内容翔实、丰富的汉语课堂教育田野志，以期对这一时期文化交流交往交融的学校场景给予注解。由此，我们在教育和教学过程中，需要开风气而不为师❹，在基于师生平等的社会角色中注重课堂教学的有效互动。在全球化发展和影响下，尽管人们常常希冀一种终身教育，但学校教育仍旧在每个人的青少年时期发挥着重要作用。我们要对留学生的课堂教学引入因人制宜的阶段性内容，从而更好地把握留学生的学习特征来优化汉语课堂教学。

---

❶ 张维迎：《大学的逻辑》，北京：北京大学出版社 2004 年版。
❷ ［德］康德：《实用人类学》，上海：上海人民出版社 2002 年版。
❸ 李建军：《关于提升中华文化对外传播能力的思考》，《暨南学报》，2017 年第 7 期。
❹ 钱民辉：《教育社会学：现代性的思考与建构》，北京：北京大学出版社 2004 年版。

新疆汉语国际教育专业发展的区域特征

——以新疆师范大学为中心[❶]

刘　明

一、引言

本科教育是大学教育的立足点和根本点，也是硕士、博士乃至博士后人才培养的根基。随着近年来中国国力的提升和汉语热在世界范围逐步升温，汉语国际教育本科专业也以星星之火可以燎原之势在全国轰轰烈烈地开展起来[❷]。因为汉语国际教育专业还在发展探索阶段，汉语国际教育专业自身所具备的学科定位、教学对象和师资配比等多重因素，使得不同地区各高校在发展其专业时逐渐形成了不同的地域特色和区位优势，对其发展脉络进行梳理，既可以总结既往、放眼未来，也可以更好地加强专业建设、明确教学目标、改善办学条件、明晰发展特色。从另一个角度来看，对不同地区高校汉语国际教育专业进行适当的对比，也有助于总结学科专业发展经验教训，有助于不同院校间取长补短。

新疆师范大学汉语国际教育本科专业起步较早，其发展在新疆地区很有代表性，我们以其为重点，以点带面对新疆汉语国际教育专业的发展脉络进行梳理。截至 2017 年 4 月，全国有近 300 所大学纷纷开设汉语国际教育专业。在新疆区域内，新疆师范大学、新疆大学、新疆财经大学、伊犁师范学院 4 所院校设立本科专业。在新疆各大高校中，新疆师范大学于2005 年较早开展对外汉语本科专业；新疆大学于 2007 年开始设置专业，2008 年 1 月正式成立国际文化交流学院；新疆财经大学于 2008 年从事相

---

❶　文章的早期版本曾公开发表在《云南师范大学学报》，2017 年第 4 期。
❷　伊莉曼·艾孜买提：《新疆高校中亚来华留学生教育现状及发展分析》，《新疆社会科学》，2009 年第 4 期。

关教学活动；伊犁师范学院于 2006 年 12 月成立国际交流学院，2007 年 3 月开展留学生汉语教学工作。新疆汉语国际教育专业在十几年的发展中逐步形成了自身的办学特点和区域特征。

二、专业孵化，整合资源

首先，汉语国际教育的新疆经验突出地表现为：专业孵化，整合资源。新疆师范大学 1990 年 3 月筹建的汉语教学研究部即是其根基。历经 14 年的发展和积淀形成一批稳定的师资团队，并于 2004 年 4 月从研究部发展为汉语教育学院。当时，其教学对象的着眼点是以新疆少数民族学生为主，教学目标是提高少数民族的双语能力，使其共享更多的大学教育资源，从而提升教育质量。2009 年 7 月成立的国际文化交流学院则是向着汉语国际教育迈出的坚实一步。因为虽然同是汉语作为第二语言教学技能的培养，但面向的学生不同，教学层次也不同。在生源方面，从国内转变为国外；在教学方面，从预科教育转变为国际教育。由此，也使得新疆师范大学国际文化交流学院的视野更为广阔。

曾几何时，为了区别汉语言文学专业（即人们熟知的中文系），早期曾将从事留学生汉语教学的专业命名为对外汉语专业。简言之，培养目标是外向型汉语教学人才。在实际操作过程中也将其纳入汉语教育学院。从对外汉语的字面上来看，意即对中国之外的汉语教学和教育。对中国之内的汉语又分为：以针对少数民族学生为主（其中含有汉考民）的汉语教学为双语教育，以针对汉族学生为主（其中含有民考汉）的汉语言文学为中文教育。可以说，这一阶段我们对汉语教学的理解可以分为 3 个层次：双语教育、中文教育和对外汉语教育。这种划分的理论依据是以教学对象的差异性为思维逻辑，以母语和非母语为判断标准，以国内、国外为文化分野。

以双语教育为导向，除了短期的预科教育之外，一些高校少数民族学生以汉语为专业，汉族学生以少数民族语言为专业的中语系应运而生。以中文教育为导引，除了汉语言专业之外，一些高校还增设了现代文秘专业方向。以对外汉语教育为引擎，除了面向中国学生的对外汉语专业，还有面向外国留学生开设的不同办学层次的教育。例如，留学生自费项目、奖学金项目、华侨项目、短期教育（三个月、半年、一年、两年不等）、本科教育、硕士教育（专业型硕士和学术型硕士），尤其是不同专业引以为龙头的汉语教育——商务汉语、法律汉语等。值得注意的是，即使有专业汉语教育的方向作为引领，也需要公共汉语作为语言支撑，继续强化汉语语言和语文能力。❶

从对外汉语到汉语国际教育其理念发生转变，这主要体现在对外汉语强调"外"，汉语国际教育重在"国际"❷。我们培养亲华、知华、爱华、友华的汉语参与者、爱好者和研究者，在与国际接轨的过程中，不能总以他者的文化视野画地为牢，更不能以内外二元对立的思路仅仅培养语言学习者。相反地，我们要海纳百川吸引国际留学生，与之平等对话，让一批优秀的汉语习得者成为中华文化传播的使者，为丝绸之路经济带沿线国家的友好交往发挥积极作用。❸ 尤其需要关注的是，把与之相关的留学生汉语国际教育本科专业如何纳入其中。正是有了汉语教学研究部、汉语教育学院多年的专业孵化，才使得汉语国际教育专业能够顺势地整合资源。由此，与其他区域开展汉语国际教育专业的不同，新疆师范大学是从少数民族汉语预科教育起底的。

三、课程丰富，兼通俄语

学科定位不仅关系到专业设定和课程设置，还牵涉学生培养和教师发展。在一段时期内，汉语国际教育专业在学科相关性上与汉语言文学专业都有十分紧密的联系。特别是在课程设置和教师任课方面，古代汉语、现代汉语、古代文学、现当代文学、中国文化通论等核心主干课程是互通的。汉语国际教育专业毕业生所获得的学位证是文学学士就是最好的注脚。

与此同时，新疆师范大学在开设汉语国际教育专业时也倾向于增加二语或三语的学习。譬如，开设英语课程和具有地缘优势的俄语课程。曾经有一段时期，英语课程以综合英语、英语听说为主，既有别于英语专业没有开设英国文学等课程，又有别于大学英语作为公共外语课程。相对于大

---

❶ 刘明：《从实求知 志在惠民——读周庆生〈语言生活与语言政策：中国少数民族研究〉》，《西域研究》，2016 年第 3 期。

❷ 李建军：《国际理解的视域与学科维度》，《新疆师范大学学报》，2016 年第 3 期。

❸ 李建军：《对外传播形式的新向度》，《东北师大学报》，2016 年第 6 期。

学生而言，英语的学习从小学、初中、高中延伸至大学，具有其连续性。

就全国外语教学而言，新疆师范大学在英语教学方面可能优势并不明显，但是，我们发现国际留学生主要源自中亚，这些留学生普遍使用俄语。截至 2017 年 6 月，新疆师范大学的留学生分别来自阿尔及利亚、阿富汗、阿塞拜疆、埃塞俄比亚、澳大利亚、巴基斯坦、贝宁、德国、俄罗斯、法国、菲律宾、芬兰、冈比亚、格鲁吉亚、哈萨克斯坦、韩国、荷兰、吉尔吉斯斯坦、几内亚、加拿大、加纳、喀麦隆、肯尼亚、利比里亚、利比亚、马里、毛里塔尼亚、美国、蒙古、尼日尔、尼日利亚、日本、塞拉利昂、沙特阿拉伯、索马里、塔吉克斯坦、泰国、坦桑尼亚、突尼斯、土耳其、土库曼斯坦、乌干达、乌克兰、乌兹别克斯坦、西班牙、伊朗、意大利、英国和赞比亚等 49 个国家。

针对留学生的生源主要面向中亚这一地缘和现实情况，在专业课程设置上，新疆师范大学汉语国际教育学院也经历了从英语向俄语转型的阶段。因为俄语要从零开始，相当一部分学生开始时是很难从思想上接受的，更不用说要在短短的 4 年大学生涯中通过俄语四级的考试。我们通过几轮的转变，逐渐减少英语课程，增加俄语课时。尤其是在实习阶段，当学生面对中亚学生能够使用俄语交流时，俄语也逐渐为学生和老师所接受。此外，汉语国际教育本科专业还开设了语言学纲要、语言学概论和二语习得的相关课程，也使学生具备了语言学及应用语言学的专业学习特点。现实中，我们通过俄语学习与海外实习相结合，在俄语语言环境中强化俄语教学。

除了中文专业的主干课程以及语言学的相关课业，汉语国际教育还重视教学与教法。与汉语国际教育相对应地设置了对外汉语教学通论、对外汉语模拟课堂、教师口语与普通话测试、案例分析与教学实践等专业课程。于是，汉语国际教育又增加了教育学的分量和特色。我们也有意识地抓紧精品课程的建设。譬如，教授和副教授在本科教学工作方面主动承担核心课程等。

在几轮学科定位中，一些相关课程如民俗学概论、中国社会与民俗、中西文化交流、中西文化比较、涉外礼仪、公共关系学等课程时有增减。❶

---

❶ 刘明：《新疆民族学人类学理论与实践》，乌鲁木齐：新疆人民出版社 2013 年版。

在课程调试的过程中，不断丰富和拓展学生的眼界，使其适应社会和工作岗位的需求。由此，如何将科研成果进一步转化为课程内容并与之衔接，也是我们今后相当长一段时间需要思考和研讨的问题。

为了能够更好地适应所教授对象的文化特点，课程在设置上还注意增添跨文化交际、伊斯兰文化概说、中国文化通论、中华才艺技能（包括舞蹈、武术、茶艺、音乐、书法、国画等）文化板块的学习任务。[1] 应当说，汉语国际教育专业将文学、语言学、教育学和文化学等专业要素融会贯通，从而形成自己独有的学科特点。所以，在学科带头人方面，就需要兼具相关学科背景知识的高层次人才。与其他学校开设汉语国际教育专业的课程有所差异的是新疆师范大学立足地缘优势积极开展俄语教学。

四、师资多元，选聘交叉

任何一个学科建设都需要相当一批师资力量作为后盾和保障。基于汉语国际教育专业学科定位的多样性，一些师资依托高校其他学院平台（通识教育师资），一些师资与其他院系交叉（学科基础课程师资），一些师资则是靠自己学院吸引和培养（专业核心课程师资和综合实践师资），还有一些师资则需要聘请专业人士（专业选修课程师资）。这也使得我们的汉语国际教育师资力量形成了自己独有的制度体系。

以通识教育师资为例，相关课程如中国近现代史纲要、马克思主义基本原理、毛泽东思想与中国特色、新疆历史与民族宗教理论政策教程、思想道德修养和法律基础、形势政策与教育等师资紧紧依靠高校相关思想政治学院的平台，还有计算机和信息技术基础、大学生心理健康、体育等课程是借助计算机学院、教育学院和体育学院的师资力量。

以学科基础课程师资为线索，则形成了古代汉语、现代汉语、中国古代文学、中国现当代文学、语言学概论等教师需求。这就要求汉语国际教育专业与汉语言文学专业紧密配合，学院之间在师资方面互相借力，完成相应的师资配套和资源共享。当然，也可以以学院自身教师为主，有意识

---

[1] 张建民：《文化在汉语国际教育专业课程设计中的作用》，《云南师范大学学报（对外汉语教学与研究版）》，2015 年第 6 期。

地培养自己的师资队伍。

作为专业核心课程的师资储备，需着重加强俄语师资建设。目前为止，一些高校的有效措施是以中国的俄语教师为主，辅之以俄语外教。同时，对外汉语教学通论、对外汉语模拟课堂、跨文化交际的师资缺乏专业教师，大多是其他专业转至汉语国际教育教授相关课程，也使得核心课程在理论性上的效果大打折扣。一些早期从事对外汉语教育的老教师有着丰富的教学经验，也使得核心课程在实践性上有其优势。

选修课程的部分师资，来自社会上具备丰富经验的教师。如塔吉克语、吉尔吉斯语、哈萨克语等小语种专业教师，舞蹈、武术、茶艺、音乐、书法、国画等的艺术课程教师。特色课程的师资管理和建设也颇具难度，主要表现在如何培养稳定的师资，如何将其教学效果纳入考核体系，如何对其教学环节进行奖罚。

总而言之，汉语国际教育师资力量具有依托院系、以核心教师为主、兼有选聘教师的特点。师资建设所具有的长期性、灵活性是与其学科定位休戚相关的，正是出于学科多样性的特点，在课程设置上必然不能单一要求，导致师资力量多元这样一种格局的出现。

五、学生培养，形成模式

汉语国际教育专业的学生培养工作还是紧密依托于学校、学院和课堂，如何走出一条新路是摆在学科和教师面前的一道难题。学科定位和师资力量往往成为学生培养的基石，我们要充分利用各种资源优势实行不同的学生培养路径。

多年来，本地区较为有特色的办学培养方式是"2.5＋0.5＋1"的专业模式。具体来说，"2.5"是指学生入学的前五个学期（两年半）在校内学习语言和专业课。"0.5"是指第六个学期（第三年的下学期）出国在中亚国家进行汉语教学实习。新疆师范大学自2014年以来与塔吉克斯坦国立民族大学培养学生33人，与吉尔吉斯比什凯克国立大学培育学生15人，与吉尔吉斯阿拉套大学联合指导学生5人，与吉尔吉斯奥什国立大学协同培养学生48人。这与学院、学校走出去战略有密切关系，需要积极搭建国际、校际平台。"1"是指第七、第八个学期（第四年）继续回到学校完成毕业论文和相关课程。这就形成了"联合办学、教习并举、全能提升、学用并重"的学生培养模式。

我们在培养汉语国际教育本科专业的学生时，不仅看重师生互动，还非常强调生生互动，即中国本科生与海外本科生的互动。[1] 之所以加强新疆与中亚国家的校际互动当然是发轫于新疆地缘优势，实现错位竞争。我们也相当重视与西部院校、东部院校和港澳台的联系，借助本科交换生学习项目。让学生在知识层面享受优质教学资源，在眼界方面开拓思维审视世界。

我们如何充分调动学生自主学习的能力，是我们正在重点考虑的改革方向，比如努力实现"以考促学"，将俄语与毕业证挂钩，或者给予一些课程较少的学分而达到学生自学的目的；实行大学新生研讨课，鼓励本科生的研究能力；从院级项目申请开始至省部级乃至国家级的项目；打通院际之间双学位平台，使学有余力的学生成为更高规格的人才。昆明理工大学的学生主体、专项制度、宣传教育、导师联系、分类指导、带头作用、分工协作等教育管理体系值得借鉴。[2]

六、人才就业，多维并举

人才就业方向以教师为主。在曾经以英语为主的课程设置期间，对外汉语专业的毕业生就业去向以汉语教师、英语教师为主。作为汉语国际教育的毕业生面临着较为棘手的问题在于：不像内地一些中学有国际学校，对汉语国际专业的教育人才有需求。在新疆，中亚留学生大多在高校进行语言学习，而高校招聘教师要求以硕士乃至博士学位为标准，这也造成了大批本科毕业生无法做到专业对口就业的尴尬局面。

人才就业方向以考研为辅。既然汉语国际教育专业不好就业，学生们也纷纷尝试考研向海外汉语志愿者方向努力，或者研究生毕业后在一些大中专院校从事相关工作。新疆师范大学 2014 届有 30% 的毕业生考取研究

---

[1] 刘明：《新疆人类学民族学书斋与田野》，乌鲁木齐：新疆人民出版社 2016 年版。

[2] 沈玲、李步军：《汉语国际教育专业学生海外实习教育管理体系的实践与探索》，《云南师范大学学报（对外汉语教学与研究版）》，2016 年第 2 期。

生，2015 届有 17% 的毕业生攻读研究生，2016 届有 12% 的毕业生考上了研究生。这在一定程度上，也缓解了汉语国际教育专业的就业压力。

人才就业以商贸为出路。截至目前，为搭建中国与中亚之间的经贸往来，不断培养"双语"（汉语和俄语）"双文化"（中华文化和中亚文化）人才，不但要实现中外联合培养，还要努力增强中国毕业生海外就业的可能性。然而，在俄语的学习方面，并未实现大面积俄语人才的就业，这是因为：第一，俄语语言学习并不等于俄语商贸，一些毕业生在俄语应试方面的能力较强，而听说实践能力则有待提高；第二，俄语学习尚未建立社会网络，一些优质的外贸中介机构亟须的是熟悉中亚国家和商贸机构的俄语人才，而我们培养的学生与中亚当地人员相比还缺乏地方性知识与关系网络；第三，相较于俄语专业的毕业生，他们集中精力学习俄语，在俄语水平上较之于汉语国际教育专业的学生更好；第四，就业机会是与社会经济发展紧密相关的。如果没有较好的经济运行，必然缺乏相应的就业岗位。恰如奥肯定律所揭示的"GDP 每增加 2%，失业率大约下降一个百分点"。所以，中国与中亚经济的共荣将有助于提升丝绸之路沿线国家的就业率。当然，在人才就业问题上，我们一方面要提高生源质量，有针对性地对毕业生就业进行跟踪调查，建立相关档案资料；另一方面，我们也要加强专业宣传力度和提高学科知名度。

丝绸之路经济带核心区建设现状与前瞻性述评

——基于俄罗斯学者视角的中亚国家合作研究学术交流动态研究❶

刘　明

一、引言

中国与中亚文化交流是丝绸之路经济带核心区科教文化建设的迫切需求，是中国从融入全球化、区域化到塑造全球化、区域化的需要，是巩固中国塑造欧亚一体化，巩固周边依托的需要，是构建正面和谐的中国形象，促进中国与中亚民心相通的需要。新疆是举世闻名的古丝绸之路要冲，是古代四大文明的交会之地，是保存和展示人类文化多样性的博物馆，新疆在当代建设丝绸之路经济带的背景下仍旧发挥着核心区和文化交流中心的地位和作用。按照国家"一带一路"倡议、新疆对外开放和文化的总体布局以及相关要求，秉持"亲、诚、惠、容"和民心相通的理念，坚持"以邻为善、以邻为伴"，坚持"一带一路"共同愿景和"互信、互利、平等、协商、尊重多样文明、谋求共同发展"的"上海精神"，以"立体、多元、跨越时空"为视角促进中国与中亚的文化交流，促进中国（包括新疆）文化大发展大繁荣，努力打造中国与中亚的利益、命运和责任共同体，为实现中华民族的伟大复兴的中国梦服务。

2016 年 10 月下旬以来截至 2017 年年底，俄罗斯与中国的学者进行了多次的合作研讨，对"一带一路"倡议这一重大历史机遇，都给予良好的诉求与前瞻性看好。如 2016 年 10 月 29 日至 11 月 11 日，由俄罗斯国民经济和公共服务科学院—俄联邦总统府西北行政学院、俄罗斯科学院国际安全问题研究所、俄罗斯科学院世界经济和国际关系研究所、新疆师范大学

---

❶ 文章的早期版本曾公开发表在《喀什大学学报》，2017 年第 6 期。

等中亚问题研究专家在莫斯科和圣彼得堡进行了为期两周的学术考察和文化交流活动。来自俄罗斯和中国的近40名专家学者围绕丝绸之路经济带核心区建设的研究主题，在国际政治、经济、能源、法律、历史、民族、宗教等诸多领域展开了富有成效的学术沟通。管窥一斑，让我们通过学术交流，洞悉两国之间就"一带一路"涉及的诸多学术领域与社会实践。本文着重从俄罗斯学者视角如何回应中国"一带一路"倡议的观点进行详述。

二、俄罗斯和中亚参与中国丝绸之路经济带建设的政治和经济基础

俄联邦总统府西北行政学院安德烈·拓德培根教授从政治学的视角讨论了俄罗斯和中亚参与中国丝绸之路经济带建设的政治和经济基础。随着苏联解体出现中亚政权，丝绸之路经济带是中俄两国相互影响并对中亚安全隐患做出判断后逐步形成的。1991年以后，也就是后苏联时期，中亚各国以及俄罗斯联邦加入到中国丝绸之路经济带倡议中。俄罗斯、哈萨克斯坦、吉尔吉斯斯坦、土库曼斯坦、塔吉克斯坦、乌兹别克斯坦以及中国是欧亚区域的重要组成成员，而中亚地区在中国丝绸之路经济带倡议中占有特殊的重要地位。其中，一个重要国际背景是俄罗斯与西方国家（包括日本）存在分歧以及西方（主要指美国）对俄罗斯的制裁。在俄罗斯方面，他们已就上海合作组织的核心思想和操作管理体系上升到法律条例的高度，希冀上合组织国成员之间平等、互信、互利，从而实现文化交流。随着中国经济的崛起，工业水平的进步以及人民生活水平的提高，中国拥有丰富的物产资源，需要与世界各地的人民进行经贸往来。习近平总书记提出的在一带一路框架下的丝绸之路经济带具有长远的意义，并且符合中国的切身利益。中国也在不断提高自身的国际影响力，比如成立上海合作组织以及制定一些相关政策来促其发展。

阿列克谢教授从经济学的视域探讨了俄罗斯和中亚参与中国丝绸之路经济带建设的产业合作基础。俄罗斯联邦在后苏联时期的国际影响力逐渐下降，伴随着中国的经济腾飞，中国不断加强海外合作和交流建设工作，开展了一系列的重要项目，如丝绸之路经济带、开设亚投行、建立丝绸之路基金等一系列的措施，使得加强和巩固了中国在世界的地位。回顾历

史，从中国进口到俄罗斯的主要商品是茶、丝绸、食材和瓷器等，如今丝绸之路经济带建设期望在政治、道路网、商品、货币、民族和区域文化等方面加强交流。俄罗斯当下在经济方面存在以下问题：第一，俄罗斯在世界贸易份额中并不占优，如何增强俄罗斯的经济增长，而不仅仅是作为商品通道；第二，俄罗斯内部各区域间并不均衡，主要集中在中央区和西北行政区，如何带动俄罗斯远东和偏远地区的发展；第三，中亚地区之于俄罗斯的经济意义在于农业和资源业，但其隐患是毒品、非法交易和难民移民，如何通过政治手段来提高该地区的全面发展。阿列克谢教授积极评价了丝绸之路的影响力和未来发展潜力。丝绸之路项目的发展要基于政治上的相互配合，统一共同利益点，加强贸易联系，通过陆上丝绸之路促进陆上贸易，汇率涉及卢布及相关国家的货币。于是，道路、交通、铁路、高速公路的建设，能源和自然资源，生物化学、日常生活用品制造业、化工，高端技术、军事设备、航空设备等领域有望实现创新合作关系。

俄中政治关系的提升也源于双边务实合作的内向性动力，如在能源、军事技术、远东和西伯利亚开发、"一带一路"等问题上形成了利益共同体。❶ 亚历山大·卡洛维奇教授从俄罗斯与欧盟经贸合作关系论述。经贸合作对于任何一个国家都很重要，欧盟之所以经济发展较快，是因为在资金、劳动力、市场、物流等方面形成了经济联盟，在行为上更多取决于欧盟组织的决定，每个国家的经济状况依赖欧盟领导层的决议。与此同时，财政预算起到了重要作用。在欧盟当中，其组织也有一些方法和手段。这些方法大概是这样的：每个国家的劳动力市场和资本市场是由欧盟领导层决定的，其下还有委员会。如果某个国家不符合欧盟的利益，就会被施压。欧盟是很有影响力的国际组织，但也存在着做决策的速度较慢，官僚主义严重等问题。针对俄罗斯的制裁，俄罗斯也决定对欧盟实行反制裁。因此，俄罗斯面临调整进出口结构的问题。俄方希望尽快取消制裁，贸易伙伴应该想办法对话与互动。以欧盟成员国德国和英国为例，德国的成功之处在于将出口政策和政府政策结合起来。

---

❶ ［俄］亚历山大·加布耶夫：《"一带一路"的实施建议：俄罗斯视角》，《开发研究》，2017 年第 1 期。

阿里米契夫教授进一步对俄罗斯与中亚各国在能源领域合作发展基本策略方面阐明思想。在国际关系中，能源往往成为决定性因素，能源政策是保障国家安全的重要因素，能源资源的减少也使得国际关系越来越紧张。在俄罗斯历史上，能源问题一直是最为紧要的问题。如何就国际法和能源法在国家间建立信任，尤其是俄中之间建立友好关系、广泛合作和战略性合作三个阶段向纵深发展，需要中俄能源合作委员会建立长期合作关系、重视市场影响、考虑对方利益。在最近几十年，俄罗斯和中国在能源方面有很大需求。俄罗斯作为中国战略伙伴之一，能源合作的问题在媒体上也是经常被讨论，并伴有政治色彩。俄中合作达到了前所未有的新高度，能源合作前景广阔，已成为真正意义上的战略性合作伙伴关系。

三、俄罗斯和中亚参与中国丝绸之路经济带建设的国际关系和物流运输

圣彼得堡国立大学东方系科洛托夫教授基于历史学的学术背景对俄罗斯和中亚与中国能源合作的战略框架和现状进行探究，他认为欧亚弧形带是一体化主要的地缘政治威胁。纵观近 200 年世界主要地区的 GDP 变化趋势可以发现：亚洲在经济上是巨人，而在政治上则是矮人，这说明世界政治体系是不平衡的。为了不让世界出现太多竞争者，美国希望亚洲国家出现不稳定和竞争的状况。欧亚大陆并没有一个正式的地区安全体系，却存在一个非正式的欧亚动荡弧形带。● 它影响了欧亚政治，帮助我们理解何时、为什么发生动荡并如何争取自己的利益。目前，亚洲国家缺乏共识性对话，欧亚大陆在中东和近东争夺管道，美国期待在中国南海问题、俄罗斯和北方四岛问题挑起矛盾与分歧，中亚地区的颜色革命、毒品等都有可能成为不稳定因素的导火索。以能源供给作为切入点可以重新审视俄罗斯与中国以及中亚地区该如何协作以应对西方发达国家对中俄的制衡，从而积极评价中国"一带一路"构想的可行性和新智慧。

圣彼得堡国立大学拉布契尼玛利亚教授从国际关系的角度透视中亚国

● ［俄］科洛托夫著，庞昌伟、贾雪池译：《欧亚动荡弧形带是一体化主要的地缘政治威胁》，《俄罗斯学刊》，2016 年第 3 期。

家之间区域一体化的未来走向和发展前景。欧亚经济联盟支持多极化战略，中国基于西部和东部发展还很不平衡的内部背景提出的"一带一路"项目与其他几个项目存在竞争。那么，欧亚经济联盟与"一带一路"如何联合起来——积极开展合作构建贸易区，发展运输项目建立海关联盟。当前，俄罗斯发展速度和现代化远不如中国，欧亚经济联盟没有足够的独立性，中俄需要积极合作。由于信息还不是很确定，所以组织框架和实施还不是很清楚。

俄联邦总统府西北行政学院尤里·克尔连科教授从法学的维度对俄罗斯和中亚国家与中国能源合作的法律机制现状、缺陷和重构展开分析，主要讨论了世界石油和天然气市场以及欧亚国家在能源方面可能的合作。世界能源的供给、市场和服务在国家间存有巨大的竞争，欧亚国家需要综合发展与合作。苏联在形成经济区、海关联盟和经济空间的一体化方面均有法律保障。如今，欧亚发展银行仍旧发挥着重要作用。欧亚能源合作要求在供给可靠、寻找新能源、保障能源安全等有法律保证。日后，能源合作的法律机制可以朝着没有歧视、市场透明、保护环境、考虑社会因素（如失业率）等方向起草合约。他强调，保证欧洲和亚洲能源供给的可靠性正是基于"一带一路"的理念。此外，应该想办法提高能源利用率并寻找新能源。

俄联邦总统府西北行政学院科瑟夫教授主要就俄罗斯和中亚国家的地缘政治与民族利益现状这一主题表述观点。不久的将来，中国经济将居于世界第一位，这与中国人的辛勤劳动相关。在世界环境下，中国正成为非常有影响力的国家。首先，提出关于中亚的几种学术认识：一种是狭义的中亚五国，另一种是除了中亚五国，还包括伊朗、阿富汗、巴基斯坦和中国部分区域；其次，主张民族利益或者国家利益的保障是主权和领土安全，尤其是经济安全。他以哈萨克斯坦为例来说明地理政治研究是如何利用其地理位置为其带来最大利益的。哈萨克斯坦的经济发展较快，但石油和政治有隐患；乌兹别克斯坦的人口较多且主要出口棉花，但新总统如何控制局面还要拭目以待。俄罗斯所采取的方式是形成欧亚经济联盟。因为中亚国家的动荡会对俄罗斯不利，所以俄罗斯与中亚地区在政治和经济方面非常密切。最后，他认为"一带一路"将会是一个非常有前景（物流等方面）的计划。

科瑟夫教授还围绕中国丝绸之路及其他大型货运物流线的发展前景展开热烈的交流。20世纪末，俄罗斯和中亚的互动在组织方面主要是海关联盟。以共同安全合约和欧亚经济联盟为背景建立了较早的海关联盟，围绕自由贸易区、海关联盟、共同市场、共同外汇区域、共同经济构建经济框架。然而，海关联盟并非所有国家都愿意加入，中亚国家也仅有哈萨克斯坦和吉尔吉斯斯坦积极加入。海关管理委员会替每个国家来决定其相关事务。俄方专家认为现在的世界贸易由美国来主导，美国既想签下亚太经济，又想签订欧洲经济。眼下，发展最多的当属贸易。然而，还需要在资本、劳动力、自由服务等方面对农业、工业展开运输线。

今后，仍需加强政府交通部门之间的合作以期在道路等公共基础设施建设方面有所提升。运输联盟有以下要点：第一，关于铁路方面的要求，统一技术指标，形成价格机制，有效利用车皮和火车头资源；第二，关于汽车方面，自由来往，无须办理任何手续；第三，联盟内成员国国外一些运输公司实行免税政策，与国内没有差异；第四，对于船只而言，无论河里还是海里，都可以自由地行驶；第五，客机和货机按照规定的航线自由飞行。同时，运输联盟也形成了一些亚洲通道。一些受到联合国和欧洲经济和社会委员会的批准，还有一些需要亚洲经济和社会委员会的批准。也就是说，这两个组织规定了整个欧亚运输系统的发展。此外，运输联盟也形成了一些规则：第一，与运输有关的法律得到基本同意；第二，在运输技术和标准方面得到同意；第三，汽车运输比较自由；第四，运输安全政策获得同意；第五，运输联盟囊括11万公里铁路，89万公里公路，98个国际机场，运输系统化。

基于运输联盟，实现共同的能源市场，从而保障国家间的能源安全；实现多方贸易发展，从而加强海关联盟的合作基础。区域合作向纵深发展：在工业方面，促进合作，加强高新技术投资与开发，取消政策壁垒，继续强化工业政策的稳定性、发展速度和竞争力；在农业方面，农业市场和农产品地区要均衡发展，保障平等竞争，保证每个国家都能进入农业市场，保护农业生产国家的利益；在交通运输方面，创造运输通道、发展运输建设、发展物流中心等。他指出应在研究、形成新政策以及组织框架内进行互动与合作。

四、丝绸之路经济带核心区的存在意义和建设意义评价

安德烈教授非常积极地评价了丝绸之路的存在意义和建设意义，丝绸之路经济带对俄罗斯也是有直接利益的，丝绸之路经济带北线全境通过俄罗斯联邦的各个行政区和加盟共和国。俄罗斯联邦东西部发展是不均衡的，主要的经济支柱实体是在俄罗斯的西部领土，在俄罗斯西部领土也居住着全国 3/4 的人口，而东部属于俄罗斯欠发达地区，俄罗斯联邦认为丝绸之路北线全境经过俄罗斯联邦将有助于俄罗斯远东地区的经济发展，同时提高当地的经济基础设施建设。在政治领域，基于对相互发展的追求和渴望，在尊重并遵守国际章程的同时，从国家历史和事件中来认识，俄罗斯应尽量不要产生一种单边局势，并借鉴欧盟的方式和经验；如何就已有的发展经验和当下政治、经济、文化上的相互合作，提高区域（主要指中东地区和阿富汗地区）的安全性，这些需要理解中亚国家大都采取并提倡民族性来强化中亚民族共同体/民族主义。在经济领域，基于土库曼斯坦的天然气、哈萨克斯坦的有色金属和石油、乌兹别克斯坦的石油作为重要物产，俄中之间存在经济竞争源于俄罗斯与中亚地区的贸易要多于中国。由此，如何在劳工、军事、道路建设和基础设施建设、汽车制造等领域进行没有竞争的合作就显得尤为重要。由于西方国家尤其是美国的制裁，俄罗斯联邦便加快了投向东方的步伐。中国是一个非常有发展前景的国家，丝绸之路经济带的提出是一个非常好的想法，但是在具体的条例和纲领上仍然有打磨空间，如果中国积极地推动丝绸之路经济带倡议并且使周边国家获利，这必将成为一项影响深远的经济发展计划。

俄罗斯科学院国际安全问题研究所负责人主要就中亚地缘政治变化与地区安全趋势对中国丝绸之路经济带建设的影响进行了研讨。从俄罗斯加入 WTO 开始，俄罗斯经济发展部便对第二次经济危机出现对中亚政治的影响进行相关变量分析，尤其是欧亚经济联盟的出现，他们预测不会对俄罗斯经济发展有贡献。相反，会影响俄罗斯经济并导致俄罗斯经济危机出现。他们认为欧亚经济联盟与欧盟有冲突，会导致俄罗斯被制裁，从而影响了俄罗斯对中亚的掌控和与中国丝绸之路经济带建设。透过经济危机的

时间和油价等问题来看俄罗斯对中亚地缘政治的变化和安全问题，尤其希望借助中国经济力量来发展和促进俄中经济和友好关系。

圣彼得堡国立大学密舍利亚考夫教授对中亚各国在俄罗斯的能源战略布局中的地位和作用进行了诠释。就俄罗斯而言，在乌克兰危机后，独联体向心力进一步被削弱的情况下，中亚成为确保俄罗斯大国地位的最重要的地缘战略依托，与中亚的油气合作是俄罗斯在全球油气产销格局中维护影响力的最重要因素之一。同时，中亚还是俄罗斯主导的欧亚经济共同体能否实现一体化目标的关键地区，是俄罗斯保护境外本民族同胞权益的重要地区之一。俄罗斯在中亚地区的能源战略服从于其根本目标，即"使俄罗斯从单纯的原料供应者转变为可在国际能源市场执行独立政策的重要参与者；巩固俄罗斯在国际能源市场上的地位，最有效地实现俄罗斯能源综合体的出口潜力，提高其国际竞争力；实现能源对外经济活动的非歧视制度，包括许可俄罗斯能源公司进入国外能源市场、金融市场，获取先进的能源工艺技术；在互利条件下，吸收合理规模的外资进入俄罗斯能源领域"。鉴于中亚丰富的能源储藏及其在俄罗斯能源地缘政治布局中的重要地位，《2020 年前俄罗斯能源战略》明确规定：独联体是俄罗斯国际能源合作的重点方向。俄罗斯希望将独联体特别是中亚国家的能源资源（尤其是天然气）长期、大规模地吸收到自己的燃料能源体系中。这不仅可以为后代节约俄罗斯北部天然气资源、节省勘探投入，还可降低市场压力，对俄罗斯具有战略利益。

圣彼得堡国际关系学院谢利克夫教授从历史学的切入点谈俄罗斯在中亚各国能源战略布局中的地位和比重。他从中亚概念与俄罗斯在中亚的政策文件中解读俄罗斯的战略布局；20 世纪 90 年代中期，在诸多合作领域中，经济是第一位的，政治和军事是第二位的，文化交流是第三位的。在与他国建立合作战略时，首先保证俄罗斯的社会稳定，其次支持他国政府与俄罗斯保持友好关系，再次巩固俄罗斯的国际地位，最后促进国家间联合。2000 年前后，俄罗斯的外交政策也发生了深刻的变革：第一位是苏联国家的争议和争端的解决；第二位是经济和政治合作；第三位是军事合作；第四位是安全合作。2008 年跟西方国家的合作是最重要的目标，发展贸易和经济是排在首位的。然而，在 2013 年外交部宣布的新政策里，合作内容排列如下：第一是与独联体国家，不在独联体层面合作；第二是进一步加大独联体地位；第三在共同的合约和欧亚经济联盟下，进一步发展中亚。

　　俄联邦总统府西北行政学院安德烈·拓德培根教授还就俄罗斯与中亚国家关系的现状和发展前景谈论了观点。（1）回顾历史，俄罗斯与中亚有着复杂的历史关系，剪不断理还乱。因为长久以来，中亚作为苏联的重要组成部分而存在。中亚在近代历史中并非一个独立主体，尤其是在苏联的大家庭中享受到了作为联盟国家的荣誉。苏联中央对中亚国家的基础设施、民生以及工业部门进行了力所能及的投资，也让中亚国家无论是从生产力水平，还是居民生活水平都得到了质的提升。与此同时，也为苏联解体后中亚作为独立国家而具备的经济基础、教育文化以及国民素质创造了条件。（2）审视现状，自1991年苏联解体以来，中亚国家与俄罗斯的关系开始变得复杂。由苏联联盟内的国家之间的关系变为各自主权独立的相互平等的国家关系。军事上，虽然中亚国家都有各自独立的军事安全体系，但相互之间差距较大。吉尔吉斯斯坦和塔吉克斯坦尚无能力独自承担传统安全保障并请求俄罗斯的协助，从而让俄罗斯在这两个国家保有军事基地。虽然中亚国家大部分参与了独联体安全联盟，但该联盟在中亚时常发挥不了应有的作用。非传统安全领域，俄罗斯与中亚除土库曼斯坦之外都加入了上合组织，在上合组织框架下共同防卫非传统安全。经济上，俄罗斯与中亚的吉尔吉斯斯坦、哈萨克斯坦组成欧亚经济联盟，塔吉克斯坦也将加入，但乌兹别克斯坦和土库曼斯坦还不是成员，并且中亚国家之间以及中亚和俄罗斯之间由于历史原因存在同质竞争关系，尤其是在能源方面的竞争。在国民感情上，由于解体后以美国为首的西方国家对中亚的介入，导致中亚国家"去俄化"有所抬头，尤其在吉尔吉斯斯坦推动"颜色革命"导致俄罗斯与中亚国家的国际关系产生严重问题。但随着2008年美国经济危机的发酵，西方国家自顾不暇，中亚国家在西方得不到实惠，有向俄罗斯靠近的意图和动力。（3）展望前景，随着乌克兰危机中西方对俄罗斯的制裁以及对中亚国家介入的弱化，加之中国与俄罗斯和中亚国家的经贸合作的紧密，俄罗斯以欧亚经济联盟为基础，将与中亚国家在经贸尤其是安全领域的合作更加紧密。

五、学者间对话的实践和学术动态的前瞻

在与俄罗斯学者对话时,我们着重考察了陆上"丝绸之路经济带"。实际上,"海上丝绸之路"也将会有更多、更新的话题值得我们探讨。同时,结合俄罗斯学者关于丝绸之路经济带核心区建设的积极评价,对于丝绸之路经济带、上海合作组织和欧亚经济联盟三方互动的可能性也值得期待❶。新疆师范大学中亚研究的相关人员与俄罗斯科学院世界经济和国际关系研究所阿列克谢·库兹涅佐夫教授就21世纪俄罗斯与亚太地区经济一体化的研究彼此交换了学术意见。此外,学者们基于当今世界竞争格局异常激烈,国家间需要互相帮助和支持这一共识就当代地缘政治变革的原因、主要内容及其前景❷,俄罗斯对外政策的主要方向❸,中国在现代世界政治格局中的作用,中亚国家对外政治的多边性等议题进行了对话。

2016. 10. 31 – 11. 7 交流学习证书　　**新疆师范大学中亚问题研究专家**

中国新一代领导集体提出的"一带一路"倡议令世人瞩目。当然,丝绸之路经济带核心区建设不仅需要顶层设计,还需要丝绸之路经济带沿线国家的人民在政治、经济、文化等多领域实现互动❹。打破学科壁垒、超

---

❶ 习近平、[俄]弗·弗·普京:《中华人民共和国与俄罗斯联邦关于丝绸之路经济带建设和欧亚经济联盟建设对接合作的联合声明》,《人民日报》,2015年5月9日。

❷ [哈]康·瑟拉耶什金、陈余:《丝绸之路经济带构想及其对中亚的影响》,《俄罗斯东欧中亚研究》,2015年第4期。

❸ [俄]谢·卢贾宁、谢·萨佐诺夫、陈余:《丝绸之路经济带:2015》,《俄罗斯东欧中亚研究》,2015年第4期。

❹ 习近平:《决胜全面建成小康社会 夺取新时代中国特色社会主义伟大胜利》,《人民日报》,2017年10月28日。

越区域局限、具备国际视野并深入理解他者的思维逻辑对于日后促进中国与中亚国家的合作研究势不可当且必不可少。通过学者间的相互交流，能更好地促进丝绸之路经济带核心区建设与中亚国家合作，进一步成为好邻居、好伙伴，为打造人类情感共同体而不懈努力。

从实求知　志在惠民

——读周庆生《语言生活与语言政策：中国少数民族研究》❶

刘　明

2009 年，笔者参加了在中国云南召开的国际人类学与民族学联合会第 16 届世界大会，非常有幸地参加并聆听了语言人类学的思辨与交流。会后，更是幸运地与周庆生先生所在的学术讨论组一起体验云南少数民族文化，同时有缘结识并向老师求教关于双语研究的最新动向和研究心得。

六年后的今天，摆在案头的是周先生修订并整理的近 50 万字的大部头著作，《语言生活与语言政策：中国少数民族研究》于 2015 年由社会科学文献出版社出版。这绝不是为了课题结项应景之作，亦不是已刊发之言论的简单汇集，而是作者近 40 年学术生涯的汇总和感悟。书中最早一篇文章《中国双语教育的发展与问题》是作者不惑之年的力作，最近的一篇《中国双语教学模式转型报告》则是作者耳顺之年的泉思。

从该书所选篇目（近 20 年来）一头一尾的文章即可知周先生在学术方面用心专一，毕其一生醉心于少数民族语言研究。众所周知，在社会语言学领域，1950 年罗常培《语言与文化》和 1983 年陈原《社会语言学》的出版标志着中国社会语言学的全面开拓，从此便有了周振鹤、游汝杰 1986 年在方言领域的学术进展《方言与中国文化》，有了陈建民 1999 年在汉语方面的研究著述《中国语言与中国社会》，有了邹嘉彦、游汝杰 2001 年在华侨语言视角的探究《汉语与华人社会》，更有了周庆生 2000 年中国在少数民族语言范畴的奠基之作《语言与人类：中华民族社会语言透视》。15 年过去了，周庆生先生的这部《语言生活与语言政策：中国少数民族研

---

❶　文章的早期版本曾公开发表在《西域研究》，2016 年第 3 期。

究》完善了中国社会语言学的研探，尤其是补充了中国少数民族社会语言研究的空缺。

笔者以学习求知的心态，反复体味该书意境，欣得三点学术体悟以飨读者。

首先，视野开阔，扩展思路。环视当代有关中国少数民族的学术研究，或者沉浸在某一民族纷繁复杂的文化事项中无法自拔，或者囿于地域限制穷其近水楼台先得月之先机，美其名曰区域学研究。该书以语言为研究对象，以生活和政策为研究维度，以语言变异、语言保持、语言创新、语言教育等为研究话题，既在社会语言学及应用语言学脉络中寻求理论突破点，又在现代少数民族语言生活和政策中总结归纳自身新特点。这从该书中关于德宏傣族双语、京语、拉祜语、朝鲜语、苗文、彝文、新疆和内蒙古文字改换等可见视野之宽广。重要的是，在讨论中国少数民族语言的同时，周先生不曾忘记国际视野和平台，在讨论语言流失和保持时，将加拿大印第安诸语和中国阿尔泰诸语互鉴。正所谓"美人之美，各美其美"，类似这样宽宏的学术格局值得吾辈时习。

其次，他山之石，田野扎实。社会语言学当然要观照语言使用的当地社会，早在20多年前（1987年、1989年、1993年、1994年等），周老师就深入云南省德宏州傣语社区，发放并回收问卷。在学术研究上的贡献则更深刻地体现在他所记录的傣语亲属称谓：引称和对称、排行称和释称、从佛称和还俗称、从妻称和从夫称、从孩称和父母称、亲称和泛称、等级称等一批原始记音和分类。相信必将成为日后专注这一领域学者必读的可靠文献。学术研究，不仅是个人所得智慧，还是后继者的铺路石。因此，所做研究是否翔实和可信，非亲身田野践行不可。近时，周先生又在中亚吉尔吉斯斯坦等地从事语言实地田野调查，这种从实求知的学术精神年轻学人当继承之。

再次，从实求知，志在惠民。但凡从事语言学研究的人员，无不以索绪尔、乔姆斯基、萨丕尔－沃尔夫为牛耳。然时至今日，我们已经前赴后继地花费不少时日和气力在西方世界、西方逻辑、西方视野中所构筑的普通语言学、转换生成等各类假说中寻求突破。在别人开垦的土地上来回耕耘，却难以在自家土地结出丰硕果实，这不能不说是一种学术遗憾。周先

生承继前人的丰硕成果，既照顾西方学者弗格森对国家语言的三类划分
（大语言、小语言和专用语言），也兼顾欧阳觉亚关于中国少数民族语言的
分析框架（语言使用、兼用、转用等），提出中国社会语言状况的主体性
特征和多样性特征，即"主体多样"的性质。从而，依此历时性地发展出
中国"主体多样"的语言政策理念。可见，所有的理论凝练绝非空中楼
阁、空穴来风，而是依托于实情，接人民之地气，惠及民生语言。

　　该书除了具有视野开阔、田野扎实、从实求知等学术特点外，还提出
了很多前沿学术课题，例如从《少数民族语言在社会转型中的挑战与机
遇》一文可窥见：城市化进程中汉语、少数民族语言在社会生活中的使
用，公共场所双语的使用等；从其文《语言变异概况》可推衍出：在全球
化语境影响下，普通话的地方变体以及语言能力与社会可持续发展；从其
文《中国语言、民族与认同》可看出学术发展趋势：社会群体中，语言与
国家认同、方言与地方认同、民族语言与民族认同等；特别是透过其文
《构建和谐语言生活》，国际大都市的语言建设和多语服务问题是不是也应
得到学界的关注。

神话的"谜思"：二律背反与"触及岩石"

——兼谈列维－斯特劳斯《阿斯迪瓦尔的武功歌》

刘 明

　　神话是什么？神话是现实的真实存在（Sein，being），抑或是真实反映？当然，这取决于我们对"真"（Wahrheit，truth）的理解，学术之所以将其行为特征归结为"求真的过程"，就是表明其科学性和严谨性。令人遗憾的是，在西方哲学中，作为形而上学的两个最基本和最重要的概念"是"与"真"总是逃逸于学者的掌握之中。自巴门尼德以来，包括亚里士多德、康德、黑格尔、海德格尔等人，都曾对此进行过探讨和论述。可以说，国外关于真理的讨论，比较普遍的情况是与意义联系在一起的；而中国由于牵涉语言、思想、文化等诸多因素的影响，围绕逻辑学中的"真"与哲学中的"真理"还存在疑义。

一、研究主题："神话""神话学"与"神话研究"

（一）神话

　　神话学研究领域里，"神话是什么"既老生常谈又常话常新。"神话"源自古希腊语，是关于神祇与英雄的传说和故事。神话作为学科术语，一直为人们众说纷纭，没有公认的定义。西方有关神话的定义不下百种，以致一些西方神话学家嗟叹："在所有用来区分散文叙事作品类别的词语中，'神话'是最混乱的了。困难在于它被讨论得过于长久，并且在太多的不同意义上被使用。"❶ 中国学者陈建宪 1995 年提出神话是"各个人类群体从远古时代起，就在原始思维的基础上，将自然现象和人类生活不自觉地

---

　　❶ ［美］汤普森著，郑海等译：《世界民间故事分类学》，上海：上海文艺出版社 1991 年版，第 10 页。

形象化、人格化，从而集体创造和传承的一种以超自然神灵为主角的宗教性故事"❶。

笔者通过中国知网检索的"涉及'神话'主题的学科类别"共计有120个，45469篇，平均每个学科类别的篇数为379篇；其中前10个学科类别分别是：中国文学（7247篇）、世界文学（4136篇）、宗教（2421篇）、工业经济（2383篇）、戏剧电影与电视艺术（1555篇）、企业经济（1415篇）、投资（1224篇）、金融（1208篇）、人物传记（1203篇）与旅游（1149篇），文献篇数总计23941篇，占全部学科类别的52.65%。值得关注的是，民族学排在第30位，有332篇，占全部学科类别的0.73%；社会学及统计学排在第31位，有324篇，占全部学科类别的0.71%。由此可以看出，文学对于"神话"的学术生产以及消费占有绝对的优势。

（二）神话学

神话之概念为神话学研究的基本命题，其直接影响神话学者的研究思路和方法，而神话研究的成果又关乎对一个民族文化类型的准确把握。自西方神话学研究轨迹可窥见，神话学派的多少即是神话概念的多少。自中国神话学初创迄今，古典进化论人类学的观点长期深刻影响着中国学者对神话的阐发，即将神话看作原始初民思维的产物。20世纪20年代，留学日本的茅盾最先采借进化论之神话理论来研究中国神话，发表《中国神话研究ABC》（1928年）则奠定了中国现代神话学的理论体系，袁珂的《中国神话学史》亦对此多有首肯。

"一切神话都是自然演进的寓言"是19世纪自然神话学派的理论观点，安德鲁·兰指出神话主要是因果论的。马林诺夫斯基反对神话的因果论论述，强调社会生活及信仰的认可。接续着神话理论的发展，简·哈里森延拓了罗伯逊·史密斯和J.G弗雷泽的理论，即所有神话产生于对宗教礼仪的误解。有趣的是，弗洛伊德另辟蹊径地认为神话像梦一样是无意识的恐惧与欲望的反映。于是，克拉克洪追随弗洛伊德与涂尔干的理论，将神话与宗教礼仪相随并至。荣格将神话看作共同的无意识反映，恩斯特·卡西雷尔则主张神话是对环境特殊情况的刺激反映。拉德克利夫·布朗在

---

❶ 陈建宪：《试论神话的定义与形态》，《黄淮学刊》，1995年第4期，第53~56页。

马林诺夫斯基的基础上，着重讨论神话是社会秩序的作用过程。同样具有功能性解释的理论，还有伊亚利德所声称的"神话的功能是暂时恢复富于创造力的过去"。V.W·特纳受到涂尔干和范·遮纳普的影响，指明神话是正常生活中自由权的重建❶。

西方神话学领域产生如此多样的关于神话的理论，皆因与已规定的神话的起源和作用（逻辑前提和逻辑陷阱）相悖而遭到否定。学者们犹如盲人摸象，其理论可以成功地解释某些神话，却并非处处灵验，也许这正是"神话"所特有的魔力。理论的推陈出新，意味着"神话"作为变化多端的现象在单一社会中很可能有不同的原因和多样的用途，更不必说处于不同文化和不同时期的神话了。面对众多学术理论挑战，列维－斯特劳斯又有何巧思呢？

（三）列维－斯特劳斯的神话研究

克劳德·古斯塔夫·列维－斯特劳斯（Claude Gustave Levi－Strauss，1908—2009）生于比利时，1934 年由于阅读罗维的《初民社会》，遂将兴趣转向人类学研究。继对亲属关系的基本结构进行探索后，20 世纪 50 年代中期，列维－斯特劳斯将注意力转向了神话。这出于两个方面的原因：第一，他痛感作为文化人类学一个分支的神话学研究徘徊不前，已有的研究成果令他不满。"神话仍然被各种矛盾的方法作着漫无边际的解释：作为集体的梦，作为一种审美的表演的产物，或者作为宗教仪式的基础。神话的形象被当作人格化的抽象、神化的英雄或沦落的神。不论哪一种假说，不外乎把神话归纳为偶像的表演或者归纳为一种粗糙的哲学思辨。"❷

第二，列氏意识到"二元对立"是婚姻、家庭和亲属研究中的基本结构。但是，类似的"二元对立"是否也是其他文化现象的深层结构，列维－斯特劳斯希望通过神话的研究来证明这一点。因为，神话不像亲属关系那样，与社会关系紧密联结，"它没有明显的实践功能……并不与各种不同

---

❶ ［美］邓迪斯著，朝戈金等译：《西方神话学读本》，桂林：广西师范大学出版社 2006 年版，第 68 页。

❷ ［法］列维－斯特劳斯著，张祖建译：《结构人类学》，北京：中国人民大学出版社 2006 年版，第 222 页。

的现实直接联结"❶，它是由人类的心灵所产生的。假如在神话领域里，人类的心灵还受到结构的支配，那么我们不就更有理由相信：在更多的人类活动领域中，人类心灵都必然受结构的支配。

依据列维－斯特劳斯的逻辑出发，世界各地不计其数的神话，其故事情节与主题均大同小异，这恰恰表明神话是一个自足的符号系统。因为它可以在自己的结构中生成出各个具体的神话。此外，神话是人类心灵结构"外化"的最初形态。当人类生活在原始社会状态时，人类的心灵是最自然和最接近本色的。也就是说，人类所创造的各种神话往往可以直接地或者毫无掩饰地表达其内心观念的联系形态——结构❷。

二、研究方法："二律背反""触及岩石"与"结构化"的探索

在科学研究中，新事实的发现（基于实地）、新概念的建立（基于客观）和新定律的获得（基于整体）是衡量知识增长的三项基本指标。古人云："工欲善其事，必先利其器"让我们来剖析一下，列维－斯特劳斯所用之"器"都有哪些？

（一）二律背反

二律背反（antinomies）是德国古典哲学家康德在 18 世纪提出的哲学基本概念，用来指明双方各自依据普遍承认的原则建立起来的、公认为正确的两个命题之间的矛盾冲突。康德深刻地认识到：由于人类理性认识的辩证性力图超越自己的经验界限去认识物体，误把宇宙理念当作认识对象，用说明现象的东西去说明它，这不可避免地就会产生二律背反。

列维－斯特劳斯在《阿斯迪瓦尔的武功歌》（以下简称《阿》）一文中对"二律背反"是这样提及的："土著人所想到的全部二律背反现象涉及极不相同的方面……然而，说到底，这些都可以归结为这样一种虽不明显却极为真实、表兄妹婚姻试图克服却做不到的二律背反。我们的神话正是这样交代的，这也恰恰是它们的功能所在。借助这种观点，让我们再次

---

❶ ［英］亚当·库珀、杰西卡·库珀编：《社会科学百科全书》，上海：上海译文出版社1989 年版，第 421 页。

❷ 夏建中：《文化人类学理论学派》，北京：中国人民大学出版社 1997 年版，第 270 ~ 271 页。

迅速浏览一下这些二律背反现象……"❶（着重号为笔者所加）他在《神话学：生食与熟食》中也谈道，音乐之所以同神话相像，是因为神话也克服了历史的、周转性的时间和永久的恒常之间的二律背反。

在列维－斯特劳斯的笔下，二律背反体现在：首先，阿斯迪瓦尔的天国之行与海豹的水下王国，在某种意义上，不再像消失的食物那样由东往西，而是像返回的食物那样由西往东。其次，从入住妻家转入随夫居住的颠倒。可以看到沃克斯继父亲的婚姻之后，与母亲表妹的婚姻在何种程度上象征着钦西安人的思想及社会为了克服他们的矛盾所做的最后的、但并不成功的努力。在他们的社会里，表兄妹婚姻只是一种权宜之计和一个诱饵，这些社会永远在交换妇女，还要争夺财产。

（二）"触及岩石"

列维－斯特劳斯在《阿》中对"触及岩石"是这样表述的："一旦揭示了钦西安社会结构所固有的敌对情形，我们相信就已经'触及岩石'了（借用马歇尔·莫斯的说法），我们利用这个地质学的隐喻表达一种比附，这种比附可以跟关于阿斯迪瓦尔和沃克斯的神话的对比相提并论。"❷（着重号为笔者所加）

要想"按照神话所显示的样子描绘出一个民族的生活、社会组织以及宗教的信仰和实践"，总是要冒点风险。神话与给定的事实固然有联系，但这种联系不是以一种再现的形式出现的，而是一种辩证性质的关系，而且神话所描述的制度可能与实际制度正好相反。神话中极端的情形之所以被想象出来，只是为了表明它们站不住脚。如果我们可以放弃到神话中去寻找反映民族志现实的忠实描绘，反而可以获得一种有时能够接近无意识范畴的手段。因此，在土著人的头脑里一个代表着唯一真实的方向，另一个则纯属想象。

由西往东的方向是深海蜡烛鱼和鲑鱼沿河而上的游动方向，这也是钦西安人为了获得一幅反映他们的具体的社会存在的忠实映像而必然采用的方向。正是因为他们将自己放在鱼的位置上，或者说将鱼放在自己的位置

---

❶❷ ［法］列维－斯特劳斯著，张祖建译：《结构人类学》，北京：中国人民大学出版社2006年版，第654页。

上,从而在鱼类与男人之间"建立直接联系",神话式的认同此时遇到了存在于鱼类与男人之间的唯一真实的关系:食物。它以独特的方式表达出土著人哲学的一个基本侧面:唯一积极的生存形式是不生存之否定。而这一假设能够进一步说明人们对于自我肯定的需要,有意思的是,这种需要都以极为特殊的方式形成了太平洋西北海岸社会的一个标志。

(三) 结构化

列维-斯特劳斯有关神话的最为重要的论文是收入《结构人类学》中的《神话的结构分析》。在三卷《神话学》中涉及 528 个美洲神话故事,他将不同地区的神话联系起来进行论证解释❶。他提出"假如神话的内容因时因地因人而异,那我们如何解释遍布世界各地的神话为何彼此如此地相似"的问题。他讳莫如深地表示,正如只有揭示出语音的结合性质才能揭示出语音和意义的关联一样,也只有分析神话的结构才能了解其内涵和意义。神话是由一些构成单元组成的,但它们并非词素,并非音素,它们属于一个更高的层次,称为"总体构成单元",应在句子的层次上分析和分离出这些构成单元。真正的神话构成单元不是一些孤立的关系,而是这些关系的"集合"。结构分析的方法在于将神话划分为尽可能短的陈述语句,然后将这些语句写在索引卡片上,索引卡片上记有相应于故事展开的数码❷。

列维-斯特劳斯在《阿》文结尾处写道:"本文也是以其特有方式进行的一次实验,因为它仅限于一个实际案例,而且那些通过分析剥离出来的成分出现在好几个同现的变体的系列里。如果这个实验有助于证明神话

---

❶ 黄淑聘、龚佩华:《文化人类学理论方法研究》,广州:广东高等教育出版社 2004 年版,第 284 页。

❷ [法]列维-斯特劳斯:《神话的结构分析》,载《20 世纪西方宗教人类学文选》上册,史宗主编,金泽等译,上海:三联书店 1995 年版,第 407、410、411 页。列维-斯特劳斯的结构主义并非凭空想象,其来源主要有三个方面,即现代语言学中的结构思想(雅各布森把音素定义为处于一个系统中的要素,集中注意要素间的关系,而这些关系最基本的类型是二元对立的结构关系),现代文化人类学中的结构思想(列维-斯特劳斯继承了莫斯"交往的对等性原则"并吸收了拉德克利夫-布朗的"社会结构"思想,但他研究的是人类的思维结构,而不是经验的社会结构),现代心理学中的结构思想(列维-斯特劳斯认为,人类学家的分析主要应用于社会生活的潜意识成分,他们的目标乃是超出人们所特有的那些有意识的和变幻无常的想象,去把握全部无意识的可能性)。

思想的领域照样是结构化的，那么它的目的就达到了。"❶（着重号为笔者所加）

纳斯河与斯基纳河（上文）的版本存在着异同，相同的是：两个版本均始于某一河谷——斯基纳河谷、纳斯河谷，都是冬天，饥荒肆虐，两个有亲属关系的女人，一个住在上游，一个住在下游，她们决定重新见面，在中途相会。有证据能证明：纳斯版本是斯基纳版本的弱化，而斯基纳版本却不是纳斯版本的强化形式：（a）［母：女］::［（母＋女）：非母］其中，不变的因素来源于反溯生殖力和预期生殖力之间的对立。在美洲西北部太平洋海岸和其他地区，腐烂被认为是食物和粪便的分界线，斯基纳版本是与食物匮乏发生联系。神话中的某种转换是通过两个极点完全倒置的一系列等值项得到表达的，如河流域堤岸、超自然的保护者、生活方式之间实现平衡、法宝等。

三、研究内容：《阿斯迪瓦尔武功歌》"逻各斯" 的衍展

为了防止直接探讨《阿》所带来的知识的碎片化，我们大致厘清了研究的逻辑（"是" 与 "真" 的纠结）、研究的主题（神话、神话学和列维－斯特劳斯的神话研究）和研究的方法（二律背反、触及岩石和结构化），现在，我们来分析一下《阿》推理的逻辑。

（一）一组事实（certain facts）

在地理方面，钦西安印第安人居住在纳斯河和斯基纳河流域盆地（Nass and Skeena Rivers），北边的纳斯河和南边的斯基纳河都是东北—西南流向的，两条河几乎平行。在经济方面，钦西安人不事农耕，女性逢夏季采集水果、浆果、野生植物和根茎，男性上山捕猎熊和山羊，在海边捕猎海豹、鲉鱼、庸鲽鱼、鲱鱼。尼斯嘎人是定居的，钦西安人随季节迁徙。

---

❶ ［法］列维－斯特劳斯著，张祖建译：《结构人类学》，北京：中国人民大学出版社2006年版，第669～670页。

序号	时间段	状态	分工
1	冬末时节	面临严重饥荒，供应彻底断绝	
2	2月15日至3月15日	"蜡烛鱼餐"	登船动身，占据捕捞场地，成为家族私产
3	3月15日至4月15日	"烹制蜡烛鱼"	严禁男人染指，女性用赤裸乳房榨油
4	4月15日至5月底	沿原路返回斯基纳河	
5	6~7月间	捕捞、熏制鲑鱼	男性狩猎，女性储存水果和浆果
6	霜冻	陀螺游戏仪式月	安顿过冬，男性打猎
7	11月15日前后	避讳之月	冬季仪典启动，男性受各种限制

在社会方面，钦西安人分为 4 个母系氏族（matrilineal clans），鹰族、乌鸦族、狼族和逆戟鲸族❶，严格实行外婚制度（exogamous），有宗族（lineages）、世系（descent lines）、家族（households）之分；其社会组织基于等级秩序，分属 3 个级别："真正的人""小贵族"和"平民"。

（二）两种构筑（two constructions）

序列（sequences）和程式（schemata）是构筑神话的两个方面，序列是神话的表面内容，即按照时间顺序发生的事件。在深度不等的抽象层次上，序列又是按照程式组织起来的，或互相重叠，或同时进行，宛如一部为好几个声部写成的旋律，但受到双重制约：一种是它自身的旋律线的水平方向的制约，另一种是垂直方向上的对位程式的限制。

首先，地理程式（Geographic schema）由一系列幅度不变的摆动的序列组成：东—北—西—南—东。其次，宇宙观程式（Cosmological schema）从一个零点开始（相汇于上下游之间的半途），接下去是中等幅度的摆动

---

❶ ［德］利普斯著，李敏译：《事物的起源》，西安：陕西师范大学出版社 2008 年版，第 294~295 页。《逆戟鲸的起源》（特林吉特印第安人的故事）：海豹部落中有一个技术高超的木雕者。他想，如果印第安人能有逆戟鲸肯定会非常高兴的。于是，他就开始雕刻。他用了红杉，又用了青松，接下来又试用了其他木料。每次雕出的逆戟鲸放到海里，想让它们游走，但都只能浮在水面上而不是潜水游走。最后，他试着用黄杉雕了一头逆戟鲸，这次他终于成功了。他又雕了各种鲸鱼。他用印第安人的白粉将其中的一种从嘴角到整个头部都画上了线条。他说："这就是白嘴逆戟鲸。"在他第一次把这些鲸鱼放下水的时候，他把它们领进了海湾，并且告诉逆戟鲸：它们可以一直游到海湾尽头，可以猎取庸鲽、海豹等海底生物，但绝不能伤害人。他对它们说："当你们进入海湾时，人们会请求你们：'给我们一些食物吧'。"从那时起，鲸鱼就一直遵从他的教导将水中生物赶向岸边，这样印第安人就能捉到这些生物来吃。在那时以前，人们是不知有逆戟鲸的。

（高空），然后是最大幅度的摆动（地—天、天—地、地—地下世界、地下世界—地），最终消失于零点（在山峰与河谷之间的半山腰上）。再次，整合程式（Integration schema）从最大幅度的摆动开始（低—高），消失于一系列幅度递减的摆动当中（水—陆、海上渔猎—山中狩猎、河谷—山峰）。

（三）三种程式（three schemata）

叙事的初始局面可以用程式表达为：

母亲	女儿
长	幼
下游	上游
西	东
南	北

阿斯迪瓦尔的第一次奇遇可以用程式表达为"尚未解决的对立"：

低	高
地	天
男	女
族内婚	族外婚

阿斯迪瓦尔第二次入住妻家的婚姻用程式表达为"新一组的对立"❶：

山中狩猎	海上捕捞
陆	水

对于伴随着关联倒置的这种弱化对立的双重机制，其形式具有连贯性。在内容上，这种倒置来源于两地居民各自所处的地理位置的对称性。斯基纳河的生活方式，其特点是有两次季节性变化：一次是在冬季的市镇和春季的营地之间，另一次是在纳斯河春季蜡烛鱼汛期和在斯基纳河夏季捕捞鲑鱼之间。所以，才有土著人会把纳斯河—斯基纳河的二元性视为一种对立，并且把与之相关的蜡烛鱼/鲑鱼的二元性也视为一种对立。

神话思想的一个基本特质是：当一种神话图式从一个群体传递到另一个群体时，由于两者在语言、社会组织或生活方式上的差异而造成沟通不

---

❶ 列维–斯特劳斯认为，拯救阿斯迪瓦尔的老鼠"只差没有变成一个女子，那样它就可以提出跟主人公结成一次与另一次婚姻呈现对称、然而却是颠倒的婚姻"。笔者认为，这纯属列维–斯特劳斯的臆想，是为构成"结构"而结构化的想象，太过牵强。

畅，神话于是开始变得贫乏和头绪混乱。神话有时并没有因为失去它的所有轮廓而彻底毁灭，而是颠倒过来，并且重新获得一部分精确性（如光学）。因此，对于神话的分析如果是有助于证明神话思想的领域照样是结构化的，那么在这一部分一开始所谈到的目的也就达到了。

（四）四个层次（four levels）

第一，地理架构。钦西安地区的自然和政治地理，故事中提到的地点和乡镇均确实存在。如叙事的起点在斯基纳河谷、母亲和女子居住的村子为吉特萨拉塞特、阿斯迪瓦尔的结婚地是吉纳克桑吉奥盖镇，还有从斯基纳河口起身出发、在梅特拉卡特拉停留、第一次争吵发生地克瑟马克森，海豹的情节就发生在吉特克萨特拉镇的海域里，叙事结束于吉纳达奥斯。因此，列维－斯特劳斯认为，该神话所触及的地理和人口方面具有真实性。

第二，经济方面。土著人的经济生活支配着季节性大迁移。列维－斯特劳斯认为，"神话所触及的这方面情况的真实性一点也不亚于前文各段描写的地理和人口方面的真实性"，一切都起始于冬季饥荒，然后进入"间歇期"（interval），再赶赴春季迁徙等；"用马歇尔·莫斯的话说，这些季节性变化和神话所强调的其他方面的差异同样是真实的，尤其是陆地狩猎和海上狩猎之间的区别"❶。

第三，社会方面。社会和家庭组织，结婚、离婚、寡居等，"并不是一幅忠实于土著人的真实生活的资料性的图表，而是某种意义上的一种平衡力量，它时而与现实相伴相随，时而似乎脱离现实，然后又与之重新吻合"❷。从叙事中我们看到的是一个实行母系继嗣制度，从夫居的社会；不过，在神话里，这种入住夫家的形式很快被饥荒搞垮，而展示出一幅入住妻家的图画（哈岑纳斯与最年轻的女子结婚、阿斯迪瓦尔与晚星、阿斯迪瓦尔在杉树人那里的第二次婚姻等），整个神话故事以摆脱了姻亲或父方亲属的一母一女的重聚开头，最后以摆脱了姻亲或母方亲属的一父一子的重逢作为结束。从社会学观点出发，神话的开头和结尾构成了一组对立。

---

❶❷　[法]列维－斯特劳斯著，张祖建译：《结构人类学》，北京：中国人民大学出版社2006年版，第637页。

第四，宇宙观属于神话而非经验范畴。在主人公"真实的"游历当中插入的两次脱离凡尘的旅行构成了一组对立。第一次旅行把他带到天国即太阳的家里，结果是入住妻家的婚姻，表明了一种男女双方相距最远的族外婚；后来，阿斯迪瓦尔与同村女子私通而破裂，是以男女双方相距最近的族内婚（一村之内的婚姻）为特征。海豹地下王国之旅"把阿斯迪瓦尔在一连串婚姻中的入住妻家的取向颠倒过来了，因为它造成了他的第三位妻子与其兄弟们分离，主人公本人与妻子分离，他们的儿子与母亲分离，结合关系只剩下父与子这一种"❶。

如果说在分析这个神话的过程中，地理和技术—经济反映了现实情况，而社会学的使真实的与想象的制度交织；那么，宇宙观则是与现实无关的，如神话里的两个女人的饥饿状态可以被视为创造的原动力，因而含有宇宙观方面的意义。

四、研究价值：评论与反思

自人类学诞生以来，神话、巫术和宗教就一直是人类学最勤奋发掘的主题，这些主题或许更多意味着一些较为棘手的概念，而并非一个学科对这些问题的顺利解决。神话和现实纠缠不清的关系是问题的关键所在，人类学业已把神话（以及巫术和宗教）当成是某种潜力巨大的工具，通过它创造出相异的"人类学的他者"。列维－斯特劳斯拒绝将神话和特定的社会做一对一的关联。神话的价值在于认知，因为它并不总是反映社会结构。于是，列维－斯特劳斯的结构人类学所要达到的研究目标其实是：人类丰富的社会/文化现象和人类的所有行为，都可以从隐藏在行为背后的层次去探寻根源。这个所要寻找的层次，就是结构。它是一种基本的逻辑关系，反映的是文化意识形态的对立统一（内涵上），是既冲突又并存的关联。

（一）评论

逻辑的本质是求真，求真的形式则表现为推理。任何一门学科理论都

---

❶　[法] 列维－斯特劳斯著，张祖建译：《结构人类学》，北京：中国人民大学出版社 2006年版，第 640 页。

是由各种概念构造而成的，某些概念是学科理论大厦的基石，另一些则不仅是基石，而且同时还是支柱，它们支撑着理论的某一个部分或很大一部分，甚至整个理论。饶有意味的是，博厄斯曾这样说道："好像神话世界被建立起来就是为了再被打碎，以便从碎片中建立起新世界。"❶ 列维－斯特劳斯的理论认为：所有神话都是共同的意识结构和社会结构的复制。如是，列维－斯特劳斯关于神话结构的看法的着眼点，正像我们已经强调的，是在于将神话"如何"讲述搞明白。虽说如此，我们也不能忽略了与此同时，"如何"的问题也引出了列维－斯特劳斯关于讲"什么"的问题的独到见解。

在《阿斯迪瓦尔的武功歌》一文中，列维－斯特劳斯将构成神话原本的"地理、经济、社会、世界观"等各种层次的"神话编码"逐一厘清，从而破译了神话的内容，即"信息"的"编码"，不管是在世界观的深度和广度上，在逻辑的复杂性上，在编码相互交织的密度上，都有了飞跃，非常严谨细致。正如埃德蒙·利奇所言："在'阿斯第瓦尔人的故事'一文中，列维－斯特劳斯花四十页篇幅分析的一个综合神话，只不过是某一文化区的神话，但他的结论却是世界性的。"❷ 可以看到，神话思想中的逻辑同现代科学中的逻辑一样严密。神话之于科学的逻辑，其区别不在于思维过程的性质，而在于思维对象的本质。

（二）反思

当代文化人类学家 O. 沃纳强调，列维－斯特劳斯的神话就是 a：b：：c：d，这一结构可在不同层次上表现出来，也可以表现不同的对立因素，还可以进行转换。部分的转换是神话不同文本的结果。如果说 a：b：：c：d 是一种神话，那么 b：a：：c：d 就可能是另一种神话。但是，我们应当可以看出，列维－斯特劳斯所要论证的是："二元对立"是人类思维的基本结构。神话只是这一无意识性质的基本结构的语言表现，它表达的是原始人克服矛盾和了解他的周围世界的无意识愿望。1979 年因弱电统一理论

---

❶ ［美］博厄斯．詹姆斯·泰特：《不列颠哥伦比亚汤普森印第安人的传统》引言，引自：美国民俗学学会学术论文集 1898 年版，第 18 页。

❷ ［英］埃德蒙·利奇著，王庆仁译：《列维－斯特劳斯》，北京：生活·读书·新知三联书店 1985 年版，第 69 页。

获得诺贝尔物理学奖的 S. 温伯格在探寻终极真理时这样说道："从极端说，可能只有唯一一个逻辑孤立的理论，没有待定的常数，相应于某种能为终极理论感到惊奇的智慧生命。假如能证明这一点，我们差不多就能如愿地解释世界为什么是那样的。发现这样的终极理论有什么结果呢？当然，确定的回答要等我们知道了终极理论以后。我们会发现，世界的主宰对我们来说就像牛顿理论对泰勒斯一样奇怪。但是有一点是肯定的：终极理论的发现不会终结科学事业。"❶

神话中的谜没有答案是理所当然的，假如我们把神话谜语作为"以不存在答案为前提的问题"来下定义，那么它的反面就将是"没有问题的答案"。列维－斯特劳斯关于神话的研究，似乎并不能使我们认识真理，它们只能使我们认为，世界上的事物都只是可能性的事物，而没有确定的事物。由此，笔者主张：神话来源于事实，而又高于事实；所以，神话不完全等于事实，却具有事实所反映的思维结构。更长远地，我们也应该问一问神话是如何建构起来的，更要弄清楚是谁在利用神话，其目的是什么。

---

❶ [美]温伯格著，李泳译：《终极理论之梦》，长沙：湖南科学技术出版社 2007 年版，第191 页。

实地调研

吉尔吉斯斯坦伊塞克湖州
孔子课堂汉语言文化传播现状

贾玮琼

1 绪论

1.1 选题背景

　　伊塞克湖州国立民族大学孔子课堂是吉尔吉斯国立民族大学孔子学院下设最大的教学片区，汉语学习者达 1300 人。到 2015 年年底，伊塞克湖州地区包括国立大学孔子课堂及四个中学教学点，其中卡拉库尔市第一中学，卡拉库尔市第三中学，卡拉库尔市高尔基中学，伊塞克湖州东干中学开设了汉语必修课。此外，卡拉库尔市阿克苏县的玛玛克耶娃中学开设了 6 年级、7 年级、8 年级、9 年级、10 年级、11 年级学生参加的汉语选修课。现共计有 1300 多名学生学习汉语，学习汉语的社会人员约有 100 人。详情如表 1 - 1 所示。

表 1 - 1　伊塞克湖孔子课堂各教学点基本情况表

学校名称	卡拉库尔市第三中学	卡拉库尔市第一中学	卡拉库尔市高尔基中学	伊塞克湖州东干中学	伊塞克湖国立大学
建校时间	1975 年	1989 年	1949 年	1919 年	1940 年
学校地址	卡拉库尔市 1ул. токтогула	Ул Коенкозова 16	特那斯坦纳瓦 48 号	伊塞克湖州吉提奥古兹区	卡拉库尔市阿德拉合玛耶洼 130 号
学生总人数	1500 人	2000 人	1900 人	900 人	4500 人
开设汉语课时间	2013 年 12 月	2014 年 5 月	2014 年 9 月	2014 年 9 月	2010 年 9 月

学校名称	卡拉库尔市第三中学	卡拉库尔市第一中学	卡拉库尔市高尔基中学	伊塞克湖州东干中学	伊塞克湖国立大学
开设汉语课班级	56、5д、66、6г、7a、7в、7г、7д、8a、8г、8910（про）	5a、 56、 5д、5г、 5в、 6a、66、6в、6г、6д	5А 5Б 5В 5Г5Д 6А 6Б 6Б6Г 6Д	五、 六、 七、八年级	汉语教师专业一、二、三、四年级
学习汉语人数	320人	344人	371人	216人	29人

截至 2015 年 10 月，在 1300 人的汉语学习者当中，达到 HSK3 级水平的学习者仅有 50 人，仅占汉语学习者的 4%。

1.2 选题意义

1.2.1 理论意义

近年来，关于对吉尔吉斯汉语教学的研究越来越多，从汉语教师的文化适应、课堂管理到学生的学习需求和学习策略。但是汉语的国际传播不能单单着眼于语言本体或是教学环节的研究，与国内汉语教学不同，在国际环境中的语言教学需要拓宽视野，从整体出发，观察传播过程中各个要素是怎样发挥作用的。作为主要传播者的孔子课堂和汉语教师，在跨文化环境中采用什么传播手段，传播哪些内容，作为受众的汉语学习者又是如何选择接受汉语传播的都是需要解决的。

本文将从传播过程出发，以伊塞克湖地区为观察对象，重新审视汉语传播在具体实施的过程中取得哪些成绩，又面临哪些问题。

1.2.2 现实意义

在伊塞克湖州孔子课堂教学点，汉语学习人数基数较大，但是汉语高级水平学习者却寥寥无几，学生汉语水平出现较大断层。那么推动学习者学习汉语的持续动力究竟在哪里呢？笔者将对汉语言文化传播过程中的各个要素进行分析，以求找出问题，提高伊塞克湖州孔子课堂汉语高级水平学习者的比例。

通过对伊塞克湖州地区的汉语传播调查分析，对于优化提高伊塞克湖州孔子课堂教学点的办学水平、促进吉尔吉斯汉语学习者对中国语言文化的全面了解都有着积极的作用。分析所得出的相关实践经验，对以后吉尔吉斯孔子学院的汉语传播方面也有着一定的参考价值。

1.3　研究思路

笔者将从伊塞克湖孔子课堂的汉语教师教授内容、文化适应状况、教学组织形式、文化活动开展，以及学习者的学习情况反馈等作为访谈调查的主要变量进行研究分析，发现从传播到接受的过程中的各个环节的问题，并提出相应的建议和对策。

1.4　研究方法

本文采用的研究方法主要包括以下几种。

文献法：除了在研究综述部分提到的论著、专著、期刊等研究成果以外，一些来自本土报刊，杂志，学术会议的资料和学界资讯，都是本论文调查的重要基础。对这些文献进行收集、整理、归纳和梳理，在丰富研究对象的基础上能切实发现汉语在多语环境中是如何传播的，各国的语言传播是如何展开并发展下去的，有哪些优缺点值得我们借鉴吸收。

观察法：主要采用主位观察法和客位观察法，通过观察研究对象在教学和生活中的交往，以及笔者与当地老师和学生的聚会、聊天，根据自己的亲身体验，对在调查中发现的问题进行补充验证。

访谈法：笔者在伊塞克湖州卡拉库尔市第三中学任教，在任教的过程中，与同事和当地的汉语教师建立了很好的关系，利用课间时间或周末休闲娱乐的空闲时间对汉语教师和学习者进行了访谈。通过访谈了解到他们在教学和学习的过程中收获了什么，还存在哪些疑惑与问题。本文将通过对访谈资料的整理分析，找出汉语在伊塞克湖州地区传播的问题。表 1 - 2 和表 1 - 3 是访谈对象的基本情况。

表1-2　本土教师和学生基本情况

姓名	身份	年龄	家庭成员	父亲职业	母亲职业	来自城市或乡村	访谈地点	汉语学习时间	是否去过中国
BEGIMAI	学生	14	父母、妹妹、两个弟弟	商人	无	乡村	广场	一年	否
ZHANARA	学生	16	父母、四个哥哥	退休	退休	城市	教室	两年	否
KIYIAL	学生	15	父母、姐姐、两个妹妹	电工	无业	城市	教室	两年	否
AYIDA	学生	21	母亲、姐姐		在俄罗斯务工	城市	教室	四年	是
NURGIZA	教师	24	父母、弟弟	务农	务农	乡村	办公室	四年	是
QIAOPENG	教师	24	父母、哥哥、姐姐、弟弟	从商	从商	城市	小茶馆	四年	是

表1-3　中国汉语教师基本情况

姓名	性别	出生日期	来吉时间	俄语水平（来吉之前）	俄语水平（现在）	其他语种	其他语种水平
韩＊＊	男	1986年	2011.4	流利交流、无级别	流利交流、无级别	英语	CET四级
杨＊＊	女	1967年	2015.2	零基础	基本日常会话	英语	基本会话
姜＊	女	1990年	2015.3	零基础	基本日常会话	英语、泰语	CET六级、基本会话
唐＊＊	女	1991年	2014.8	俄语专业四级	流利交流	哈萨克语	母语（日常交流用语）

问卷调查法：笔者在2015年9月到11月，在卡拉库尔市第一中学、第三中学、高尔基中学、东干中学、伊塞克湖州国立大学五所学校共发放学生问卷320份，以班级为单位，每个班发放5份至10份问卷，基本可以代表伊塞克湖州地区学生的成分比例，其中收回问卷300份，在卡拉库尔市第三中学的回收方式为当场回收，每份问卷的填写时间为20分到30分钟，在其他四所学校，问卷回收方式为各个汉语教师帮助学生当堂填写，解答问卷中的疑问和翻译问题，填写时间同样是20分到30分钟。最后收

回有效问卷270份,有效率84.3%。笔者对学生的语言学习反馈,文化接受程度进行了统计归纳,针对学习者在学习过程中的问题、需求和期望对伊塞克湖州地区的汉语传播现状提出了建议。调查对象基本信息如表1-4所示。

表1-4 调查对象基本情况汇总表

基本项	所占比例
性别	
男	32.2%
女	67.8%
年龄结构(岁)	
10~13	77.3%
14~17	13.3%
18~22	9.4%
年级	
5~7(中学)	74.4%
8~10(中学)	16.1%
大学	9.5%
民族	78.7%
吉尔吉斯族	21.3%
其他民族	
居住地	79.1%
城市	20.9%
农村	
家庭成员数(包含本人)	
2~4	29.4%
5~7	67.3%
8~11	3.3%

1.5 文献综述

1.5.1 国内外语言传播研究

国外语言传播研究是基于 Wilbur Schramm 的《大众传播学》,将语言学、社会学领域对传播的认识系统化整理。德国高级社会语言学家乌尔里希·阿蒙(Ulrich Ammon)提出语言传播是一个国家提高综合国际影响力的重要途径，根据乌尔里希·阿蒙的理论，语言传播可以给国家带来巨大的收益，主要包括：（1）增强国际交流，加强海外经济联系。（2）提升国家的海外形象，传播国家文化和价值观。（3）获得更多的人力资源。（4）提高本国语言的吸引力。（5）"语言产业"如语言教材、语言相关商品和服务能带来巨大的经济效益。（6）语言是一个国家和民族的重要标识，如果国家的语言具有较高的国际地位则能增强国民的民族自豪感。近年来，汉语在吉尔吉斯斯坦逐渐掀起，Cooper 把语言的盛行（Language spread）定义为为了某种交际功能过度使用某种语言或语言变体，使得这种语言的使用率不断增加。双元或多元文化背景下的语言选择一直是社会语言学关注的焦点之一，语言选择是指多语言共同体在特定场合所选用某种语言或语言变体的现象。学者们认为语言选择即是语言运用，语言选择是选择者参与社会变革的语言形式，在一定目标的驱动下，阐述着自己的主观感情、动因、需求，家庭、朋友、学校、工作、社会都会影响语言的选择。在全球化的背景下，中国企业在吉尔吉斯斯坦日具规模，很多吉尔吉斯大学生将去中国企业工作作为自己毕业后的目标，汉语就被提到了不可忽视的高度，其盛行是不可避免的。随着越来越多的跨国公司和国际间的交流及组织的出现，使得人们更多地选择学习汉语来增加自己的就业机会。另外，作为不断崛起的经济大国，更多的人对中国抱有推崇和向往，中国的文化也在逐渐影响着吉尔吉斯斯坦的人。

国内外对国家语言传播政策和法律的研究是从 20 世纪末开始的，在国内具有代表性的研究成果有周庆生（2003）对国别语言传播政策进行分析，张西平、柳若梅（2008）对照国外经验指出汉语国际推广政策研究的不足及解决办法，刘海涛（2006）概括了欧洲联盟语言使用状况和语言政策，赵守辉（2008）提出非主流语言教学概念并将其大致分为社区服务型、国际推广型和商业营利型三类。美国、日本、德国、土耳其、俄罗斯等国，在语言传播方面都进行了积极的探索。

王志强在《德国对外文化政策视角下德语对外传播及其实践》中对德语的传播方式和实践路径进行了三个方面的阐述，总结了德语对外传播的特点。德国的海外德语传播始于 19 世纪末，1878 年德国成立了"帝国学校基金会"，专门为海外的德语学校提供资金。第一次世界大战和第二次世界大战期间，德国还成立了另外一些传播德语的机构，如"国外德意志学院"（后更名为"对外关系学院"）、"亚历山大·冯·洪堡特"基金会、德意志学术交流中心、歌德学院等，这些机构至今还发挥着作用。德国的德语传播基本方针是：让各个民间组织去从事德语教学和研究的规划及其实施，政府为它们提供资金支持。为了协调各个民间组织的活动，外交部于 1988 年成立了分管语言的工作小组，外交部隶属的另一个部门是"国外学校中心"，其任务是支持国外的德语学校。截至 2006 年的统计，全世界大约有 1500 万到 2000 万人学习德语，超过 100 个国家把德语作为学校课程。

"国际传播"是 20 世纪 80 年代引入中国的，骆峰在《汉语国际传播的性质、体系和模式》中修正了"国际传播"的定义，不仅看到了大众传媒在"国家宣传"方面的功用，也关注到跨文化交流中微观层面人际传播的力量。他倡导在汉语国际传播的研究中不仅要关注"三教"问题，更要发掘中华文化内涵，通过多元传播模式，激发更多社会力量，提高社会效益。

王祖嫘、吴应辉在《汉语国际传播研究理论与方法》中解读了汉语国际传播的概念。中国的对外汉语推广工作是从 1950 年开始的，到 2000 年中国约有 340 余所高等院校成立了专门从事对外汉语教学的机构。汉语水平考试（HSK）也像"托福""雅思"考试一样，跻身世界最重要的第二语言或外语水平测试行列。

吴应辉在《汉语国际传播发展报告 2011—2014》中对孔子学院功能的统计现实，孔子学院正试图从民俗、手工艺等物质文化和行为文化的浅层次传播，向传播中华民族优秀思想文化的方向努力。❶

1.5.2　国内外文化传播研究

语言传播离不开文化传播，语言的对外传播，是以实现更好的交流为目的的，要实现更好的交流，除了语言本身的学习，还离不开对语言所植根的文化土壤的了解。"文化传播"也称"跨文化传播"，是由美国人类学家霍尔在 20 世纪 80 年代首次提出的，他指出"把文化看作一种交流"（It treats culture as in its entirety as a form of communication）。跨文化交流（即

---

❶　王祖嫘，吴应辉：《汉语国际传播发展报告（2011－2014）》，《新疆师范大学学报》，2015 年第 4 期。

跨文化传播）主要有两种形式：国际交往和国内交往。本文的调查对象伊塞克湖州孔子课堂及教学点便属于第一类国际交往，它是指来自不同国家和文化的人们之间的交往。在本文中指本土汉语教师及学生与中国汉语教师之间的交往。

语言是文化的载体，在语言传播中文化的重要性不言而喻，著名人类学家鲁思·本尼迪科特（Ruth Benedict）解释了其重要性的原因："人的一生首先要适应本社会传统的模式和规范。从他的出生开始，本民族的习俗就塑造了他的经验和行为。到他开始说话，就成为文化的创造物，到他长大并参与社会活动，文化的习惯就成为他的习惯，文化的信仰就是他的信仰，文化的局限就成为他的局限。每一个出生于某个文化群体的儿童都与这个群体的其他成员分享同样的文化，而出生在地球另一端的孩子却没有受这一文化的影响。"

秦惠兰在《在汉语教材文本中构建中国"国家形象"》一文中主张采用"分散"策略将中国元素灵活组嵌进去，借助"中国式话语"——中国人的思维方式、情感模式、历史、政治、宗教、经济、日常生活的方方面面进行文化传播，构建良好的国家形象。

李艳的《在文化传播中拓展语言传播，以语言传播深化文化传播》，随着中国的日益发展壮大，"汉语热"也在全球范围内逐渐升温，对外汉语教学中的文化教学研究也受到了越来越多人的关注。对外汉语文化教学研究，经历了一个从不被重视到被重视、被热烈关注，到趋于平稳的过程。逐渐由不自觉走向自觉、由经验型转向科学型。

俞志强认为除了以经济为基础的国家硬实力能够影响中国的文化传播，地域上的接近也可能成为语言国际传播的动因。"中国制造"不能成为一个外国人加入汉语学习行列的原因，英文歌曲、饮食、衣着、娱乐、习俗以及生活的方方面面都影响了中国人的生活方式，所以除了经贸力量，还要借助思想、政治、艺术等力量来实现文化传播。

从传播学角度来研究对外汉语教学中的文化教学，很多问题会豁然开朗，因为毕竟对外汉语教学本身就是一种跨文化传播的实践活动，是一种特殊领域的最具体、最直接的跨文化传播活动。1994 年年底召开"对外汉语教学的定性，定位与定量问题座谈会"以后，至今学界达成的共识是：

对外汉语教学中的文化定位"既不能过窄，也不能过宽"，正如对外汉语教学中的文化传播研究说所讲的，"文化教学必须有'度'，必须受语言教学总目标的指导和制约"。欧阳康在《多元化进程中的文化认同和文化选择》中指出文化全球化的结果不是导致文化的同一性，而是导致文化选择。既然是文化选择，那么不可否认的前提就是"文化存在差异"，而且这些差异是可以做比较的，由此才产生了文化比较与文化选择的必要性。由于对一个国家的文化或者某一种文化产品感兴趣，从而开始学习这个国家的语言，在外语学习者中是普遍存在的。如中国功夫电影、日本动画片、韩国电视剧等，是不少青少年学习汉语、日语、韩语的最初动因。

文化的多样性和国际社会的复杂性给我们启示，有效的交流不仅仅是一个语言技巧问题，还涉及许多从国际贸易谈判的摩擦，到个人接触异国文化时的曲折经历的文化因素，这些经常使我们感受到跨文化理解的困难，仅靠外语知识和技能是无法顺利进行跨文化交际的。

1.5.3 中亚汉语言文化传播

Ian Bremmer《New States, New Politics: Building the Post - Soviet Nations》一书中作者以历史的视角分析了吉尔吉斯斯坦民族主义的源起、发展和爆发，其中从另一个侧面反映了吉尔吉斯人对其他语言文化的态度。格桑央京的《现代中亚社会的多种文化力量消长与汉语言文化传播》分析了苏联解体后中亚土地上的各种文化力量如何展开角逐，实现自身优势，争取有利地位的。吴友富在《对外文化传播与中国国家形象塑造中》对对外文化传播与国家形象塑造之间的重要联系给予了特别关注，在文化传播中需要对自身文化有准确的认识和定位，注重异质文化的可对话性以及重视传播渠道中的非均衡性因素，通过物质文化和精神文化传播，塑造"和平开放"的文化内核，通过文化外交，塑造"和平发展"的国家形象。

李琰在《土耳其在中亚地区的语言传播战略及其对我国汉语国际传播的启示》中分析了土耳其在20世纪90年代初苏联解体后，如何抓住时机，大力传播土耳其语及其文化，扩大土耳其在中亚的影响力。土耳其在中亚地区的语言传播战略主要通过教育领域内的语言传播和教育领域之外其他形式的语言传播来实施。国立大学项目是土耳其在中亚进行语言传播的一个亮点，该项目充分利用了突厥语民族的同源关系，以相似的民族意识形态作为项目实施的保障。到目前为止，共建立了两所国立大学，分别是由土耳其和哈萨克斯坦联合出资的国际阿合麦特·耶塞维哈萨克—土耳其大学以及由土耳其和吉尔吉斯斯坦联合出资的吉尔吉斯—土耳其玛纳斯大学。土耳其的语言传播战略有其独有的特点：政府高度重视，将语言传播纳入强国战略体系；在语言传播战略上强调"突厥情结"；从战略层面分工合作，多维度推进土耳其语的传播；加强学术研究与交流，增强理解与互信；通过多层面发展，推动土耳其语进入中亚国民教育体系。

李建军在《中华文化中亚传播的战略态势和优选方向》中针对开展中华文化中亚传播的战略态势和优选方向进行了研究，梳理了中华文化中亚传播的战略优势和面临的挑战，探索了中华文化对外传播的规律，对提高中华文化传播能力、提升中国文化软实力、实现中华民族伟大复兴有重要作用。

王冰雪《国际传播语境下中华文化中亚传播的共识之路》提出当前面向中亚地区的中华文化国际传播尚处于起始阶段，尚且存在文化传播力与媒介影响力的失衡、国际传媒报道的失真、本土性价值观念与话语体系失语等文化传播困境。在国际传播语境下推动中华文化中亚传播，将文化传播视野扩展至人类共同发展的层面，延伸中华文化国际传播的意义空间，促进世界文化多元的和谐共处。

关于吉尔吉斯斯坦汉语使用现状的文献近年来不断增多，梁云在《吉尔吉斯斯坦汉语教学前景预测研究》中以学生的反馈为基础，将聚类分析的数据与汉语教学工作的实践经验相结合，预测了吉尔吉斯斯坦汉语教学工作的未来发展。刘宏宇在《吉尔吉斯斯坦独立后的语言政策与实践》一文中阐述了独立后的吉尔吉斯斯坦在国语和官方语言之间使用的状况与竞争关系，种种社会现实制约着语言政策的实施。范晓玲在《吉尔吉斯斯坦汉语教学现状及思考》中以实践为基础，从师资、教材使用、课程设置、生源等出发，找出问题并提出了针对性的建议，为汉语在吉尔吉斯斯坦的继续推广起到了积极作用。闫丽萍的《吉尔吉斯斯坦大学生汉语学习的社会影响因素调查》以奥什国立大学为例，集中讨论了经济发展和婚姻观念对汉语学习的影响。

2 汉语在伊塞克湖州孔子课堂传播现状分析

汉语言文化在伊塞克湖州的传播是中国同吉尔吉斯斯坦（以下简称"中吉"）。的交流过程，在这个过程中，交流双方都发挥着重要作用。孔子课堂作为中吉交流的桥梁，扮演着重要的角色，笔者根据调查条件的便利，从孔子课堂的角度入手，对伊塞克湖州孔子课堂的教师、学生及其交往过程进行分析。以发现孔子课堂在汉语言文化传播的过程中发挥着哪些作用，又是如何发挥作用的。

2.1 传播主体：汉语教师

2.1.1 本土教师

作为语言传播最直接的主体，汉语教师不仅具有教授语言的职责，更是中国文化的传播大使，所以汉语教师的个人修养和职业素质影响着汉语传播收到的效果。推动汉语国际传播需要加快本土化的进程，而教师本土化则处于核心地位。

伊塞克湖州孔子课堂拥有本土汉语教师 2 名，努尔吉扎和乔朋已经在伊塞克湖从事汉语工作 4 年了，汉语水平分别达到了 HSK4 级、HSKK 中级和 HSK5 级、HSKK 中级。根据对孔子课堂学生学习情况的反馈调查，87%的学生认为本土教师的课有意思、很喜欢。由此看来，学生们对本土教师认可度是很高的，这与本土老师在汉语教学上做出的努力是分不开的。努尔吉扎从中国学习回国后，尽力效仿中国老师的办法，做 ppt 帮助学生学习，生词卡片辅助，零起点学生从笔画开始学习，按笔顺写，学生忘记时，提示他们横、竖、撇、捺。课下说到 HSK 报名或者学过的内容，会和学生们用汉语交流。平常会在电视上看与中国有关的节目，并和学生在课上分享，请学生从中国带 DVD 回来，教学生唱一些中文歌曲等等。此外，4%的学生认为本土老师的课枯燥，不喜欢，而这一部分全都是正在准备 HSK3 级或者 4 级的学生。根据笔者的观察，在对零基础汉语学习者的教学中，努尔吉扎老师会用俄语的发音来拼写汉语拼音，如"你"的发音用俄语"ни"来表示。这种方法前期收效很好，学生们可以很快掌握词汇的读音并快速记忆，不注重声调的变化，但是当学生达到 HSK3 级水平准备备考口语的时候，初级学习积攒下来的不良习惯很难改掉。

个案 1：Kiyial 现在是中学 10 年级的学生，计划 2016 年去中国留学，正在准备 HSK4 级的考试，在大学付费参加努尔吉扎的汉语培训班，她认为最得不到提升的部分就是发音，教师无法满足她的学习需求。她现在在努尔吉扎的培训班，一周上四节课，每节课一个小时，但是觉得汉语课很没有意思，因为努尔吉扎一直说俄语，方法不多，但是很严厉。她期待老师可以说汉语，然后如果听不明白了，再让老师说俄语，这样会更好些。

所以想要实现汉语传播的本土化，增加汉语高级水平学习者的比例，本土教师的汉语水平与教学水平仍需进一步提高。

2.1.2 中国教师

相较于本土汉语老师，中国教师无论是专业素养还是教学方法，都技高一筹，但是大部分的汉语教师志愿者都是没有吉尔吉斯生活经验的，本身就处于学习和适应的过程中。

伊塞克湖州的汉语教师志愿者以汉语国际教育硕士研究生为主，工作周期为一年到两年，每所中学分配一名到两名汉语教师志愿者，也就是说每个学习者从 5 年级学习汉语，一直到 8 年级，会更换 3 位老师。以伊塞克湖州的高尔基中学为例，该教学点原本的哈萨克族汉语教师离任后，学生因为不能接受新任教师的教学方法和个人风格，而拒绝缴纳费用（志愿者的住房费用是由学校提供，而学校则从学习汉语的学生手中筹集）。在志愿者离任期间，卡拉库尔市第三中学的校长曾提出，"频繁地更替汉语教师并不利于汉语学习，每次学生适应了一个新老师，你们就换人，学生们又要重新适应"。长此以往，学习汉语的生力军始终保持在 5 年级和 6 年级汉语零基础的人群。

除了教师的更替速度过快，教师的语言能力也影响着学习者的汉语热情，在伊塞克湖的汉语教师中，四位教师都是没有俄语基础的，只具备初级俄语交际的能力，对于汉语初级水平的学生来说，交流成了最大的障碍，因为5、6年级的学生往往没有耐心，如果长时间处于听不懂的课堂之中，便会使学生们丧失兴趣，教学质量也会随之降低。学生对教师教学语言的选择情况如表2-1所示。

表2-1　学生对教师教学语言的选择情况

教学语言	人数比例
母语（俄语或吉尔吉斯语）	31%
汉语	28%
多用汉语、少用母语	25%
少用汉语、多用母语	16%

根据学生对中国教师教学语言的建议统计，31%的学生期待教师全部用学生母语讲授；28%的人希望教师用汉语授课；25%的学生支持多用汉语、少用母语；16%的学习者选择少用汉语、多用母语。可见学生们对母语讲授的要求更加强烈，母语讲授也更适合初级水平学习者的学习需求。

个案2：6年级Naltenbek是班里的优等生，汉语成绩很好，他觉得中国老师非常活泼、课堂教学也很生动有趣，但是中国老师的俄语水平太差了，有些问题听不懂，无法解答。

万事开头难，保持初级水平汉语学习者的学习兴趣才能提高学习群体总体的汉语水平，对于年龄较小的学习者来说，如果一开始就树立起一个汉语很难学的形象，那就不难造成学生升级后汉语学习群体的流失。

2.2　传播途径与内容：交往过程

历史上的语言传播的渠道有很多种，有的是通过军事侵略或移民来实现的，如20世纪80年代英语的传播；有的是通过宗教教义的传播来实现的，如阿拉伯语在信奉伊斯兰教的国家的传播；有的是通过文化的交流来实现的，如汉朝时期丝绸之路的产生，大大增进了中国同中亚地区的交流；还有通过意识形态的改变来向外传播，如十月革命期间俄语在社会主义国家的盛行。❶ 具体到伊塞克湖州孔子课堂，汉语传播途径主要集中在四个方面：教学活动、文化活动、师生交往以及其他方式内容。

2.2.1 教学活动

2.2.1.1 课程设置

伊塞克湖州孔子课堂下设的中学教学点，每所学校每周有 20 个到 25 个课时的汉语课，每班 2 课时。大学每周 28 到 30 课时，不包含文化课，1 至 3 年级的汉语课每周 8 课时，四年级的汉语课每周 4 课时。课型为汉语精读，教师自行组织的文化课或文艺活动不做具体规定。

笔者在伊塞克湖州教学点任教期间，经历了学年的过渡，2015 年下半年新学期开始，由于在教育部认可的必修课时段内，不能再安排其他外语时间，这也就意味着开设汉语课程的年级由 5、6、7、8 年级必修，9、10、11 年级辅导变为 5、6 年级必修、7 年级及以上两两年级合并，按兴趣自愿上课。这样一来，原本有一定汉语基础的高年级学生逐步流失，长此以往，学习汉语的人群将一直维持在五、六年级初级汉语阶段，难以继续发展。

中学的课程分为上午和下午，上午是八年级（含 8 年级）以上班级的上课时间，下午是 8 年级以下班级的上课时间，汉语精读是作为必修课在各中学教学点开设的，却通常被安排在上午的最后两节和下午的最后两节，是教育部规定的非必修课时间，可以由中学灵活操作安排课程。笔者观察各个中学的出勤率情况，每天的最后一节课是出勤率最低的，少则三四人缺勤，多则一半的学生都不来上课。乔朋老师说："中学的孩子们会在每天最后一节课打扫卫生，而汉语课往往安排在最后一节，任何学校的公共卫生都是学生们承担，不请工人打扫。"

在不同的语言环境中，文化习惯也不相同，尤其是处于跨文化语言传播的环境中，更应该关注语言传播背后的文化风俗习惯。笔者就学生在学习生活中经常遇到的困难做出了调查，如表 2-2 所示。

---

❶ 李宇明：《什么力量在推动语言传播》，《汉语国际传播研究》，2011 年第 2 期。

表 2-2　学习者生活困扰状况统计表

生活困扰	所占比例
学习成绩	32%
家庭关系	8%
家庭事务	22%
没有	35%
其他	3%

在提到生活困扰的问题时，只有35%的学生认为生活很幸福，没有困难；32%的学生认为学习成绩不好是最大的问题；22%的学习者有家务的困扰。所以，根据所处环境的不同，传播策略也应有所改变，在师生交往的过程中，要考虑对方文化的需求，不能将教师要求强加在学生身上。

个案3：现在8年级的Diana说："有些同学要照顾弟弟妹妹，或者帮妈妈准备晚饭，招待客人，所以他们最后一节课会提前回家的，班主任也同意了。"

根据笔者的调查，34%的学生认为学校的课时量不够是汉语学习中最大的问题，汉语精读课在中学每周只有2个课时，没有足够的时间供学生们反复练习或者尝试体验中国文化。虽然汉语课是作为必修课在各个中学教学点开设的，但是并不具备必修课的要求：课堂与作业情况记入平时成绩和期末考核，不及格者重修。大多数学生对于汉语课更多是靠兴趣来维持的。所以到6年级为止，这些学习了1年汉语的学生HSK1级的过级率仍不到10%。在伊塞克湖州国立大学的语言学院有吉语系和外语系，外语系又包括英、汉、法、德、阿、俄六门外语，学习汉语的人数有30名，每周的上课时间为2~4个课时，每课时90分钟。他们正在准备HSK3级考试，或者已经通过了HSK3级考试，是每年考取中国的大学留学的主要人群。

个案4：10年级的Kiyial说："汉语课应该一星期4节，因为自己一个人的时候不喜欢学习汉语，希望跟老师同学在一起。现在每周2节课间隔时间太久了，会经常忘记学过的东西。"

所以在课程设置方面，孔子课堂仍需要和当地学校做好沟通工作，针对不同层次的学习者，和不同层次学习者对汉语学习的需求，适当增减课时数，高年级学生集中时间授课，低年级学生分散时间上课。以求提高汉语教学的质量，稳定汉语学习的人群。

2.2.1.2 教学资源

伊塞克湖州孔子课堂下设的 4 个中学教学点都拥有自己的汉语教室，里面装扮有很多中国元素的饰品：中国结、山水画、书法作品、剪纸、脸谱、国旗、汉字拼音认读表。这些装饰品都为学习者提高学习兴趣，增进对中国文化的了解起到了积极作用。但是各中学人数都在 300 人左右，两位老师分班上课，意味着每次上课都有一半的学生在本班上课，不能体验中国文化。

物质形态的教学工具已经不能满足学生的需求和汉语传播的进程，从物质文化向更高层次的意识形态传播是我们未来努力的方向。

表 2 - 3　学习者心目中最能代表中国的词汇

代表词汇	所占比例
中国制造	24.8%
熊猫	26%
功夫	8%
现代化	19.4%
历史悠久	19.8
其他	2%

汉语学习者对中国的刻板印象始终存在，在学生们认为最能代表中国的词汇中，26% 的被调查者认为是熊猫，24.8% 认为是"中国制造"，占被访者的一半以上。无论是熊猫还是"中国制造"都不能一直成为中国的代名词，传播中国文化不仅是让更多的人了解中国有什么，更需要将中国文化的精神内核展示给世人。

个案 5：11 年级的 Janara 参加过 2015 年的夏令营，在中国体验了一周的学习生活，"中学汉语教学仍值得改进的地方就是学习资源太少了，汉语教室也只有一个，无法满足更多学习者的学习要求。在中国学习的时候，每个老师都会有电脑，制作ppt，给我们看很多图片和视频，这样学习很有趣"。

2.2.1.3　课堂组织形式

和本土教师相比，中国教师本身就很有意思，这些外国教师在学生们眼中是新鲜特别的，学生们很自然地对中国老师关注更多一点。那么如何利用这样的优势，抓住学生们的兴趣点，组织一个高效率的课堂模式呢？

个案6：现在读8年级的Diana是班里的优等生，各门功课都很优秀，尽管如此，她对不同科目的老师也持有不同的态度："吉语老师在课堂很严厉，先写一黑板的东西，然后让同学们写、读，学生们觉得很无聊，但是不学又会挨骂。但是自己很喜欢韩语，韩国人很时髦，非常崇拜韩国组合，也很喜欢看韩国的电视剧，每周都会上两节韩语课，然后自己在家里练习韩语歌。"

笔者观察学生们在课下辅导班的表现情况时发现，韩语班是最受学生们欢迎的，相较迫于升学压力而必须完成的英语、数学补习，韩语班虽然人数较少，但是课堂气氛十分活跃。上课前，教师会将点心摆在一个团桌上，学生们围着桌子边吃边聊，课上教师频繁使用奖励机制，激发学生们竞争的愿望，虽然奖品只是一个小纸片，学生也无不乐在其中，一节课快要结束时，教师统计学生们手中的奖品，获得最多的即为优胜。基于对本堂课学生们的优秀表现，教师会播放EXO、黄致列等知名韩星的MV，学生们边唱边结束了这堂课。

回到汉语课堂，在伊塞克湖的各个教学点，汉语教师们都采用丰富多样的课堂活动来充实汉语教学，主要集中在卡片游戏、小组竞赛、观看视频、唱中文歌曲、分角色表演、讲故事、做手工这几种形式。

表2-4 学生最喜欢的课堂活动

课堂活动形式	所占比例
卡片游戏（教具）	20%
小组比赛	43%
播放视频	4%
中文歌曲	17%
分角色表演	6%
讲故事	6%
手工活动	4%

统计结果显示43%的人选择了小组竞赛，20%的人选择了卡片游戏，17%的人选择了唱中文歌曲，是学生们心目中最喜欢的三种课堂活动。根据学生特征组织课堂，与中国学生的腼腆不同，吉尔吉斯的学生在竞争中更能激发学习的动力，由此可见因地制宜，针对学生特点制定相应的课堂教学形式至关重要。

2.2.2 文化活动

伊塞克湖州孔子课堂每年都会独立举办一些文化活动，如大型的春节联欢会、演讲比赛、歌舞比赛、孔子纪念日活动，以及各个中学自行开设的文化课程。大型的地区活动参加者都在200人以上，小区域的学校文化课程，参加者在40人左右。这类活动能够满足具备一定汉语水平的人群，为他们提供展示自己，进一步了解中国文化的机会，但是对于初级汉语学习者来说，中华文化活动对他们来说同汉语课一样，是陌生并且毫无参与感的。例如剪纸、书法、中国结这些汉语课堂常备的文化项目，是非常具有中华特色但是小众的，对于没有汉语基础的人来说只是同游戏一样，并不能对进一步学习汉语有所帮助。

表2-5 学生对中国当代社会最感兴趣的话题

话题	人数比例
政治	9.2%
教育	40.4%
饮食	12.1%

话题	人数比例
科技	25%
电影	7.5%
其他	5.8%

根据对各个教学点学生的调查，教育、科技、饮食是学生们对当代中国最感兴趣的三个问题。

个案 7：Abdulla 是伊塞克湖州国立大学大四的学生，他认为，"中国人是很努力很积极的族群，无论是工作还是学习，而吉国人则不具备这方面的优势，他们不想学习，这就是为什么中国现在很强大，而吉国却有很多弊端的地方，努力工作学习的态度是很重要，很好的品质。在土耳其，1 个人平均一年看 5 本书，1 个中国人每年可能会看 100 本书，而吉国，也许 1 本都不到。在中国的图书馆里有很多人，而这里却没有，我希望祖国这些都可以改变，向中国学习"。由此问了我许多关于中国教育的问题，比如中国的学生是如何学习的，怎样做到坚持学习的，中国的老师和学生间是什么样的关系。

为了能够吸引更多的学习者主动参与到中国文化活动当中，笔者就初级汉语学习者最喜爱的中国文化作了调查。

如表 2-6 所示，42% 的学生最希望了解城市风景建筑，居于第二位的是风俗民情，占调查对象的 30%。

表 2-6　学生最喜爱的中国文化

中国文化	比例
风景建筑	42%
民俗风情	30%
饮食	12.9%
社交礼仪	9.5%
其他	5.6%

个案 8：现在 9 年级的 Kiyial 已经拿到 HSK3 级的证书，她告诉我，

2013 年夏天在中国的 10 天获益匪浅，在乌鲁木齐有宽阔的街道和方便的 BRT，中国人的着装和说话感觉新鲜，虽然有很多听不明白，但是当时的带队方老师每天会用俄语解说，如果有机会自己将来还要去中国学习，目前学习汉语最需要的是图书，想看但是没有资源，希望汉语教室可以配备一些带拼音和翻译的文学类书籍。

中国文化的特质是无法靠汉语教师说就能完整传达的，只有学习者亲身实践才能体会其中的滋味。为更多的汉语初级学习者提供了解中国文化的机会，即使身处异国，也能领略中国文化的气息，需要简易文化活动的形式，加入更多易于理解的环节，扩大参与范围，提高文化活动的影响力。

2.2.3　师生交往

中国教师的一言一行都代表着国家形象，良好国家形象的塑造可以吸引更多汉语学习者对中国进一步了解，促进更深层次的传播与交流。我们都知道，不同国家、地区，不同民族、种族之间的社交礼仪，文化习俗都是不同的，小到学校教育，我们也会持有不同的教育态度和理念。纵然中国教师的专业素养更高、教学方法更加系统，但是在处理师生关系上，却有着种种的不适应。

在中学，4 年级以下的班级所有课程都是由班主任承担的，除了英语、俄语、汉语等外语课。所以学生们与老师的关系就同家人一样的，大部分时间教师坐在教室里跟学生们交流一些课程外的东西，每天的最后一节课打扫卫生，任何学校的公共卫生都是学生们承担，不请工人打扫，孩子们很爱惜自己的教室，每个孩子会从家里拿花盆到教室里，就像布置自己的家一样，布置自己的教室，这样不仅让他们学会爱护，还能净化学习环境。与中国学生不同，很多事情是由清洁工人来做的。结束之后同老师一起回家，这样和谐的师生关系就形成了，师生之间，学生与学校之间距离自然而然就拉近了。

传播从来都是双向的，汉语教师志愿者作为汉语言文化传播的重要桥梁，首先需要适应当地生活，与当地文化的适应程度影响着汉语传播，当地汉语老师乔朋描述，其他科目的老师对于汉语教师是有距离感的，感觉中国老师很难接近了解。

如表 2 - 7 所示，根据学生对最难接受的中吉差异选择情况，31% 的学生选择了社交礼仪，表明人际交往是学生们认为与中国老师相处的首要问题。

表 2 - 7 学生最难接受的中吉差异

文化类型	比例
交友方式	20%
家人关系	19%
社交礼仪	31%
饮食习惯	25%
其他	3%
没有	2%

个案 9：努尔吉扎做汉语老师 4 年，从 2011 年 12 月伊塞克湖州设立孔子课堂到现在，她见证了孔子课堂从无到有的过程，她说那时候中国老师的素质不好，现在师生们干什么都是在一起，很友好，但是当时努尔吉扎作为实习生在孔子课堂帮忙时，中国教师斥责道："你们在这里干什么，学生不能在这里，你是学生，我们是老师，你们现在出去。"现在我们对待实习的学生是坐在一起工作，相互之间交流办法，学习教学方法。如果是年轻老师，什么都可以聊。

在处理师生关系时，过分亲昵或过分冷漠都会引起学生的反感，把握这个"度"要学会观察当地的师生课上和课下分别是如何相处的。笔者观察各个教学点的汉语课堂，教师们会花大量的时间维持秩序，控制学生"你一言我一语"的情况。但是到了课后，汉语教师们往往闭门休息，主动与当地老师和学生接触的时间很少。

2.2.4 大众媒介

除了汉语课堂的学习以外，学生还会通过 Youtube、当地的新闻电视等平台来了解中国的最新讯息，也就是说鲜有学生通过中国的视频网站直接获取新闻资源的，他们往往从别国的媒体上去间接关注中国时事。具体如表 2 - 8 所示。

表 2 - 8　学生了解中的大众媒介（除教材外）

媒介	人数比例
吉尔吉斯斯坦本国新闻	10.6%
国外新闻	15.9%
Youtube	36.7%
中国电影电视	17.3%
不了解	19.5%

2.2.4.1　纸质媒介

在汉语学习的过程中，最直接的纸质媒介就是教材，目前伊塞克湖州各中学教学点采用的教材是《快乐汉语》（俄语版）、《汉语新起点5》，伊塞克湖州国立大学采用的汉语教材是《新实用汉语》，各个培训班所采用的教材不定，主要集中在《会话301句》和《汉语》（吉尔吉斯语版）两本教材上。《快乐汉语》（俄语版）作为零基础汉语的学习教材，内容充实，系统性较强。

表 2 - 9　《快乐汉语（俄语版）》章节内容

课程＼单元	我和你	我的家	饮食	学校生活	时间和天气	工作	爱好	交通和旅游
一	你好	爸爸，妈妈	喝牛奶，不喝咖啡	中文课	现在几点	他是医生	你的爱好是什么	这是火车站
二	你叫什么	我有一只小猫	我要苹果，你呢	我们班	我的生日	他在医院工作	你会打网球吗	我坐飞机去
三	你家在哪	我家不大	我喜欢海鲜	我去图书馆	今天不冷	我想做演员	我天天看电视	汽车站在前边
四	单元小结	单元小结	单元小结	单元小结	单元小结	单元小结	单元小结	单元小结

《汉语新起点5》针对中学7年级以上的学生，所以板块设计比较倾向于交际和应用，由于最后5课的板块体例与前面的20课重复，笔者在此选

取了前20课的内容，具体形式如表2-10所示。

表2-10　《汉语新起点5》教材体例

课程 板块	第一课	第二课	第三课	第四课	第五课	第六课	第七课	第八课	第九课	第十课	第十一课	第十二课	第十三课	第十四课	第十五课	第十六课	第十七课	第十八课	第十九课	第二十课
跟我读读	√	√	√	√	√	√	√	√	√	√	√	√	√	√	√	√	√	√	√	√
学着写写	√	√	√																	
练习拼拼	√	√	√																	
说说聊聊	√	√	√	√	√	√	√	√	√	√	√	√	√	√	√	√	√	√	√	√
认认读读	√	√	√	√	√	√	√	√	√	√	√	√	√	√	√	√	√	√	√	√
学笔画	√	√	√																	
读一读	√								√					√				√		
谁说得好		√																		
学古诗			√	√							√					√	√			
笔顺规则				√	√	√														
试着唱唱					√								√							
找朋友						√						√								
说绕口令							√												√	
做游戏								√												√
考考你									√				√			√				√

　　"跟我读读""说说聊聊""认认读读"三大技能基础板块之外，《汉语新起点5》着重对学习者的语言交际能力和文学素养进行培养，一是增加了学习者的学习兴趣，二是提高了学生的语言交际能力。

　　除了汉语课教材，在伊塞克湖州孔子课堂的图书室有中国文化、跨文化交际、双语词典等书籍，但是数量并不多，去查阅的学生也仅限于具备一定的阅读能力，可以进行200字左右汉语写作的汉语中高级学生。

　　但有些学生由于家庭成员和社会关系的影响，主动接触到关于中国语言文化知识的书籍和报刊。例如，伊塞克湖州国立大学四年级的Ayida会经常阅读吉尔吉斯斯坦本土的报纸杂志，但是这些信息往往具有政治色彩，并不完全真实，但是也能代表学习者想要了解中国的愿望。

　　个案10：Ayida在卡拉库尔市第三中学实习期间，课后问了我这样一个问题："老师，你们国家的人吃小孩子吗？""你为什么会这样问呢？""我今天在报纸上看到，中国人吃小孩子（胎盘）的新闻，图片很吓人，

Youtube 上也有，我找给你看。老师你也吃吗？"

这样的情况在汉语言文化传播的过程中并不算少数，在2015年5月左右，吉尔吉斯斯坦的当地报纸上曾大幅刊登了一篇关于中国人吃胎盘的新闻，这件事情被无限放大，最后传闻成中国人为了能够活得更久吃婴儿。在汉语国际传播的过程中，无疑会遇到种种阻碍，来自政治、经济、教育各个方面，在不能规避的情况下，作为传播者应该在了解双方的国情下，做出符合国家利益的反应。

2.2.4.2　电子媒介

以伊塞克湖州国立大学四年级的 Abdulla 为例，他喜欢从各种电视节目中去关注了解中国文化。第一次接触的中国文化是中国服饰，源自当地电视台播放的一部中国电影，名字英译为"ortion"。他很欣赏电影里中国人的礼节，讲礼貌、长幼有序、相互尊重，这是一部十分有名的电影，几乎所有邻居们都看过，是俄语翻译版。这些都能体现中国传统文化中的价值观，但是并不能帮助学习者了解现代中国，在传统文化的基础上不断发展进步的当代中国。

个案11：Abdulla 还经常看一档介绍中国国情的电视真人秀节目，用中文介绍配有图像，并且没有翻译，虽然不能完全听不懂，但仍然觉得很有收获。另外一个真人秀节目是一个吉国主持人深入中国的日常生活当中，行走访谈，每周一期，用吉语介绍在中国的所见所闻。Abdulla 认识到中国人花很多时间去工作学习，是一个非常努力的民族，如果他的国家也可以学习中国人的勤奋，就会像今天的中国一样快速发展。

这些都是为了能够更多地练习汉语，多听、多说汉语，因为日常学习中并没有太多机会可以练习，与英语不同，他每天会接触很多说英语的人，有很多途径练习英语，而由于时间和环境的限制，无法和中国人练习口语。他希望孔子课堂可以增加国情课，让汉语老师来介绍当今中国的社会是如何的。

个案12：以10年级的 Kiyial 为例，除了上课，她还会通过 youtube 的一个频道关注中国的信息，是来自俄罗斯的一个留学生分享在中国的学习和生活情况，里面都是关于中国学校运行机制和学习氛围的介绍，通过这个平台，她表示最不能接受的是在中国上学遇到不明白的问题的时候，不允许马上网上查阅，当老师提出一个问题的时候，学生在课上不能上网搜索答案。另外，中国的考试形式也与她设想的有所不同，在中国考试的时候不能说话、不能上网。这类同龄人的生活学习方式是学习者会经常关注的话题。

除了教育，中国人的饮食习惯也是让人感兴趣的话题，在 Youtube 这类平台上关于中国饮食健康的负面新闻很多："吃婴事件"，南方人将各种动物作为餐桌美食。在汉语学习方面，汉语高级水平学习者也会借助其他平台，9 年级的 Kayigul 刚刚通过 HSK3 级考试，正在准备 HSK4 级，期末考试后她询问如何才能去中国上大学，在交流的过程中谈到自己会借助手机上的汉语学习软件，学习一些课本上没有的汉字或生僻字，发现中国古代的书法作品是从右向左书写的，并且在网上找了很多的图片，从中挖掘了写汉字的乐趣。现在 Kayigul 的听写速度已经可以赶上教师的朗读速度了。

2.3　传播受众：汉语学习者

在伊塞克湖州孔子课堂教学点的汉语学习者当中，男性占到了32%，而女性则占到了68%之多，孔子课堂的乔朋老师说吉国的女孩儿在 12 岁左右就开始承担做饭的任务了，除非有姐姐或者嫂子，男人是一点（家务）都不会做的，男人被认定可以做外面的事情：在院子里喂牛养羊、种树打理，但是房间里的家务一定是女人在做。除非洗很重的被子，女人洗不动，才会请男人帮忙。也就是说，超过 6 年级的女性学生会开始承担家里的各种工作，在每个家庭来说，这些工作时常比上学更重要，比如宴请客人、照顾弟弟妹妹、收土豆、放羊、照顾店里的生意。所以 7、8 年级的汉语课出勤率明显低于 5、6 年级。那么根据受众的特点，找出能够保持学习者的年龄层次均匀并持续下去的动力，需从以下几方面进行分析。

2.3.1　学习动机

学习动机不仅包括使其开始学习的诱因，还包括能够让学习持续下去的动力❶，针对不同的受众，传播的侧重点也应有所不同。例如，东干族的学生，对于与东干语词汇相近的汉语词汇更感兴趣，理解吸收更快，得益于文化渊源的优势。根据笔者调查分析，伊塞克湖州各教学点的汉语学习者学习动因主要包括经济动因、家庭动因、学校扶持。

在伊塞克湖州，一个普通双职工的家庭月收入是 5000 索姆（人民币500 元左右），一个家庭子女人数平均在 3 个左右，如果没有副业，外语学习的成本对学习者来说是难以负担的。有鉴于此，怎样才促使学生愿意花费时间和金钱在汉语学习上呢？孩子们在家可以决定自己想学的专业，如果自己没有主意的话，有些家庭由父母来决定，现在大学一年 26000 索姆的学费对一个家庭来说很昂贵，而且住宿费用也很高。

个案 13：以乔朋老师为例，上大学之前有这样的培训班，如果想读某个专业就需要做一些预科准备，比如想去银行上班就上 A 班，想学习数学或者计算机程序方面的就上 B 班，想当医生的就读 C 班。她从很小就想当医生，在吉国想学医费用很高，成本很贵，而且要学习 8、9 年才可以毕业，最少是 6 年。当时家里的条件不太好，父母负担不起："你就不要去比什凯克了，就在卡拉库尔吧。"她不想在这里，所以很迷茫不知道选什么专业，当时只有 18 岁，她的姐姐就在伊塞克湖州国立大学，姐姐建议她考大学的时候选择历史，当时历史学院有学习中国文化的机会，起初乔朋不想去，但是冬天的时候从中国来了一个董芳芳老师，请他们去中国学习，一年级的学生可以去 4 年，二年级的学生可以去 1 年或者半年，学校老师们有机会可以上两年制的研究生。当时只要有出国护照就可以去中国学习，四年的学费全部都是公费，每个月还有 1400 元人民币的补贴，住宿、书、保险全都免费，只需要自己支付签证和路费，正是因为这些优待她才最终决定去中国，如果没有这些，也许就会放弃了。2009 年 9月上大学，12 月就有了这个机会，当时班里 7 个人，2 个人报名去了中国，一句汉语也不会说。开始对乔朋来说特别难，四年过去了，回忆这四年，她一点也不后悔。2012 年伊塞克湖孔子课堂开班了，2014 年回到

---

❶ 李艳：《在文化传播中拓展语言传播，以语言传播深化文化传播》，《语言文字应用》，2014 年第 8 期。

孔子课堂工作。

个案 14：Kiyial 是受到家庭影响开始学习汉语的典型代表。Kiyial 的爷爷今年已经 74 岁了，早年在中国生活，虽然汉语已经遗忘了很多，但仍旧非常喜欢中国人的文化生活，现在依然有很多朋友在中国居住。中学刚开始开设汉语课的时候，爷爷非常支持，拿出家里的很多中国古书给 Kiyial 介绍，讲很多关于中国的故事，她听了之后觉得很有意思，学习汉语的热情与日俱增，现在 Kiyial 通过自己的努力已经拿到了 HSK3 级的证书，并且积极参加各种文化活动：书法比赛、演讲比赛、歌舞比赛、作文比赛，全都取得了很好的成绩。

还有一类学生是被动选择的，属于从众，并且居于学习者中的大多数，因为学校对汉语工作的支持，所以安排有固定班级和兴趣班级参加汉语课程的学习，尽管他们对汉语并没有太深的了解，但由于条件便利，很多学生会开始尝试学习这门外语。这一部分是我们需要努力的方向，很多学生出于好奇选择了一门外语，如何让兴趣不断保持还需要我们的努力。

2.3.2 学习体验

Janara 觉得学习汉语之后最大的变化就是不再花时间去额外学习别的课程了，真正从汉语中找到了学习的乐趣，并且开阔了视野，了解了中国文化的丰富多彩。因为汉语桥唱了《中国味道》，获得了汉语桥第一名，所以要去中国两周。到中国以后，真正让她感觉到明显变化的是从学习环境到生活环境都耳目一新，觉得中国老师的教学方法很好，穿衣服的品位也改变了，现在的穿衣风格就很像中国人。她在卡拉库尔市第三中学学习汉语的效果更好，因为是中国人教学，与努尔吉扎老师的教学方法相比，她更习惯中国人的教学特点。遗憾的是，卡拉库尔市第三中学每周只有 2 次课，如果能上 4 次课学习效果会更好。汉语的学习是从 5 年级开始的，因为这个阶段的学生智力处于发展阶段，接受新鲜事物的速度较快。并且对老师的形象比较信服，相较于面临毕业的高年级学生，他们时间很充裕，不需要面临找工作或者继续上大学的问题。此外，卡拉库尔市有很多中学，但是开设汉语课的学校只有 3 所，Janara 认为如果能增加开设汉语课学校的数量，会让更多的人爱上汉语的。

个案15：乔朋老师在没有学习汉语之前，对于中国甚至亚洲的印象只有武术以及所有不好的东西都是从中国出来的，比如质量差的商品、手机很便宜但是很快就坏了，所以对中国是不感兴趣的，电影就是李小龙、成龙，首都是北京，仅此而已。但是学习汉语以后，印象全变了，自己去过以后，中国也有好的东西，但是好的东西贵，并没有想象中那么脏、那么差，比如盘子所有都 made in china，但是她觉得不是这样，好的东西也有，只是大家不了解。

个案16：Kiyial 回国以后觉得不同的地方，中国人很努力工作，而吉国人经常看电影或睡觉休息，不爱工作，中国人不懒，但是吉国人很懒。

个案17：Janara 的姐姐在新疆师范大学学习两年但是回来并没有从事和汉语相关的工作，因为国内的工作单位并不认可中国的大学毕业证。只有土耳其、英国、美国这样的国家留学毕业回来，才会被认可。尽管父母支持她学汉语，但她担心留学中国以后会找不到工作，所以决定在比什凯克的玛纳斯大学学汉语。

笔者在与当地汉语教师访谈的过程中了解到，许多中学的学生之所以在9年级以后不再选择继续学习汉语，是因为不论他们的 HSK 成绩如何，吉尔吉斯的当地企业或单位是不认可的，而吉尔吉斯国内又没有设定任何与汉语水平相关的评级系统，在面临就业的同时，学生们不得不选择将时间用在医学、经济、计算机等预科辅导班上，所以这就使汉语的学习者断层，缺少高层次的汉语学习者。

个案18：以努尔吉扎为例，她的梦想是开一间汉语培训机构，给学生们颁发当地（吉尔吉斯斯坦）的证书，因为 HSK 证书在这里不被官方承认，去中国学习回来的证书很少有地方会认可，但是有些当地机构有本土证书（教育部认可的），没有 HSK 证书，老师说哪个学生成绩好，就颁给他证书，但是中国方面不认可。

2.3.3　学习期望

根据笔者对学生学习汉语的短期目标调查，48%的人选择旅行需要，

31%的人选择掌握日常会话技能，11%的人选择能够看懂中文报纸、书籍。由此可见，更多的人倾向于实践性的功用，真正将语言应用于现实生活当中。

表2－11　学习者学习汉语的短期目标

短期目标	人数比例
看懂中文报纸、书籍	11%
掌握日常会话	31%
掌握旅行用语	48%
得到学位	6%
其他	4%

对于汉语学习的长期目标，60%的被调查者选择去中国留学或工作，25%的人希望留在吉尔吉斯斯坦做和汉语相关的工作，16%的人没有长期打算，只是依据个人兴趣，用来提升自己而学习的一门外语，不准备长期从事。

表2－12　学习者学习汉语的长期目标

长期目标	人数比例
去中国留学或工作	60%
在本国做和汉语有关的工作	25%
不准备从事和汉语有关的工作	5%
只是了解	10%

留学是最实际也最容易实现的长期目标，是大多数学习者的选择。孔子课堂的乔朋老师经常用自身的经验告诉学生们，学习一门语言就应该去讲这个语言的国家去，这样才能得到锻炼和提高。因为地缘优势，去中国留学要比美国简单得多，在吉尔吉斯四年学习的内容去中国一年就可以学到。

个案19：Kiyial说她的梦想是去中国上大学，父母支持她去国外，因为父母还年轻，他们知道在吉尔吉斯没有很多工作机会，大学也不太好，但是在中国有很多优秀的大学。去中国上大学的时候可以一边工作一边学习，最好做和笔者一样的工作（志愿者），但是希望能够留在中国5年到7

年，一直工作学习，然后再回到吉尔吉斯来。

出于经济原因选择在中国或从事与汉语相关的工作也是很多汉语高级水平学习者的选择。努尔吉扎今年已经结婚了，虽然工作家庭都很圆满，但她仍然有意愿去中国继续读研究生，并且希望可以带丈夫一起去，享受每月 500 美元的奖学金，边学习边挣钱。现在在伊塞克湖州国立大学的工作是 4000 索姆（人民币 400 元）一个月，在中学的兼职是每月 1000 到 9000 索姆，凭任教资格决定工资的高低。

但是也会有一些汉语学习者迫于经济压力和时间限制，在大学四年级的时候放弃汉语转而选择别的语言。在伊塞克湖州国立大学，很多大四学生会选择去土耳其打工，因为大学和土耳其的大学之间签有合同，大学里面的每个学生都可以去土耳其，首先要掌握俄语和一点英语，其余就看学生个人能力，不管学习成绩。在那里找工作很简单，暑假期间就可以去土耳其工作，无须购买机票，免费提供服务生之类的工作，每月薪资 500 美元左右。这些大四学生工作一年的积蓄，可以满足他们回国买房子、买车。面对优厚的条件，汉语系的学生也会去土耳其打工，这样不仅学习了一门新的外语，还能挣到钱。

3　汉语在伊塞克湖州孔子课堂传播问题及对策

3.1　汉语在伊塞克湖州孔子课堂传播的问题

汉语的国际传播是为了让更多的人认识中国、了解中国，增加高层次汉语学习者的数量，将汉语应用于实践领域，扩展中吉两国的交流范围。而伊塞克湖州国立大学孔子课堂面临的问题是学习者人数虽然众多，但是学习者的质量并不高，高级水平所占比例过低，汉语学习者呈现断层的情况。在这个过程当中，汉语教师、孔子课堂、孔子学院作为传播者有许多值得努力的地方，可以提高伊塞克湖州地区的学生质量。造成这种问题的原因有很多，需要从传播过程中的各个方面——传播主体、传播途径和内容、传播受众三个方面来分析。

3.1.1 传播主体存在的问题

在对传播者教师的访谈分析后不难发现，本土教师们虽然具有与学生们天然和谐的优势，不存在文化背景的差异，但却普遍受到语言水平的限制，不能满足对汉语有更高需求的学习者的要求。而中国教师则相较于本土老师，专业素养更高，但是因为新处于一个异文化环境，不仅自身要尽快适应新环境，而且还要与学生们快速熟悉，投入到工作中去。总之，作为汉语教师在语言传播过程中存在的问题主要体现在以下三个方面。

（1）本土教师汉语水平能力不高，不能适应高级学习者的口语要求。在中国学习汉语的国外留学生中，不乏拥有 HSK5、HSK6 级证书的学生，但是这些高水平学生回国后并没有继续投身于汉语事业，而是转行其他。拥有 HSK5 级的吉尔吉斯斯坦学生别克在回到伊塞克湖州以后，开办自己的汉语辅导班，但是由于无法糊口，最后转而做了一名工人以满足生活上的需要。所以在现阶段，本土教师人数少并且实力不足，教学素养和汉语语言水平能力仍有待提高。

（2）中国教师更替速度过快，学生无法快速适应新的教学风格与方法。根据文中的统计，在伊塞克湖州地区大多数学习者都是5、6、7年级的中学学生，这个年龄段的学生注意力不够集中，对学习还没有自控能力，每次孔子课堂派出的新汉语志愿者教师到任后，学生们都需要花长时间去适应新老师的个人风格和教学特点，如果该汉语教师的适应能力与工作能力不足，还会导致学生们产生厌学甚至罢学的情况。

（3）中国教师语言能力不足，与初级水平学习者的沟通困难。在伊塞克湖州的七名教师中，同样作为工作不到两年的志愿者，哈萨克族的汉语教师因为具备语言优势而更受到学生的青睐，适应能力也较强，这就显示了文化适应能力的重要性，要拉近与学生们之间的距离，需要汉语教师的努力。作为文化的传播者和承载国家形象的中国使者，中国汉语教师首先要学习当地的语言文化，让学习者感受到来自中国的文化尊重，才能对汉语教师具有认可度，而语言的匮乏则会使学习者认为中国对本土汉语教学的不重视和敷衍了事。另外，大部分的汉语志愿者都是在读研究生，这会影响当地师生对中国研究生的看法，影响其对中国教育的认可程度。由此可见，中国教师在掌握教学能力的基础上，第二语言水平仍需进一步提高。

3.1.2　传播途径与内容存在的问题

语言传播离不开文化传播，文化传播促进语言传播，语言传播为文化传播提供基础。中国的对外文化传播是构成和影响国家"软实力"的重要变量，文化对认知主体的影响是无形的。"文化力"（culture power）所表现出来的感召力、导向力、吸引力、示范力，就是约瑟夫·奈所提出的"软实力"。❶ 而中国"软实力"的提升无疑为语言的进一步传播提供基础。

从对伊塞克湖州孔子课堂汉语传播的途径和内容来看，不管是主体还是客体，都对语言传播有一定的影响，在与本土学校沟通的过程中，平衡双方的利益，做到学生学习效果的最优化是亟待解决的问题。而就主体而言，孔子课堂的传播策略和教师的传播实践虽然取得了一定成果，但是就长远来看，仍然有以下四个方面的问题尚待提升：

（1）本土学校课程时间和数量分配不合理，造成学生出勤率不高。现在伊塞克湖州各教学点存在的共同问题是低年级的学习时间靠后，学生活动较自由，学校约束力不足，而高年级的学生虽然上课时间大多安排在上午，但是由于事务繁多，也无法每堂课按时参加。综合以上，孔子课堂与本土学校的协商沟通显得不够深入，想要提高学生们的出勤率，增加学校和教师的约束力。优化课程设置，完善课程时间才能为学习者提供更好的学习条件，增加学习效果，保证学生的持续学习动力。

（2）教学资源和平台有限，文化传播仅限于物质层面，不能满足学习者对外语学习更高层次的要求。

文化传播的不是博物馆文化，尽管书法、戏曲、葫芦丝可以快速满足学习者对中国文化的需求，但同时也能快速消减学习者对中国文化的兴趣，在持续地学习后，学习者很容易就会超过很多汉语教师的水平，因为中国汉语教师大多不是学习专业艺术出身的，而是半路出家，为了教学而学习中华才艺。所以，当教师的才艺技能传授给学生过后，学生无法进一步回味中国文化的精髓，而是认定中国的文化仅限于此。

---

❶ 吴友富：《对外文化传播与中国国家形象塑造》，《国际观察》，2009 年第 1 期。

传播渠道和载体是传播系统中的"硬性"要素，对语言的传播起着支撑作用。在西方世界里，互联网的传播速度是非常快的，对普通的社会公众而言，大众传媒是他们了解一个国家形象的主要平台。而全球化市场下的大众传媒信息纷繁多杂，信息的准确性有待考察，而孔子课堂和汉语教师可以弥补这种缺陷，解决学生的疑惑，提升国家形象，填补大众传媒的不足。

（3）汉语初级水平学习者对文化活动缺少参与感。正如之前谈到的，学生的汉语水平不高，就没有信心甚至没有机会参加大型文化活动，这些文化活动成了高级水平学习者的专属舞台，拉大了学习者之间的差距，增加了教师教学的难度。

（4）中国教师对本土社交习惯的适应不足。中国教师自身就是中国文化的体现，在对外语言传播的过程中，教师形象代表着国家形象，而构建国家形象的最初动因是提高国家的美誉度，吸引更多的人认识中国、了解中国。中国教师对跨文化适应的程度也可以加深文化之间的交流与融合，提升中国形象。

3.1.3 传播受众自身存在的问题

从受众的学习动机和学习期望来看，保持汉语学习持续动力面临着一些问题，表现在：

（1）遵从学校安排而选择汉语的学习者缺乏持续学习的动力。前文提到，这部分的学生占绝大多数，那么将学习者设定为"少而精"还是"多而粗"是我们需要考虑的问题。有效把握这部分学生的学习机会，利用学生的竞争意识，采用多种方式鼓励学生学习，为学生提供继续学习的动力。但是目前学生们对汉语往往抱有选修课的态度，没有认真对待，这与汉语课本身的吸引力和学校的课程设置都有关系。

（2）学生期待更具实践性的就业前景，但是容易受到短期利益的影响。在伊塞克湖州国立大学，学生毕业前面临种种机会，而为了能够迅速融入社会，拿到收入，学生们往往采取最直接的办法，接受土耳其等周边国家方面提供的就业机会，在短短的几年间就可以回国置办家产，满足生活需要，而汉语学习就显得脱离现实。所以针对这种情况，为了保持生源的稳定，培养可以帮助中吉两国间友好交流的高水平人才，国家汉办和中国政府的高层决策会大大影响到学生在汉语学习以后的择业情况。

（3）在汉语评价缺少当地教育系统认可的前提下，学生会在择业阶段放弃汉语学习。缺乏具有高层认可度的汉语水平等级证书，不仅使学生错失了很多就业机会，也使本土教师的汉语教学工作无法长期顺利展开，在两国不同标准间不断协调。所以，为了使更多的汉语学习者看到汉语的就业前景，为更多的高层次汉语水平学习者提供机会，制定中吉两国共同认可的汉语等级证书势在必行。

3.2　汉语在伊塞克湖州孔子课堂传播的对策

针对上面总结的问题，笔者就实际情况，本着可操作性的原则，提出了以下几点建议，以增加伊塞克湖州地区学习者的学习效果，保持学习者的持续动力，提高高级水平汉语学习者的比例。

3.2.1　组织教师统一学习

为语言基础较弱的中国教师提供统一学习当地语言的机会，伊塞克湖州国立大学孔子课堂的中国教师大多是没有教学经验的在读研究生或本科生，对于刚赴任的汉语教师志愿者来说，语言问题是困扰教师和学生的首要问题，面临教师的新旧交替，学生无法快速适应，加之教师的语言表述能力有限，会造成一段时间内学生的学习效率低下。

孔子课堂可以提供教室和辅导老师，满足中国教师在完成汉语教学的同时，利用课余或周末的时间集体学习俄语或者吉尔吉斯语，尽量减少教师的适应过渡时间，也保证教学任务可以顺利准时完成。

3.2.2　教师做好交接工作

新旧汉语教师提前做好交接工作。教师的教学风格和技巧会影响学生的学习动力，教师的更替可能会引起学生失去学习的兴趣，所以做好新旧教师志愿者的交接工作，熟悉教学流程和学生们容易接受的教学风格非常必要。

汉语教师志愿者的任期通常为一年，每年会派出两次志愿者，也就是说，每一个学期结束，就会有教师离任，新的教师到任。在读本科生或者硕士研究生面临学业或者回国就业的压力，在任期结束时会选择不继续留任，多则两年，志愿者就会选择回国发展。

在新志愿者到任，上任志愿者还有一个学期时间的时候，就应该开始熟悉所有的教学对象，教学环境，学校的人事关系等，了解整个教学点的汉语学习氛围，经常听取不同教师的课程，熟悉学生们接受的教学风格与策略，与学生们多接触，以免在上任志愿者离任时，新的汉语教师不能尽快独自接手工作，学生也无法适应新的教师教学。

3.2.3　增进与学校间交流

扩大与本土学校的交流渠道，在课程设置方面更好地协商。目前伊塞克湖州孔子课堂在汉语课程设置方面仍处于被动地位，由孔子课堂提供汉语周课时数和教师休息日期，各本土学校教学点的教务主管来决定汉语课的时间，大多汉语课被安排在了选修课时间，学生上课时间较自由，学生出勤率不高。

孔子课堂在课程设置方面应该争取更多的主动权，与当地的中学校长做好沟通交流，在孔子课堂的文化活动和本土学校的各种文艺活动中积极合作，提高本土学校对汉语课的重视程度，提高学生的学习兴趣，在必修课时段为学生们争取更多的学习时间。

3.2.4　语言与文化相互促进

语言与文化的有效同步传播。语言传播需要文化支撑，什么是中国文化？我们教授汉语的同时，开设武术、书法、戏剧、中国结等课程，这些都是中国文化，并且是别具特色的中国文化，但是并不能代表现代中国的特质，也不能完全满足学习者对文化的需求。文化的推广能够促进汉语传播的发展。想要扩大汉语的影响力，提高学习者的汉语水平层次，就需要将传播内容从物质领域向精神领域提升。结合当地的文化特色，制定与其文化相适应的传播方式策略。

利用网络和多媒体等媒介，扩展语言传播模式，定期开设中国国情主题课，观看时下中国流行的各种节目，从年轻人的课余生活出发，在娱乐中满足学生们对中国现代政治、经济、教育等方面的需求，传播绿色文明的饮食文化，以人为本的体育精神，开放包容的民族文化，在物质文明的背后让更多人体会到中国精神文明的内核。

3.2.5 丰富文化活动形式

丰富文化活动的形式，从大型活动向更具针对性的小型活动过渡。伊塞克湖州孔子课堂的教学资源和平台有限，文化传播仅限于物质层面，不能满足学习者对外语学习更高层次的要求。与此同时，汉语初级水平学习者对文化活动缺少参与感，无法作为主体参与到各种大型文化活动当中。

将孔子课堂的大型活动从表演形式向体验形式过渡，以表演为主的大型活动，大多是 HSK3 级水平左右的学生在准备参与，而上百人的汉语学习者则是作为观众在观看表演，虽然也具有一定的影响力，但是不能调动学生们的积极性。

从各校教学点来讲，除了每月一次的书法、剪纸、中国结、太极拳等文化课程外，应适当增加文化交流环节，师生一起分享关于中国语言文化的最新动态，了解前沿的中国社会文化。将中国耳熟能详的影视作品搬到汉语课堂上来，改变成汉语教学素材，在情境中学习表演。对于有才艺的学生，还可以将中国流行歌曲和舞蹈教授给学生，一方面提高了学生的学习积极性，另一方面也为学生在各类活动中提供参与机会。

3.2.6 扩大师生交往渠道

增进中国教师和本土师生的联系，融入适应当地生活。中国教师到一个全新的环境中去，难免会有逃避的态度，认为只要完成了教学工作任务就达成了，他们需要加快文化适应的过程，融入当地的生活工作中去。需要教师们积极参加当地师生间的聚会或者学校的大型活动，在教学工作结束以后，多和学生们进行交流，教学中的问题除了询问孔子课堂的负责人以外，应该多向本土的教务主任和校长请教。

增加本土师生和中国教师的亲近感，这样不仅可以帮助教学工作的顺利完成，也使学生对汉语教师和汉语课程更加有信心。

3.2.7 孔子学院组织领导

除了伊塞克湖州孔子课堂在工作方面做出进一步改进以外，孔子学院在宏观政策上的制定，也能帮助教学点教学质量的提高。笔者主要从以下两方面来提出建议，一是为了鼓励初中级汉语水平的学习者进一步了解中国，为其提供参加中国夏令营的机会；二是与吉尔吉斯斯坦的教育系统进行高层沟通，争取为更多的汉语学习者提供就业机会，制定出符合两国教育标准的语言等级证书。

增加初中级汉语水平学生参加中国夏令营的机会，学生在教学活动中了解到的中国文化，与体验实践还有一定的差距。孔子学院可以设立中国高校夏令营自费项目，周期从一周到一个月不等，提供免费教育学习的机会，安排指导老师进行讲解，为还没有达到 HSK3 级水平，但是有意愿进一步学习汉语的学习者提供了解中国的机会，学生可以自主报名，夏令营结束时，为其颁发官方认可的学习证书，为学习者在今后的比赛和奖学金考试中提供优势。

与当地的教育系统沟通协商出中国同吉尔吉斯斯坦两国均认可的汉语水平等级证书。截至 2013 年 9 月，在吉尔吉斯斯坦学习的中国留学生有1400 人，在中国学习的吉尔吉斯斯坦留学生约有 2000 人。我国在吉尔吉斯斯坦开设有 3 所孔子学院，第 4 所也在筹划之中。在这个人口仅 540 万的国家里，汉语在学人数已达到 1.5 万人❶。但是由于没有本土认可的汉语水平等级证书，许多毕业生很难找到和汉语相关的工作，只能转而在别的行业就职。所以制定出中吉两国认可的语言水平等级证书势在必行，这样不仅满足了汉语学习者未来的就业要求，也加强了两国间的交流合作，符合中吉两国在新丝绸之路上的发展要求。

4 结语

汉语传播要摆脱纯粹的语言知识教授或者传统文化传播领先的桎梏，让学习者感受到明天的中国比今天的中国更值得期待，将文化传播转换成灵活的形式应用于语言传播当中。扩展思维，开放视野，关注学习者的学习需求和职业展望，创新传播形式，满足学习者在现代社会对外语的期待，将语言教学同实践结合起来，感受中国文化的精神内核，从物质文化传播向精神文化交流转换。

---

❶ 吉尔吉斯斯坦掀"汉语热"1.5 万人学习汉语. 中国新闻网. http：//www. chinesenews. com/hwjy/2013/09 - 10/5268791. shtml.

本次调查研究主要采用访谈法、问卷调查法、观察法等研究方法，依据教学条件的便利，笔者深入到当地师生之中，对吉尔吉斯斯坦伊塞克湖州国立大学孔子课堂的汉语传播现状进行了调查分析，调查对象涉及本地区各个汉语教学点。从传播的过程出发，分析了传播主体——汉语教师、传播渠道——交往过程、传播受众——汉语学习者在传播过程中的现状及问题。

在汉语教师方面，分析了本土教师和中国教师的语言能力、交往能力以及教师更替过程中教学风格的转变。在传播渠道和内容方面主要从教学活动、文化活动、师生交往三方面来论述，分析了孔子课堂在课程设置上的被动选择和交流渠道的局限。丰富多样的大型文化活动让学习者感受到了中国的魅力，但是却影响了参与者的层次性，只有将大型活动向集中、具有针对性的小型文化实践活动转化，才能满足各个层次学习者对汉语学习的需求。此外，师生在生活中的交往也影响到学校里的教学质量，教师的个人风格可以影响学生对中国的看法，所以熟悉当地环境、适应本土风俗习惯、积极参与各类社会交往活动，是中国教师需要继续努力的地方。在传播受众方面，学习者的学习动机是语言学习的开始，但是持续动力才是学生不断提高语言学习水平的前提，所以把握学生的学习需求，寻找学生学习的持续动力，有利于提高汉语高水平学习者的数量，为中吉两国的交往储备更多的人才。

除了孔子课堂的努力之外，孔子学院和国家汉办的支持和帮助也为汉语传播创造良好的环境。增加学习者参加中国夏令营的机会，鼓励学习者深入了解中国、参加社会实践，为学生提供体验中国文化的平台，让学生们在中国文化中找到继续学习语言的动力。从实际出发，创制两国社会均认可的汉语语言等级凭证，为初级水平汉语学习者提供良好的就业前景，为汉语高水平学习者提供实习工作的机会。

┅┅┅┅┅┅┅┅┅┅┅┅┅┅┅┅┅ 参考文献 ┅┅┅┅┅┅┅┅┅┅┅┅┅┅┅┅┅

一、中文专著

[1] 刘丹青. 语言学前沿与汉语研究 [M]. 上海：上海教育出版社，2005.

[2] 哈嘉莹. 汉语国际传播与中国国家形象的构建 [M]. 北京：对外经贸大学出版

社，2013.

［3］刘谦功．汉语国际教育导论［M］．北京：世界图书出版公司，2012.

［4］马特拉．世界传播与文化霸权［M］．陈卫星，译．北京：中央编译出版社，2001.

［5］滕星．多元文化教育——全球多元文化社会的政策与实践［M］．北京：民族出版社，2010.

［6］吴伟平．语言学与华语二语教学［M］．香港：商务印书馆，2014.

［7］吴瑛．孔子学院与中国文化的国际传播［M］．浙江：浙江大学出版社，2013.

［8］吴应辉．汉语国际传播研究理论与方法［M］．北京：中央民族大学出版社，2013.

［9］吴应辉．北京市汉语国际推广现状与发展战略研究报告［M］．北京：中央民族大学出版社，2012.

［10］袁礼．基于空间布局的孔子学院发展定量研究［M］．北京：中央民族大学出版社．

二、中文期刊

［1］艾莱提·托洪巴依．吉尔吉斯斯坦的伊斯兰教及其当前面临的问题［J］．新疆社会科学，2006（6）.

［2］奥斯莫纳昆·易卜，拉伊莫夫，杨波．上海合作组织：希望与期待——吉尔吉斯斯坦视角［J］．国际观察，2009（6）.

［3］陈理斌，武夷山．世界学术期刊出版周期与期刊影响力关系探索［J］．情报科学，2010（10）.

［4］陈卫强，方孝坤．语言传播的冲突与协调——中德两国语言传播政策观照［J］．湖北民族学院学报，2010（2）.

［5］崔西亮．汉语教师的知识结构、能力结构和文化修养［J］．国际汉语，2012（2）.

［6］曹湘洪，王丽．多元文化背景下的语言选择——以乌鲁木齐市城市居民为例［J］．云南师范大学学报，2009（6）.

［7］单波，王金礼．跨文化传播的文化伦理［J］．新闻与传播研究，2008（2）.

［8］丁涵，李佳新．语言选择与身份构建的相互作用［J］．边疆经济与文化，2009（12）.

［9］范晓玲．吉尔吉斯斯坦汉语教学现状及思考［J］．新疆社会科学，2010（4）.

［10］方宁，陆小鹿．论跨文化交际中的语言选择和身份认同［J］．湖南科技大学学报，2012（3）.

［11］费孝通．反思·对话·文化自觉［J］．北京大学学报，1997（3）.

［12］格桑央京. 现代中亚社会的多种文化力量消长与汉语言文化传播［J］. 江西广播
电视大学学报，2012（1）.

［13］郭卫东，刘赛，玛阿托娃·古丽娜尔. 独立后的吉尔吉斯语发展进程研究［J］.
新疆社会科学，2013（6）.

［14］海淑英. 吉尔吉斯斯坦的语言政策及其双语教育［J］. 民族教育研究，2013
（1）.

［15］韩晓明. 语言认同与汉语国际传播［J］. 汉语国际传播研究，2014.

［16］郝杰. 多语言环境下少数民族儿童及其家庭语言选择行为的分析［J］. 民族教育
研究，2010（3）.

［17］何清强. 文化差异中的对外汉语教学［J］. 武汉科技大学学报，2009（4）.

［18］贺阳. 汉语学习动机的激发与汉语国际传播［J］. 语言文字应用，2008（2）.

［19］胡沛哲. 吉尔吉斯斯坦社会转型时期道德失范实证研究［J］. 世界民族，2009
（6）.

［20］贾丽红. 吉尔吉斯斯坦对中国的重要性及其当今局势对中国的影响［J］. 新疆大
学学报，2010（6）.

［21］贾益民. 华文教育研究的重点方向［J］. 华文教学与研究，2013（2）.

［22］库鲁巴耶夫，丁晓星. 吉尔吉斯斯坦独立20周年回顾与展望［J］. 现代国际关
系，2011（8）.

［23］李宝贵. 文化差异与对外汉语教学［J］. 辽宁师范大学学报，1995（1）.

［24］李红宇，倪小恒，李晶. 语言传播规律的数量化研究及其对汉语国际推广的意义
［J］. 云南师范大学学报，2011（4）.

［25］李欢. 语言选择与语码转换多学科研究概述［J］. 安徽工业大学学报，2012
（1）.

［26］李建军. 中华文化中亚传播的战略态势和优选方向［J］. 当代传播，2013（4）.

［27］李茹. 在语言选择中构建社会身份［J］. 山西农业大学学报，2008（1）.

［28］李琰. 土耳其在中亚地区的语言传播战略及其对我国汉语国际传播的启示［J］.
民族教育研究，2015（2）.

［29］李艳. 在文化传播中拓展语言传播 以语言传播深化文化传播［J］. 语言文字应
用，2014（3）.

［30］李英姿. 宗教在语言传播中的表现及作用［J］. 云南师范大学学报，2012（5）.

［31］李宇明. 什么力量在推动语言传播？［J］. 汉语国际传播研究，2011.

［32］李宇明. 探索语言传播规律——序"世界汉语教育丛书"［J］. 云南师范大学学
报，2007（4）.

［33］梁云，史王鑫磊．吉尔吉斯斯坦汉语教学前景预测研究［J］．云南师范大学学报，2012（2）．

［34］刘庚岑．吉尔吉斯斯坦共和国《官方语言法》（吉尔吉斯斯坦共和国议会立法会议2000年5月25日通过）［J］．中亚信息，2000（10）．

［35］刘宏宇，池中华．吉尔吉斯斯坦独立后的语言政策与实践［J］．中南民族大学学报，2013（3）．

［36］刘赛，王新青．独立后吉尔吉斯斯坦俄语发展现状研究［J］．新疆大学学报，2013（3）．

［37］刘文宇，隋丹妮．汉英双语者语言选择的ERP研究［J］．外语研究，2009（4）．

［38］刘媛媛．从文化认同的角度探析多语环境下的语言选择［J］．黑龙江教育学院学报，2009（1）．

［39］马洪骏．对外汉语教学中的文化传播研究［J］．大连理工大学，2007.

［40］南英，朱琳．语言兼用者的语言选择与语码转换［J］．昭通学院学报，2014（4）．

［41］欧阳康．多元化进程中的文化认同与文化选择［J］．华中科技大学学报，2010（6）．

［42］申春善．文化选择与民族文化课程建构——延边州个案研究［J］．中央民族大学，2012.

［43］史谢虹，吴宏伟．吉尔吉斯斯坦吉尔吉斯人传统社会探析［J］．新疆师范大学学报，2014（1）．

［44］宋庚一．美国媒体对伊斯兰世界的形象建构［J］．新闻与传播研究，2004（2）．

［45］田海龙，张迈曾．语言选择研究的后现代特征［J］．外语学刊，2007（6）．

［46］童珊．语言选择和经济发展——基于亚非拉地区的实证分析［J］．马克思主义研究，2011.

［47］王金燕．文化传播视角下孔子学院的功能研究［J］．山东师范大学，2011.

［48］王学松．来华日本留学生汉语学习情况调查［J］．语言文字应用，2001（4）．

［49］王亚娟，刘伟刚．吉尔吉斯斯坦高校中的汉语教学［J］．东欧中亚研究，2000（3）．

［50］王英鹏．跨文化传播视域下的翻译功能研究［J］．上海外国语大学博士论文，2012.

［51］吴应辉．国际汉语教学学科建设及汉语国际传播研究探讨［J］．语言文字应用，2010（3）．

［52］吴友富．对外文化传播与中国国家形象塑造［J］．国际观察，2009（1）．

［53］薛慧．吉尔吉斯斯坦吉尔吉斯族语言使用情况调查［J］．语文学刊，2013（2）．

［54］闫丽萍，班振林，吴霞．吉尔吉斯斯坦大学生汉语学习的社会影响因素调查［J］．语言与翻译，2014（2）．

［55］闫丽萍，彭国庆．吉尔吉斯斯坦高校学生汉语学习现状调查研究——以奥什国立大学为例［J］．新疆职业大学学报，2013（4）．

［56］闫鹏．美国对吉尔吉斯斯坦文化输出政策的调整和实施困境［J］．新疆社会科学，2014（2）．

［57］张彤．增强语言传播能力探讨［J］．当代传播，2009．

［58］张西平．汉语国际推广中的两个重要问题［J］．长江学术，2008（1）．

［59］赵汀阳．理解与接受［J］．跨文化对话，2002（9）．

［60］郑梦娟．国外语言传播的政策、法律及其措施刍议［J］．语言文字应用，2009（2）．

［61］周庆生．反映、反馈、反响［J］．北华大学学报，2011（5）．

［62］周庆生．论少数民族语言教学模式的三次转型［J］．双语教育研究，2014（2）．

［63］周庆生．中国社会语言学研究述略［J］．语言文字应用，2010（4）．

［64］周庆生．语言规划发展及微观语言规划［J］．北华大学学报，2010（6）．

［65］周庆生．罗斯化与俄罗斯化：俄罗斯/苏联语言政策演变［J］．世界民族，2011（4）．

［66］周庆生．双语教育政策新动向——以美国、澳大利亚和中国为例［J］．新疆师范大学学报，2010（1）．

［67］周庆生．社区双语和双语社区：德安傣族问卷分析［J］．首届社会语言学国际学术研讨会论文集，2002．

［68］周芸．从国际形象视角看孔子学院在美国语言传播的发展［J］．云南行政学院学报，2012（6）．

三、外文期刊

［1］Alexander V. Kravchenko, "Native Speakers, Mother Tongues and Other Objects of Wonder", *Language Sciences*, July 8, 2010.

［2］Ali Soltani, "Impact of Ethnic Background on Iranian EFL University Students' Intercultural Sensitivity Level", *Procedia-Social and Behavioral Sciences*, May 2014.

［3］Barbaralewandowska Tomaszczyk, "Cross Linguistic and Language Specific Aspects of Semantic Prosody", *Language Sciences*, 1996.

［4］Cristinel Munteanu, "Aberrant Decoding and Its Linguistic Expression（An Attempt to Restore the Original Concept）", *Procedia – Social and Behavioral Sciences*, 2012.

[5] Heller M, "Language Choice, Social Institutions and Symbolic Domination", *Language in Society*, 1995.

[6] Helen Spencer – Oatey and Wenying Jiang, "Explaining Cross Cultural Pragmatic Findings: Moving from Politeness Maxims to Sociopragmatic Interactional Principles (SIPs)", *Journal of Pragmatics*, January 28, 2003.

[7] Ian G. Malcolm, "Learning Through Standard English: Cognitive Implications for Post – pidgin/Creole speakers", *Linguistics and Education*, April 8, 2011.

[8] Maria de Lurdes Martins, "How to Effectively Integrate Technology in The Foreign Language Classroom for Learning and Collaboration", *Procedia-Social and Behavioral Sciences*, 2015.

[9] Maria Nicoleta Turliuc and Liliana Bujor, "Emotion Regulation between Determinants and Consequences", *Procedia – Social and Behavioral Sciences*, 2013.

[10] Mark V. Flinn, "Culture and the Evolution Learning", *Evolution and Human Behavior*, October 25, 1996.

[11] May L. – Y. Wong, "Expressions of Gratitude by Hong Kong Speakers of English: Research from the International Corpus of English in Hong Kong (ICE – HK)", *Journal of Pragmatics*, September 23, 2009.

[12] Tatiana Morozova, "Dialogue of Cultures in the System of Teaching Foreign Languages: Modern Imperative", *Procedia-Social and Behavioral Sciences*, 2014.

中国传统节日认知状况调查

——以台湾中国文化大学日韩籍留学生为例

陈瑶婵

1 绪论

1.1 选题缘由

近年来，随着我国综合国力和经济实力的不断提高，为顺应世界经济文化全球化发展趋势，提升我国自身文化软实力，让世界各国民众更深入广泛地了解认知中国文化内涵，丰富世界文化多样性，汉语国际推广逐渐走向世界。但是对于汉语国际推广的目的认识有偏差，教育者或决策者对于中国文化在留学生教育中占有主体地位的意识比较模糊，将汉语国际推广片面化认知为对汉语语音、词汇、语法和汉字的学习，简单机械地割裂了语言与文化之间的关系，容易忽视中国传统节日中文化内涵的挖掘，中国传统节日作为世界非物质文化遗产的一部分，成为建立在外国留学生同中国民众心灵之间一座桥梁。

此外，传统节日也可以借助节庆的气氛感染留学生，帮助留学生排遣压力、愉悦身心，同时体验到积极进取的人生观，因而关注留学生对中国传统节日的认知现状，帮助留学生了解中国传统文化、中国民众生活思维方式和价值取向；有助于全面客观真实地了解留学生对中国文化内涵的理解以及留学生渴望体验学习中国文化的心理感受，从而更有针对性地改进汉语国际教育中存在的问题，实现文化与语言的平衡互补；同时也成为外国留学生与感知中国传统节日以及中国文化内涵之间的情感纽带，增进留学生对中国文化的交流理解互信。

民俗学者张士闪曾在《关于中国台湾地区传统节日传承与变迁的考察

报告 (1945－2010)》中认为我们有必要关注了解同属中华民族具有相同文化血脉但与内地情况存在差异的港澳台地区，借鉴他们在传承传统节日文化方面的当前局势和发展前景对中华民族传统节日文化的完善具有重要意义。❶

港澳台的春节相对内地春节习俗，尽管存在社会意识形态差别，但文化不分地缘或社会形态，具有包容性，都同属中华文化圈，中国传统节日都是传承下来的中华民族遗产，具有高度的节俗同构性，且台湾地区民间传统节日民俗的传统性更强，保留浓厚的民间信仰，传统节日中的俗性思想和行为被较好地尊重理解。港澳台春节传承发展方面所蕴含的节日神圣性、社会力量在节日传承发展中发挥的重要作用以及节日活动的亲民性、互动性值得我们关注借鉴。

根据教育部全球资讯网 http：www. edu. tw 统计处发布资料，了解到 2015～2016 学年台湾地区高校境外学生人数变化情况如表 1－1、表 1－2、表 1－3 所示。❷

表 1－1　2015～2016 学年台湾大专院校境外学生（学位生及非学位生，含外国学生、侨生及陆生等）在台留学或研习人数

年份	人数	增长率
2015	111340	4. 56%
2016	116416	

表 1～2　2015～2016 学年台湾大专院校境外学位生在台留学或研习人数分布

学年 学位生	2016	2015
外国学生增长人数/人	1996	
侨生增长人数/人	1761	
陆生增长人数/人	1514	

---

❶　张士闪：《关于中国台湾地区传统节日传承与变迁的考察报告（1945－2010）》，《艺术百家》，2013 年第 4 期。

❷　教育部全球资讯网 http：www. edu. tw，上版日期：106－01－25，于 2017 年 2 月 1 日 16：00 查询。

续表

学年　　　学位生	2016	2015
总人数/人	51741	46470
所占比例/%	44.44	11.34

表 1-3　2016 学年台湾大专院校境外非学位生在台留学或研习人数分布

非学位生	人数	所占比例
外国短期交换及研习/人	9712	8.34%
学习华语/人	19977	17.16%
大陆短期研修生/人	32648	28.04%
总人数/人	64675	
所占比例	55.56%	

　　由以上三个表可知：2016 年大专校院三类学位生（外国学生、侨生及陆生）当中，外国学生增长了 1996 人为最多，其中 2015—2016 学年台湾大专院校境外学位生中外国学生增长人数最多，非学位生中外国学生学习华语所占人数居多，在研习华语方面，日本和韩国人数最多，因此，本文针对这一现象，调查分析日韩籍留学生学习华语和中华传统文化之间的联系以及他们对于中国传统节日的认知。

　　加之综合地缘和高校学科发展历史优势等因素，台湾中国文化大学是一所在台湾当地重人文社会科学、重中国文化传承的一所高校，笔者有机会去台湾中国文化大学交换学习，考虑研究的便利，本文选取的调查对象是具有地缘历史差异、重中国文化发展特色的台湾中国文化大学。

　　全台湾地区目前共计有 171 所大专院校，其中，公立大学院校 46 所，私立大学院校 94 所，其余为专科院校。据台湾中国文化大学教务处统计核实，表 1-4、表 1-5、表 1-6 为台湾中国文化大学于 2016 年第二学期目前共有 94 名日籍留学生，104 名韩籍留学生，其中不含休退学人数。（统计日期：2016.12.30）

表 1－4　台湾中国文化大学 2016 年第二学期日韩籍留学生学制人数

（单位：人）

国别	大学部（男）	大学部（女）	硕士班（男）	硕士班（女）	博士班（男）	博士班（女）	交换生（男）	交换生（女）	总人数（男）	总人数（女）
日本	36	28	6	2	0	0	4	18	46	48
韩国	15	20	2	7	1	1	13	45	31	73

表 1－5　台湾中国文化大学 2016 年第二学期日韩籍留学生各学院人数分布

（单位：人）

学院	日本（学位生）	日本（交换生）	韩国（学位生）	韩国（交换生）
文学院	4		3	
外国语文学院	24	22	12	58
理学院	2		1	
法学院			1	
社会科学院				
农学院	4		2	
工学院				
商学院	16		17	
新闻传播学院	8		6	
艺术学院	6		1	
环境设计学院	2			
教育学院	6		2	

表 1－6　台湾中国文化大学 2016 年第二学期日韩籍留学生年龄分布

（单位：人）

国别	性别	≤18 岁	19 岁	20 岁	21 岁	22 岁	23 岁	24 岁	25 岁	26～30 岁	31～35 岁	≥35 岁
日本	男	2	6	6	8	6	0	8	0	2	1	0
	女	4	10	6	6	0	2	0	2	0	0	0
韩国	男	2	2	0	2	1	4	4	0	1	1	0
	女	0	0	6	5	6	1	1	2	1	0	6

此外，借助文献了解到，目前许多有关传统节日文化传播的研究大多从传播主体作为主线进行调查研究，而对留学生群体作为传播受众的调查研究相对较少。将外国留学生这个具有独特性的异文化群体使者作为调查对象，可以从他们眼中读到我们感受不到的真切体验，"'生活在别处'的人最易于从日常的差别中体验到民间习俗文化的存在"❶。

选择日韩籍留学生作为调查研究对象主要考虑日韩籍留学生都同样属于东亚文化圈，刘晓峰在《日本冬至考——兼论中国古代天命思想对日本的影响》一文中明确说道：在唐代，中国几乎相当一部分传统岁时节日都被吸收借鉴融入日本的节日体系之中。因而日韩与中国在传统节日上具有更多的同源性，更有亲和力。基于日韩籍留学生在本国已经形成对中国传统节日的深入认知，只是节日习俗活动的形式存在一定差异。因而考察对于同源文化圈中日韩籍留学生对中国传统节日的认知情况，可以真实客观地反映出东亚文化圈日韩两国学生对中国传统节日文化的认识理解，更好地促进彼此的交流认可，使他们更好地理解包容中华文化，进而知华、亲华、爱华。

近几年，新疆师范大学夏添的"中韩面向青少年的初级汉语综合教材比较分析——以《跟我学汉语》（中国）和《中国语》（韩国）为例"以及夏雪的"韩国中小学汉语教学现状调查研究——以釜山广域市中小学汉语教学为例"都是以韩国留学生为调查研究对象的学术论文；此外，知网以日韩籍留学生作为调查对象研究的文献总计达196条之多，他们都提到了韩国作为近邻，韩中两国在文化上彼此的密切程度，同样，日本也作为近邻，其中多研究日韩籍留学生汉语学习状况和适应性，很少有关传统节日文化方面的调查，在中国传统节日民俗文化日益被忽视的今天，传统文化如何延续传播逐渐被关注，因此，考察日本和韩国留学生如何看待中国传统节日中的传统文化内涵十分必要。

了解外国留学生对中国传统节日认知的实际情况，继而浅析留学生对中国传统节日的认知情况，对于留学生更加有效积极地了解中国文化、学习汉语知识和技能至关重要。作为承载着中国千年古文化底蕴的中国传统

---

❶ 张士闪：《中国民俗学的当下危机与发展机遇》，《民俗研究》，2001年第4期。

节日是外国留学生了解认知中国传统文化的一面镜子，只有了解留学生对中国传统节日的真实想法以及认知的深度和广度，才能更有针对性地开设一些结合中国传统文化相关的汉语知识和技能课程，了解留学生对中国传统文化的兴趣所在才能充分地将中国传统文化的深层内涵运用于留学生的汉语学习中，增进留学生对中国文化的理解认识，从而借助丰富多样的传统文化促进留学生对汉语知识的掌握理解和运用。

1.2　文献综述

涉及本项调查研究的有跨文化交际学、认知心理学等学科和理论，本文的文献综述部分按"研究领域：跨文化交际相关理论""研究主题：中国传统节日相关理论"和"研究核心：认知参与相关理论"分别论述。其中研究领域涉及跨文化交际学中的文化适应、跨文化适应理论视野下的文化融合等理论的发展脉络，研究主题涉及中国传统节日相关理论及发展脉络，研究核心即认知参与相关理论。

1.2.1　领域：跨文化交际相关理论

1.2.1.1　跨文化交际学

跨文化交际有 50 年的历史，文化适应的研究始于 20 世纪初期的美国，1959 年霍尔《无声的语言》一书出版标志着跨文化交际学的诞生。20 世纪 70 年代是跨文化交际学的确立时期，学者们主要关注跨文化交际中的负面影响，早期跨文化交际学探究方向局限在对难民或移民的心理问题及疏导，缺乏对不同文化的实践论证和比较分析，20 世纪 80 年代以后跨文化交际学逐渐独立为一门学科走向成熟，研究理论和研究方法不断完善。

20 世纪 80 年代跨文化交际学传入中国，最初研究领域仅仅局限在外语教育及语言与文化关系研究方面，缺乏实证性的特殊化研究。祖晓梅在《跨文化交际》一书中提出跨文化交际是一种具有动态互动性的社会活动，胡文仲认为跨文化交际主要围绕不同文化背景的社会群体展开，Ting - Toomey 进一步指出有效的跨文化交际就是具有不同文化背景的社会群体彼此交流共享的过程。

在跨文化交际学史上，Gudykunst（2003）把跨文化交际理论归纳为：

不确定性减少理论、文化身份的协商理论、面子协商理论、归因理论、跨文化交际网络理论、跨文化交际的适应理论和文化尺度理论等。

在研究方法上，跨文化交际学涉及特殊文化和一般文化的研究方法。跨文化交际学注重多学科交叉互补、综合性应用。因而跨文化交际学理论和方法为本项调查研究参考借鉴，对于调查日韩留学生对中国传统节日认知和参与实际现状分析提供了基础理论指导和建议。

1.2.1.2 跨文化适应理论视野中的文化融合

跨文化适应研究的发展关键期出现在 20 世纪 70 年代，20 世纪 80 年代以后，跨文化适应研究方法和研究范围逐渐由最初人类学社会学背景下关注的群体视角转向对个体跨文化的适应。更加注重研究个体在跨文化交际中的文化适应问题。

美国人类学家罗伯特·雷德菲尔德（RedField）、拉尔夫·林顿（Ralf Linton）和梅尔维尔·赫斯科维茨（Melville Herskovits）是该领域研究的奠基人，其中雷德菲尔德（RedField）认为，两种不同的社会文化群体互相接触时，双方的文化模式都会受到影响而发生变化，从生活中跨文化交际的实际现象可以看出，文化模式发生变化较为明显的主要是文化模式相对较弱的一类文化群体，这类群体会主动或迫使改变原有的文化观念，选择融入目的语国家的异文化社会群体中，逐渐适应新的文化环境。

跨文化适应的心理学理论主要有文化冲击理论和动态双边调适理论，其中文化冲击理论是 Oberg（1960）在 Lysgard（1955）调查研究的基础上认为跨文化交际中的短期旅居者会经历情感适应的四个时期：蜜月期、挫折期、恢复期、适应期❶。Lysgaard 在 Oberg 的基础上把文化适应过程归纳为 U 形曲线，将旅居者的情感适应更加直观化。而动态双边调适理论是由韩国心理学者 Young Yun Kim 提出，即"压力—调整—前进"动态不断积累调整的适应过程。

陈慧、车宏生和朱敏在《跨文化适应影响因素研究述评》中认为，文化融合与文化适应密切关联，文化融合主要体现在与其他社会文化群体接

---

❶ Oberg K. Cultural shock: Adjustment to new cultural environments. Practical Anthropology, 1960, 7 (3): 177–182.

触后表现在心理和行为上的变化，文化融合具体表现在认知、态度和价值观念的变化。文化融合可以从两个维度解析：（1）保持对自己母文化的认同；（2）保持与当地社会群体的关系，二者交叉可以产生不同的文化融合态度，即 Berry 在假定弱势文化群体有选择自己文化互动模式自由的前提下提出文化维持、接触和参与是比较重要的两个维度，文化融合/多文化共存、文化同化、文化隔离、文化边缘化四种跨文化适应模式。

侯佳等人在解析《与狼共舞》中跨文化交际中的文化融合一文中对文化融合过程中涉及的要素进行了阐明：（1）刻板印象；（2）跨文化意识；（3）文化休克；（4）濡化模式；（5）生产性双语，其中未进入目标文化和进入目标文化构成文化融合的过程，这个过程既是连续的又是动态变化的，其中"刻板印象"最初起源 Lippmann（1922）的 Public Opinion，被理解为对异文化群体片面并过于简单的看法。之后由 Brown（1986）首次将其定义为固化的观点。

而留学生对中国传统节日认知与参与动机的实际情况同样可以从文化融合角度分析，山东大学蔡燕学者就针对留学生对中国传统节日认知与参与情况这一调查问题进行分析，认为动机可分为主动参与动机和不参与动机，两者之间还存在伴随参与动机和引导参与动机。而留学生参与中国传统节日的文化活动可以理解为对中国文化认可感兴趣或者想进一步了解中国传统文化；而不参与可以理解为留学生对中国传统节日中展现的文化还没有接纳融合，还对自身原有文化身份或者自己本国的传统节日文化的特色坚持保留；这其中不可避免会关系到来华留学生认知、社交和情感多方面因素，留学生作为异文化群体能否主动调整对中国传统节日的心理认知，从而接纳理解包容中华文化是本文研究的关键。

随着中国综合国力和经济实力不断提高，世界各国国民体验感知中国文化的需求也与日俱增，因而中国传统节日承载的传统文化内涵正是中国以开放包容的态度向世界各国敞开心扉，帮助世界各国了解中国传统文化内涵的纽带。

跨文化交际与中国传统节日密不可分，二者互为前提和基础。一方面，跨文化交际为中国传统节日中文化的传播提供了理论引导和研究方法借鉴，为我们与世界各国民众交流融合提供了跨文化交际相关的交际策略，让我们能够更加深入了解世界各国民众的文化心理，从而和谐相处，在交流中让世界理解中国文化内涵、知华、实现彼此互信；反之，中国传统节日中蕴含的传统文化内涵是世界各国民众在跨文化交际中渴望了解和体验的核心所在，中国传统节日丰富了跨文化交际的形式和内容，同时以中国传统节日为主线能够激发留学生的兴趣、调动学习汉语知识技能的积极性，为留学生汉语学习增添趣味性。同时能够帮助留学生深入认知体验中国传统文化内涵，了解中国人的思维方式和价值观，从而促进留学生对中国文化环境的适应，增进中国与留学生目的语国家之间文化交流理解和情感交流互信。

1.2.2　主题：中国传统节日相关理论

节日一词本身具有群众性、周期性和相对稳定性，中国传统节日在文化形态上又是多元的。传统节日具有恒久的生命力和浓郁的亲和力、凝聚力。节日来源于文化，传统节日中蕴含的文化内涵可以超越地域国界、种族、阶级和时代的局限，节日中的习俗来源于生活，是传播中国文化的一个巧妙而恰当的突破口，也是中国文化的重要组成部分。同时节日又是中国民俗文化、生产文化生活的集中体现，通过节日民俗文化留学生可以了解中国人的思维方式和文化底蕴，也可以激发留学生对汉语学习的兴趣，缓解留学生在异国他乡的心理无助感，让节日气氛感染留学生，增进他们与中国人的交流、理解互信。

中国传统岁时节日起源于先秦时期，秦汉至清是中古岁时节日体系的形成发展期，这一阶段的岁时节日对近代甚至当代民众的生活习俗都具有潜移默化的影响，这一时期民众对时间意识评判也有一定的特点。近代以后，政治和人们生活方式思维观念的变革对传统节日习俗既形成了部分冲击，也带来了转机。当代主要以1949年至"文化大革命"前为第一时期，主要表现为尊重传统岁时节日；"文化大革命"至1976年前为第二时期，传统岁时节日基本被废除；新时期以来至今为第三时期，呈现传统节日、新型节庆和西方节日共存，传统岁时节日的复兴保护成为核心。直至2008年，我国四大传统节日除夕、清明、端午、中秋才正式被列入国家法定假日。

萧放在中国岁时节日研究综述指出，2003年至2013年这10年岁时节日在中国文化史上具有重要价值。其中这 10 年学术论文达 1905 篇，专著 320 余部❶。在这些文献资料中，有关中日韩的节日研究论著居多。

其中，针对中日传统节日比较研究方面，日本学者高木立子以中日节俗为观察点发表的《中日过年习俗的民俗意义》（《民间文化论坛》，2005.2）就从中国年节仪式源泉（祭灶）、日本年节活动的核心（岁神赐福）、现代社会的新年节日及对策三个方面探讨了中日两国过年习俗的民俗活动异同点，进而总结出两者之间相通的民俗意蕴。

日本学者小柴裕子从中日年节习俗的对比中，针对中国开封与日本关西做了比较翔实的个案研究。从中日年节习俗的演变与彼此之间的联系出发，以传统节日"时间"为主线对比两国民俗的异同，同时以食品和饰品作为切入点辨析两国之间年节习俗的联系，深入探讨分析中国传统节日文化对日本的影响以及保护年节传统习俗文化的现实意义。

而菅丰、陈志勤在《日本节日文化的现代形态——以日本都市的元旦文化改编为教材》一文中通过对元旦文化的取舍、包装以及日本元旦文化的建构性、节日形象的日常实践几个角度阐释了现代社会中元旦文化的缺失以及现代元旦文化展现的时代生机创造力和给人们带来的喜悦感依旧是日本都市社会节日文化的根本。

中国学者毕雪飞借鉴日本当地研究中国传统节日的学者及其研究著作，以七夕为研究主题分析总结了日本学者对中国节日的研究现状、成果，其中守屋美都雄对典籍进行研究考察了牛郎织女的传说以及七夕起源、发展状况，中村乔针对中国岁时史和食物史进行了研究，借助文献从文字起源角度对牛郎织女进行了精细的考证；中村裕一从史料出发结合律令和七夕行事的关系，考证七夕的原貌和特性解读了敦煌文献。并剖析了日本学者在中国民俗意义方面挖掘不足的局限性。

在日韩与中国传统节日比较研究方面，刘晓峰在《日本冬至考》中从冬至在古代中国重要特征、中国冬至节俗对古代日本的影响两个维度解读了中国古代天命思想对日本的影响，并分析了日本冬至被排除在年中行事之外的原因。

---

❶ 萧放：《中国近十年岁时节日研究综述》，《民俗研究》，2014 年第 2 期。

韩国学者朴永焕从古代韩国端午宗庙祠堂与祭祀的制度和韩国传统端午文化的起源、节俗特点等角度深入追溯史实，解析韩国与中国端午节俗文化同源性中的差异性，并针对中韩端午申遗后引发的文化反思提出文化共享互不借鉴融合的理念。学者萧放以中韩两国早期研究岁时传统节日的两部文献《帝京岁时纪胜》和《东国岁时记》为依据，从中韩传统节日的架构对比中发现，韩国的传统岁时节日习俗多以家庭祭祀和娱乐为主，韩国元宵节关注祈福避灾而非赏灯；韩国清明节多关注寒食而非清明；韩国中秋节多关注庆丰收和舞乐而非赏月团圆，中韩传统节日无一不体现着不同民族文化同中有异的彼此联系。

此外，韩国学者金菩提根据韩中饮食文化对比，分析了同源文化不同民族之间的文化态度；韩国学者郑锡元和中国学者孙雪岩从中秋韩中传统文化差异流变做了对比分析；韩国学者林宣佑从传统节日的社会文化内涵延续角度解读了韩国秋夕的文化价值。

纵观日本全年15个"祝日"中，其中1月1日元旦、1月15日成人节、3月20日左右春分、5月5日儿童节（也是我国的端午节）、9月15日敬老节及9月23日左右秋分这六个节日源于古代中国传统节日，此外还有日本每年的"年中行事"涉及的元旦、女儿节、七夕、盂兰盆节（即中国中元节）和除夕的起源也可以追溯到中国古代传统节日。

萧放认为节日传统可以从以下三方面剖析：节日物质生活层面、节日社会生活层面、节日精神生活层面，一个民族的传统节日有助于增进不同群体之间的理解融合，协调社会群体之间的平衡。传统节日可以充分体现一个民族对时间的认知体验，雷夫金曾认为从一个国家当地民众对时间的认知价值判断可以认识这个民族，了解这个民族的文化。

中国传统节日的时间大多出现在季节交替变换的时间，传统节日在时间节气时令上起到了舒缓调解释放人们心情不适的作用。另一方面，传统节日具有周期性的特点，符合中国人自古以来安土重迁的家庭团聚的心理，有助于增进血缘关系的融洽及社会的安定和谐。户晓辉从中国传统节日与现代性的时间观角度解读了中国传统节日的来源，他认为"节日"从字源上可以追溯为"截日"，即时间的节点，传统节日中体现了对时间的分割和划界。其中周期性、异质性、具体性和可逆性是中国人最初对时间的体验感知，现代性的时间观则与此相反，是一种建立在生产使用价值社会必要时间基础上的具有机械性的时间观。传统节日时间在现代性时间中逐渐被淡化遗忘甚至流于形式的危机处境需要我们引起关注，协调好现代时间与传统节日时间的关系，呼吁为传统节日时间预留一份应有的位置。

此外，传统节日具有教育的功能，对先祖的缅怀敬仰以及对长辈的尊敬。由此可以理解，通过一个国家民族的传统节日可以窥探认识这个民族的思维价值评判方式和社会文化心理。

李欣将中西传统节日中的文化进行比较，发现两者之间异同之处在于：中国传统节日多含蓄，体现普通民众的日常生活习俗，蕴含宗族血缘的整体凝聚意识；西方节日多奔放，流露出对宗教神圣敬仰的感情，多体现人本自然和个性独立自由。节日在任何国家都具有群众性、周期性和相对稳定性，她认为传统节日是历经社会和时代民族变迁而遗留积淀下来的非物质文化遗产。中国传统节日无不体现着人与自然、时间的协调统一以及对神灵祖先的敬畏缅怀，对祖先的这种敬畏与现世利益诉求相关。

以纪念诗人屈原而形成的赛龙舟、吃粽子的端午节；以慎终追远扫墓寄托哀思的清明节；以家人团圆赏月欢乐的中秋节等不同传统节日都蕴含一定的中国文化内涵，一些传统节日如清明节，既具有节气特点也具有节日气氛，集追思感怀与欢悦融合。对于节日资源和文化价值，中国传统节日既是一个亲人融合相聚的节日，也是缅怀先祖寄托哀思的节日；既体现着集体性的凝聚意识，也积淀了对自然的敬畏；因此，萧放认为传统节日多承载家庭伦理性、社会伦理性、历史伦理性和自然伦理性。传统节日的饮食也有一定的文化依据，端午节的饮食讲求阴阳协调、中秋节吃月饼体现了亲情之间的分享。而传统节日的祭祀可以理解为与祖先神灵的交流、与自然的心与心的沟通。

日韩留学生同我们都属于东亚文化圈，都有着相类似的文化背景，都发源于同样的文化根源，因而有着同样文化内涵不同形式的节日习俗，李寅生也认为从日本汉诗中可以体现出中国节日习俗对日本的影响，感受到日本民族在过传统节日时对中华文化的依存感和亲和性，从日本的节日习俗中可以体验到中国节俗文化的影子。

中国传统节日与他们本土的传统节日有很多相似之处，传统节日作为了解认知中华文化的门户，能够较容易地使日韩留学生产生亲近感和归属感，李宝强认为传统节日为感知体验生命多元性、整体性提供了载体，为生命的教育价值得以体现提供了契机。同时也是留学生感知体验中国文化的一面镜子，丰富了留学生的教育形式，增进日韩留学生与我们的交流理解，使他们更真实地感受并认同中国传统节日中蕴含的文化内涵，深入对中国文化的理解，从而更好地感受认知中国人的思维方式和价值判断，以文化的感受提升留学生的理解能力、鉴赏能力、感知能力，促进留学生汉语语言知识和技能的提高。

1.2.3　核心：认知参与相关理论

现代认知心理学起源于 20 世纪中期，反映了行为主义心理学走向衰落之后回归意识研究。认知心理学经历了从传统认知心理学到认知科学的转变，传统认知心理学注重主流认知，经历了身心二元论、个体主义认识论和元素主义方法论方面的逆境。之后传统认知心理学经过反思在心理学界出现了认知科学的兴起。认知科学由此具有情境性、具身性和动力性。其中认知情境性体现了认知与真实环境的密切联系，认知具身性旨在关注认知与身体之间的联系，认知动力性则反映了认知与情境、身体之间互动的关系。认知心理学从注重实验研究转向对真实情境语境的分析，逐渐重实践，重动态变化。

20 世纪 70 年代以前的社会认知界研究多忽视情感动机在社会中的作用，忽视真实的社会环境，80 年代中期开始，社会认知心理学逐渐关注心情、情绪、目标、动机对认知的影响，90 年代后逐渐关注情境对认知的影响。Schwarz 和 Clore（1996）认为人的情感本身是一种认知源，它对人们做出的反应或决定产生一定的影响。甚至自然环境和天气的阴晴变化都会或多或少对被调查者的心理产生不同程度的影响。

因而不同的情境会产生不同的认知体验，人的思维过程与受情境影响的情感之间具有一致性，如果受特定情境影响产生消极情绪时，会过多关注事情的细节，追求精细化的分析；如果受特定情境影响产生积极的情绪时，容易忽视事情的细节。印象的形成过程可以充分体现出这一点，在

Bodenhausen 等人的（1994）❶ 研究中发现，印象形成的过程中，当人心情愉悦时容易受刻板印象影响；心情不好时较少受刻板印象影响，能够更多地结合出个人感受，较少出现晕轮效应，能够较为客观地分析评价。

目前文化对社会心理认知的影响研究逐渐成为心理学界关注的焦点。内隐社会认知认为"虽然个体不能回忆某一过去经验，但这一经验潜在地对个体的行为和判断产生影响"❷。可以理解为内隐社会认知会潜移默化地对印象形成者的认知心理、态度甚至刻板印象的思维定式产生影响。同时 Fiske 和 Neuberg 认为被试者心理预期目标对印象的形成会产生影响，印象形成者会根据权衡之后的目标的重要性程度来决定是结合自身真实感受形成客观的印象还是刻板印象。

节日的认知和参与是密切联系的，二者相互依存，认知是参与的心理基础，激发参与的积极性，同样参与也会加深认知，甚至转变为刻板的认知印象。其中通过文献查阅发现，留学生群体选择参与中国传统节日的原因有三类：第一种以交际目的为主导的参与，第二种以了解中国文化内涵、感受中国传统节日氛围为主导，第三种以消遣娱乐为主导。留学生参与中国传统节日文化活动除了以上三种主要类型，还会受留学生群体自身的内部原因影响，其中自身渴望深入了解中国传统节日文化习俗属于积极的内在原因；但也不排除少数留学生对中国某些传统节日不了解甚至不感兴趣而被迫参与；当然还有一定的外部因素如节日休假对他们的吸引力。

由此可以看出，留学生对中国传统节日的参与动机具有多元性，受很多主客观因素影响。传统节日具有独特的心理氛围，人们的具身认知会在不知不觉中受到节日气氛的感染，具身认知主要通过身临其境感知他人和文本、真实语境体验传统节日中蕴含的文化。

中国不同的传统节日蕴含多样丰富的文化内涵及人生观、价值取向。同时对传统节日的心理感知具有超越特定时空节点的特点，不同节日所承载的缤纷色彩也会带给人不同的心理感受，中国传统节日源于鲜明真实的

❶ Bodenhausen G V, Kramer G P, Susser K. Happiness and stereotypic thinking in social judgment. Journal of personality and socialpsychology, 1994, 66: 621 – 623.

❷ Greenwald A G, Banaji M R. Implicit social cognition: attitudes, self – esteem, and stereotypes. Psychological review, 1995, 102: 4.

生活，又还原生活本真，因而留学生常常能从中国传统节日中窥探到中国古代农耕游牧文明的剪影，感受到自然情境与农事节气的融合，体验到不同文化的兼融并蓄。

如果中国传统节日是一面镜子，可以真实地折射出它所承载的中国文化的内涵；那么了解留学生对中国传统节日的认识与参与现状就是一面放大镜，可以更加清晰直观地再现异文化群体对中国传统节日的感受体验，从真实可靠的文化情境语境中对从真实可靠的文化情境语境中进一步加深对汉语知识的理解和把握，因而了解留学生对中国传统节日的认知与参与现状至关重要。

1.3 研究意义

1.3.1 理论意义

传统节日研究从传播受众的心理认知角度考察的文献相对较少，选取具有同源民族文化血脉但存在地缘特色历史差异的台湾高校、在传统节日上具有更多同源性的东亚日韩籍留学生作为调查研究对象，是本文的创新之处，从认知心理学角度出发，以中国传统节日为主题考察了解外国留学生对中国传统节日认知的状况，可以为认知理论提供更多真实有效的案例资料。

将认知心理学理论研究方法具体运用于外国留学生这个异文化群体，能够更好地了解哪些中国传统节日已经被留学生所接纳认可，哪些中国传统节日的跨文化传播还有更多提升空间和拓展机遇。了解留学生参与中国传统节日的实际情形和所想，浅析那些外国留学生认可度低、兴趣度低甚至不感兴趣的传统节日及其原因，帮助我们自身认清中华本民族传统节日的跨文化传播的优势和现状，更好地反思中国传统节日本身发展传承中遇到的困境和缺陷。从中浅析归纳出留学生对中国传统节日认知的现状成因，为今后进一步研究传统节日相关问题提供数据资料范本的借鉴。

1.3.2 现实意义

首先，通过调查了解留学生对中国传统节日认知现状和分析成因，可以比较有效地借助节日体验，增强留学生对中国传统文化内涵的理解把握，根据留学生对中国传统节日接受认可感兴趣的特点，进而适度适时将中国传统节日中蕴含的传统文化知识穿插进留学生的汉语课程学习之中，帮助留学生更好地了解中国传统节日赋予的中华文化内涵，从而提升学习者对汉语学习中文化的认知。增强汉语作为第二语言教学的趣味性，调动留学生对汉语学习的动力。

其次，为汉语国际教育工作者提供真实客观的数据资料，帮助汉语教师更好地了解留学生对中国传统文化的认知理解，并对留学生渴望学习中国文化知识的真实诉求给予关注。从而将语言教学与文化教学平衡统一，站在挖掘中国文化内涵的角度，灵活应对各种异文化的冲突问题，使留学生借助中国传统节日充分认知了解中国人的思维方式，增强留学生的适应能力。

最后，借助对台湾高校留学生对中国传统节日认知调查研究事例和现状，分析归纳出中华传统文化在传承推广方面的不足和亮点，为新疆高校和教育管理机构所借鉴，从而进一步完善文化教学、人文关怀等教育体系，为这些方面的改进提供更多真实可靠的案例和借鉴意义，从而更好地加强新疆高校对中国传统文化内涵及人文的关注。

1.4 研究方法

借助台湾文献信息资料库及 CNKI、中英文期刊专著，了解近年来赴台留学生人数国别及台湾中国文化大学日韩籍留学生人数、汉语水平等基础信息，搜集跨文化交际、认知心理学研究领域相关理论以及中国传统节日方面的重要文献著作和期刊杂志，从中分析并选取与研究相关的有效信息，找到适合解决本文调查研究问题的方法以及相关理论借鉴，对这些文献进行收集、整理、归纳和梳理，从中找到近年来中国传统节日的理论发展脉络、节点以及最新动态，借助认知心理学相关经验规律指导剖析留学生对中国传统节日认知现状的成因。

通过文献梳理归纳理解分析，对所研究对象本土传统文化的形成、特点有初步的认识，对认知心理学相关领域和跨文化交际基本理论有一定的理解。通过访谈法与被访谈者或研究对象建立起和谐共融的关系，从而为进一步的问卷调查提供较好的交流互动的基础以及人与人之间的信赖感，能够获得更加真实有效的问卷信息。

首先确定台湾中国文化大学所要研究的近两年的日韩籍留学生人数、对该校日韩籍留学生年龄段有一个粗略的统计了解，如果这些留学生基本处于同一年龄段则没有必要逐个询问年龄，若所处不在同一年龄段则另行抽取不同年龄段有代表性的留学生进行调查，了解调查对象汉语水平等基本信息。

面向汉语学习 1 年及以上的日韩籍留学生展开调查，曾拟发放 100 份问卷，问卷初步总共涉及 10 个中国传统节日，即春节、元宵节、二月二、清明节、端午节、七夕节、中元节、中秋节、重阳节、腊八节。而后根据日韩籍留学生对这些节日的熟知度和兴趣程度，选择以下 5 个节俗活动较为盛大、文化影响较为普遍的且具备传统节日代表性的中国传统节日，即春节、元宵节、清明节、端午节、中秋节作为进一步问卷调查的主要部分，以上涉及 5 个中国传统节日的以下三个方面的问题：（1）日韩籍留学生对中国传统节日的认知深度和广度；（2）日韩留学生对中国传统节日时间性和空间性的认知；（3）日韩留学生对中国传统节日起源的认知。

对于留学生认知广度，本文调查涉及留学生熟知度较高的节日；对于考察留学生对节日认知深度、期望等则以传统节日习俗相对盛大、认知度和兴趣度较高、文化影响较深入的传统节日为核心，进而了解学习者对中国传统节日的初步主观印象以及对中国哪些传统节日感兴趣和不感兴趣的原因。

最终以调查节日习俗文化活动较为隆重、留学生较为感兴趣、文化认知较为深入的传统节日作为调查研究的主体。了解他们对中国传统节日中涉及的语言、习俗、时间等因素的理解，以及留学生对中国传统节日中文化的认知理解状况，包括现存问题。

笔者通过发放问卷调查回收有效问卷的情况，从有效问卷中拟抽取相同比例数量、处于近似年龄段的日韩籍男女生，面向汉语学习 1 年及以上的日韩籍留学生展开访谈，且挑选的访谈对象是具有较好中文水平、对中国传统节日比较感兴趣有一定认知能力的日韩籍留学生，在查阅相关理论的基础上挖掘他们内心真实的想法，其中，访谈初步问题会与问卷问题相接近，从而作为进一步对这一访谈对象的问卷效度和信度进行检验。访谈前要获得被访谈者的许可，简洁说明研究的目的，访谈中站在被访谈者的角度，以理解的态度耐心倾听被访谈者的讲述，从中了解他们对中国传统节日的认知态度，从认知态度分析他们对中国传统节日的深度理解。

1.5 研究思路

首先借助在台湾高校的文献平台搜集近年来台湾中国文化大学日韩籍留学生人数及变化趋势，借助中外文献了解日韩本土传统节日的起源、特点、习俗，对比与中国传统节日习俗的异同点，以及港澳台地区对待中华传统节日的态度和政府相关政策变化，继而根据所获得有效调查信息展开对日韩籍留学生对中国传统节日认知现状调查，同时从留学生对中国传统节日的认知广度与深度，留学生对中国传统节日起源的理解等角度深入调查留学生对中国传统节日的态度体验，进而根据调查实际现状分析原因，提出有针对性的完善建议。

2 日韩留学生对中国传统节日的认知广度

本次考察以问卷调查和访谈为获取研究资料的主要方式。调查问卷分两个部分，第一部分为"基础信息"，主要包含性别、年龄、国籍、专业、年级、汉语学习时长、汉语水平等方面。第二部分围绕"日韩籍留学生对中国传统节日认知情况"设计调查问卷，共6个题目，涉及两个方面的问题：（1）外国人对中国传统节日的认知广度；（2）外国人对中国传统节日的认知深度；问卷初步总共涉及11个中国传统节日，即春节、元宵节、二月二、清明节、端午节、七夕节、中元节、中秋节、重阳节、冬至、腊八节。

而后根据日韩籍留学生对这些节日的熟知度和兴趣程度，选择以下5个节俗活动较为盛大、文化认知较为深入的且具备传统节日代表性的中国传统节日，即春节、元宵节、清明节、端午节、中秋节作为进一步问卷调查的主要部分；本次调查面向台湾中国文化大学的日韩籍留学生实际总人数共发放问卷198份，其中面向日本籍留学生共发放94份问卷，回收80份问卷，其中有效问卷69份，有效率86.25%；面向韩国籍留学生共发放 104 份问卷，回收 75 份问卷，其中有效问卷 52 份，有效率 69.33%。表 2-1 是本次问卷调查日韩籍留学生基本情况汇总。

表 2-1　选取日韩籍留学生调查对象基本情况汇总

基本项	日本籍留学生人数	日本籍留学生所占比例	韩国籍留学生人数	韩国籍留学生所占比例
性别 男 女	34 人 35 人	49.2% 50.7%	16 人 36 人	30.7% 69.2%
平均年龄	18.5 岁		22.5 岁	
在中国学习时长 1~6 个月 12~24 个月 36 个月以上	16 人 6 人 47 人	23% 8% 68%	30 人 3 人 19 人	57.6% 5% 36.5%
汉语平均学习时长	2 年		2 年	
汉语水平分布 中级 高级	45 人（一般已通过新 HSK 四级考试） 6 人（一般已通过新 HSK 五级或六级考试）		18 人（一般已通过新 HSK 四级考试） 15 人（一般已通过新 HSK 五级或六级考试）	

访谈主要侧重对汉语学习 1 年及 1 年以上且中文水平较好、对中国传统节日比较有兴趣的日韩籍留学生展开调查。根据问卷调查统计，从完成情况较好、中文水平较高的问卷中随机抽取日本韩国籍留学生各 6 人进行访谈，其中日本籍男生 3 人、女生 3 人，韩国籍男生 3 人，女生 3 人。

中国传统节日作为承载中国悠久文化的多彩画卷，无一不呈现给我们生动有趣的传统习俗和多样的礼仪，每一个传统节日都遵循自然、追求和谐，诠释给我们谦和勤劳、长幼有序的人文伦理思想。传统节日所蕴含的中国传统文化思想在不断演变发展中，不断给每一个中华子孙归属感和正确的价值引导，中国的传统节日无一不通过各种习俗向外国人解读着中国历久的精神和文化。

本章通过调查处于同文化圈的日韩籍留学生对中国传统节日的认知情况，了解外国留学生内心对中国传统节日的真实感受和想法，与他们共同认识了解、触摸、感受中国传统文化的脉搏，使留学生更好地融入中国传统节日的文化中来。

2.1 传统节日知晓率

针对图 2-1 中的十一个主要的中国传统节日，面向日韩籍留学生进行问卷调查，通过问卷初步调查了解到，在众多中国传统节日中，留给大部分日韩留学生印象最深或熟知度比较高的还是以下五大中国传统节日：春节、中秋节、端午节、元宵节和清明节（见图 2-1）。日韩籍留学生对以上中国五大传统节日知晓率普遍比其他传统节日知晓率高。

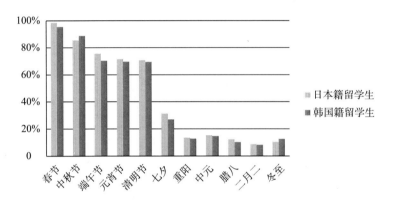

图 2-1 日韩籍留学生对中国传统节日的认知频率

由图 2-1 可知，日韩籍留学生对春节知晓度最高，分别达 98.50% 和 95.50%，表明春节在众多传统节日最为日韩籍留学生熟知，印象最深。其次是中秋节、端午节、元宵节和清明节，中秋节的月饼、元宵节的汤圆或元宵、端午节的粽子留给日韩籍留学生深刻的印象。其中七夕节相对于中元、重阳节等节日来说熟知度稍高，与本次调查的群体年龄段有关，本次调查的日韩籍留学生平均年龄段在 18~22.5 岁，对青年人喜爱的节日比较关注。

重阳节、腊八节、中元节、二月二这些节日的知晓率很低，其中日本和韩国籍留学生对于中元节认知率低，只有 15.3%、14.7%，对于二月二的知晓率更是低于 10%，这些中国传统节日对于日韩籍留学生来说很陌生、关乎利益不大，因而认知度也很低。

继初步问卷调查基本把调查范围锁定在以下五大中国传统节日：春

节、中秋节、端午节、清明节、元宵节进行二次深入调查。首先针对这五大日韩留学生比较熟悉的中国传统节日进行认知度比较，图2-2为日韩籍留学生对于这五大中国传统节日之间的熟知度比较。

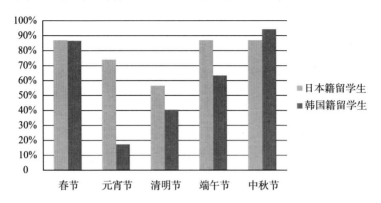

图2-2 日韩籍留学生对中国五大传统节日熟知度

由图2-2可知，日本籍和韩国籍留学生对于春节、中秋节等五大传统节日的熟知程度参差不一，不仅日本籍和韩国籍留学生内部存在差异，而且两国之间对于同一节日也存在熟知度不均衡的现象。

首先，单独观察日本籍和韩国籍留学生各自对于这些传统节日的熟知度：从日本籍留学生内部来看，对于春节、中秋节、端午节的熟知度均保持完全一致，达86.96%，说明日本籍留学生普遍对这三个中国传统节日比较熟知，这三个传统节日对日本留学生的影响比较深，中国的春节、中秋节、端午节所代表的中国文化特色已经为日本留学生熟知；元宵节紧随其后，熟知度达73.91%，对清明节熟知度较低，达56.52%；从韩国籍留学生内部来看，对于中秋节的熟知度最高，达94.23%；对春节的熟知度居第二，达86.54%；对端午节的熟知度达63.46%；对清明节的熟知度为40.38%，元宵节熟知度最低，不足20%。

其次，横向对比两国之间对于同一节日的熟知度可知，除了对中秋节的熟知方面韩国籍留学生明显高于日本籍留学生，日本籍留学生对于其余中国四大传统节日的熟知度普遍高于韩国籍留学生，对于中秋节韩国留学生普遍熟知度高的原因，可能与在之后访谈中了解到韩国籍留学生大部分对中秋节比较喜爱有关，他们对中秋节的起源和神话故事比较感兴趣了解, 此外通过文献了解到, 韩国传统节日中最为关注的秋夕, 即为中秋, 因此大多数韩国学生对中秋节比较熟知。两国对于元宵节的熟知差异最大, 日本留学生的熟知度高于韩国留学生 56.6%, 对于清明节的熟知度也与韩国留学生存在 16% 左右的差异。

下面接着对日韩籍留学生熟知度比较高的这几个中国传统节日印象深浅度进行调查, 图 2 - 3 为日韩籍留学生对这些传统节日印象深浅度比较。

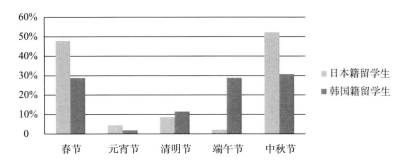

图 2 - 3　日韩籍留学生对中国五大传统节日印象深浅度

由图 2 - 3 可知, 日本籍留学生普遍对春节和中秋节印象深, 尤其是中秋节。相比日本籍留学生, 韩国籍留学生对端午节有更深的印象, 同样韩国籍留学生对于春节和中秋节的印象相比其他节日更深, 而春节和端午节留给他们的印象深浅度完全一致, 都达到了 28.85%。总体来说, 日韩籍留学生普遍对中国传统节日的印象还是停留在对一个传统节日名称的知晓程度, 更深入的印象还是很淡薄, 对这些传统节日的了解程度也比较浅显。

个案 1: 日本籍交换生野泽大辅, 提到中国传统节日首先会想到春节, 对中国春节里的鞭炮印象最深, 同时也对中国传统节日中秋节里的月饼有比较深的印象, 还会喜欢台湾这儿过中秋节时的烤肉。❶

个案 2: 日本籍交换生平野, 对中国传统节日元宵节印象最深, 因为了解在元宵节的时候大家都吃元宵, 赏花灯, 听同学的介绍了解到元宵节的一些情况, 也有中国台湾的同学赠送给自己节日的礼物。对中秋节的习

❶ 日本籍留学生传统节日认知, 野泽大辅, 2016 年 10 月 15 日, 台湾中国文化大学大雅馆 Family Mart。

俗不太了解，希望进一步了解，也想知道中秋节吃月饼有什么含义。❶

个案3：日本籍大学生前田，在台湾国文课的老师上课会讲到一些中国文化方面的知识，介绍台湾有哪些节日，春节、中秋节这些节日以及习俗，大四学生，现在在台湾待了三到四个月，在日本大概上了一年半的中文课，HSK考试过了四级，知道的中国传统节日有春节、中秋节、元宵节、端午节，比较喜欢或者印象最深的还是中秋节，因为中秋节的时候台湾这边的人都会烤肉，还有赏月、吃月饼。❷

个案4：日本籍大学生松本早智，知道的中国传统节日有中秋节、春节、端午节，对中秋节印象最深，因为在台湾之后已经有过中秋节的经历，和台湾同学一起过的中秋节，还有马来西亚华人，一起吃烤肉，还可以有假期，还有月饼。❸

个案5：日本籍交换生圣美，在日本学习汉语两年，大三，中文系，在台湾学习汉语一年，现读日文系，学习中文是为了以后从事与中文相关的工作，5级HSK汉语水平。对春节、端午节、中秋节印象更深，了解更多一些。❹

个案6：日本籍大学生长森英美，在台湾就读都市计划，大四，汉语高级水平，在台湾没有上过中国文化课，在日本学过一点中国文化，大概学了三个月，学的是文化、饮食、节日，中秋节、清明节等相关介绍，对中国文化和传统节日有一点点兴趣，所以自己也查过了，学中文的时候我去日本学校，在那边预科的课本里面有介绍中国的历史和文化之类的，给我印象最深的还是中秋节。❺

由上述日本籍留学生的访谈内容可以发现，大多数日本籍留学生对春节和中秋节更熟悉，而且很多日本籍留学生对中国传统节日的兴趣度主要

---

❶ 日本籍留学生传统节日认知，平野，2016年10月15日，台湾中国文化大学大雅馆Family Mart。

❷ 日本籍留学生传统节日认知，前田，2016年10月21日，台湾中国文化大学大雅馆宿舍楼会议厅。

❸ 日本籍留学生传统节日认知，松本早智，2016年10月23日，台湾中国文化大学大孝馆7楼某教室。

❹ 日本籍留学生传统节日认知，圣美，2016年10月25日，台湾中国文化大学大雅馆留学生宿舍。

❺ 日本籍留学生传统节日认知，长森英美，2016年10月28日，台湾中国文化大学大雅馆宿舍楼会议厅。

停留在这些传统节日学校的假期，这些日本籍留学生中很多都是考虑到今后从事与中文有关的工作而学习中文和中国传统文化，单纯对中国传统节日感兴趣的很少。

个案7：韩国籍大学生郑多彬，在韩国念中文系，本来想从事国际贸易工作，会涉及中文相关的，所以学中文，汉语水平达到 HSK 五级。对春节、端午节、中秋节印象更深，了解更多，最感兴趣或者想深入了解的是春节，因为在韩国没有放鞭炮的传统习俗，感觉很热闹。❶

个案8：韩国籍大学生李承熹，这学期来台湾，待了大概四个月到五个月，在韩国学习了大概三年的中文，学习中国文化有半年。对春节、中秋节、清明节、端午节印象最深，最熟悉的还是春节和中秋节，对中国春节的鞭炮和饺子、中秋节的月饼印象更深，听说鞭炮是为了驱鬼。春节、中秋节和端午节在韩国也有，可是端午节中国和韩国不一样。❷

个案9：韩国籍交换生郑有璟，有一年半到两年的汉语学习时间，对春节、中秋节、元宵节印象比较深。❸

个案10：韩国籍交换生尹熙妍，现本科三年级，在韩国就读中文系，在台湾所交换的学校就读韩文系，但会上中文系的课。印象深的中国传统节日有春节、元宵节、中秋节和端午节，最喜欢的还是中国传统节日春节。❹

从上述韩国籍留学生访谈内容可以了解到，大多数韩国籍留学生和日本籍留学生学习中文有类似的目的，都是基于以后从事的相关工作而准备，由于韩国也有这些传统节日，所以韩国籍留学生对这些传统节日相对于日本籍留学生比较熟悉，但是还是有很多学生对中国的传统节日春节更为熟知，可见春节已经比较深入留学生的内心，与春节相关的传统文化习

---

❶ 韩国籍留学生传统节日认知，郑多彬，2016 年 11 月 5 日，台湾中国文化大学大雅馆留学生宿舍。

❷ 韩国籍留学生传统节日认知，李承熹，2016 年 11 月 7 日，台湾中国文化大学大雅馆宿舍楼会议厅。

❸ 韩国籍留学生传统节日认知，郑有璟，2016 年 11 月 11 日，台湾中国文化大学大孝馆 7 楼留学生中文课某教室。

❹ 韩国籍留学生传统节日认知，尹熙妍，2016 年 11 月 15 日，台湾中国文化大学大雅馆宿舍楼会议厅。

俗也相对来说熟知度比较高。

2.2 传统节日认知途径

通过调查日韩籍留学生获取对中国传统节日方面知识的途径，如图2－4所示。

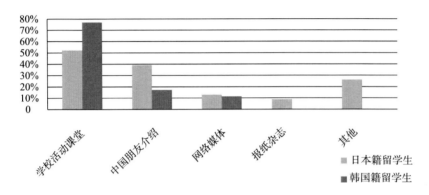

图 2－4　传统节日认知途径

由图2－4可知，绝大多数的日韩籍留学生选择通过学校活动或者课堂学习了解、获得中国传统节日相关知识，其中76.92%的韩国籍留学生都选择学校活动或者课堂学习，52.17%的日本籍留学生选择学校活动或者课堂学习，以中国朋友的介绍作为了解中国传统节日的居于第二，日本学生多于韩国学生，选择网络媒体和报纸杂志的相对很少，韩国学生没有人选择报纸杂志。由此可见，学校教育宣传活动和课堂学习是主要的了解途径，绝大多数留学生通过这一途径了解了中国传统文化方面的知识。

此外借助访谈了解到，还有26.09%的日本籍留学生选择了其他的方式，有的日本学生表示了解中国传统节日方面的知识通过在日本期间上的中文补习班，在补习班上老师会介绍很多关于中国传统节日方面的知识，也会要求他们每个人选择自己感兴趣的传统节日做报告，当然这种情况也是少数，多半的学校只专注于开设中文课，对于中国传统节日或者传统文化方面的知识介绍的还是很少。还有同学表示自己的父母一半是日本籍，一半是中国籍，因而有机会通过父母介绍了解到一些中国传统节日方面的信息；还有一些学生是有过短期在中国居住的机会，游玩或者拜访朋友时了解的这方面知识；还有日本学生表示他们通过马来西亚的华人了解到与中国传统节日相关知识。

访谈进一步了解到，有超过一半的日本籍留学生表示希望通过中国传统节日了解有关中国传统节日习俗方面的知识和美食，接近40%的学生希望听一些传统节日的传说故事，少数希望了解这些传统节日的发源、感受中国传统节日的氛围，只有很少的一部分希望了解这些传统节日的语言。对此，韩国籍留学生也有类似的看法，超过70%的留学生对中国传统节日的美食感兴趣，同时也有20%左右的学生希望体验节日氛围、感受中国人节庆的文化，韩国学生对传统节日习俗和神话传说感兴趣的没有日本学生多，几乎没多少人希望了解中国传统节日的起源。

个案1：日本籍交换生野泽大辅，表示一般从日本的电视节目上看到有介绍中国的一些传统节日，在日本学校的课堂上了解的中国传统节日机会不多，在台湾交换期间课堂上了解的很多也不是关于中国传统节日，现有的了解最多的还是春节，更喜欢通过报纸杂志媒体了解中国传统节日，会有台湾的朋友送粽子或者月饼，但是在中国的朋友很少，中秋节的时候很少会有同学邀请自己一起过节。也想通过和中国的同学朋友一起过中国的某一个节日这种方式去了解一下中国的家庭具有什么意义，每个家庭是怎么过的这些节日的，还有节日的来源，为什么这些节日会这样过。

个案2：日本籍交换生平野，从马来西亚的华人朋友那里了解到元宵节的一些习俗，在国文课的时候老师也会讲到一些中国的传统节日，但是还是很有限。

个案3：日本大学生前田，觉得最好的方式可以感受一个中国的传统节日还是和中国的朋友一起体验这个节日。

个案4：日本籍大学生松本早智，在日本学中文的时候会学习写春联，学写毛笔字，国文课有介绍一些传统文化，希望有机会认识更多的中国朋友，和中国朋友一起体验传统节日。

个案5：日本籍交换生圣美，在日本学习的中国文化，一般都是通过新闻了解中国传统节日，学校在中国传统文化的宣传了解方面还是做得很少，活动也不多，大多只是从课本上偶尔会讲到，亲身体验机会不多，如果有机会的话，希望和中国朋友一起过。

个案 6：日本籍大学生长森英美，了解这些中国传统节日主要是通过在日本上学时学的中国文化课了解的，大概有半年的时间，一边学中文一边学历史文化，当时是有一本书介绍中国传统文化和历史，老师会讲到中国这些传统节日，主要会介绍关于中国这些传统节日的习俗、美食等，更希望通过认识一些中国朋友交流，融入他们的生活，了解对中国传统节日的一些方面，得到更多的体验。也会选择新闻媒体了解。在台湾过中秋节时有收到台湾同学送的月饼，在台湾待了四年，现在大四，基本上每一年中国传统节日都经历过。在台湾的老师对于中国传统文化或者节日方面讲到的还是很少，自己的室友是香港人，会给她介绍一些关于文化历史方面的知识，感觉还是比自己了解得更深入一些。

个案 7：韩国籍大学生郑多彬，一般都是通过新闻了解中国传统节日，在韩国学中文，曾有一学期交换到西安，那时会接触中国传统文化中剪纸的学习。但是没有考虑过对于中国传统节日与韩国传统节日之间的区别，也想了解中国的文化，学校组织的了解中国传统文化方面的活动不多，大多只是从课本上偶尔会讲到，亲身体验机会不多，但是在韩国有和西安交换学习的机会，所以我参加那个短期交换学习的时候，在西安会有中国文化课，在那里学过剪纸，在韩国中文系没有那样的活动，只通过听说读写还有视频了解中国传统文化，如果有机会的话当然也希望和中国朋友一起过中国传统节日。

个案 8：韩国籍大学生李承熹，在韩国上中国文化课有半年，"中国文化了解"是这门课的名字，这门课会介绍到一些比如说中国有什么传统节日，或者中国有名的电视剧和娱乐节目，中国历史等，清明节也是我上课的时候听老师说的，老师会给介绍我们清明节的日期或者习俗活动。所以主要还是通过上课老师介绍中国传统节日的，相对还是比较喜欢老师介绍这个方式，因为我的中文不太好，如果通过中国朋友交流获得，可能没有老师讲解的那么好理解，老师讲的内容也会涉及考试，所以会记下来，可以说在老师的约束下对自己学习中国传统文化是比较适合的方式。但真心比较喜欢的还是希望如果能多认识中国的朋友，一起体验中国的传统节日文化，毕竟老师讲得会比较枯燥。

个案 9：韩国籍交换生郑有璟，但是并没有和中国的同学一起过过这些节日，因为认识的中国朋友很少，但是在韩国有上过关于中国文化的课，一周两次，在台湾是一周两小时。所以对中国传统节日的了解大都是从课堂上老师的介绍了解的，但是课堂也不会多介绍中国传统节日，更希望通过媒体或者课堂学习进一步了解。

个案10：韩国籍交换生尹熙妍，觉得通过电影了解中国传统节日中的一些文化是比较好的方式，在电影中出现的一些传统节日什么的让人更容易记得，当然和中国的一些朋友一起体验传统节日的特色也是一种很好的方式。在韩国有上过中文课，里面会介绍到中国文化方面的知识。现在大三，有关中国文化方面的知识不是一门课，只是顺便讲到，在台湾只有教务处开设的名叫"认识中国风俗文化"的一门课，这门课大部分中国传统节日、风俗都讲到了，也会了解一些。

由此可以看出，大多数日韩籍留学生都是通过电视媒体来了解中国传统节日，也有在日本或韩国时上的中文课涉及一些中国传统节日民俗文化方面的知识，但是课堂的介绍学习很有限，也不够深入，很多留学生亲身体验中国传统节日的气氛和文化的机会很少，他们在中国认识的同学和朋友也不多，所以中国传统节日中的民俗文化意义对他们来说不易理解。这些留学生也比较渴望能够多交一些中国的朋友，一起感受了解中国文化，包括一些传统节日所体现的家庭在中国人心中的意义。

此外，通过访谈这些留学生，从中也发现台湾中国文化大学的教务处也有专门为留学生开设的"认识中国风俗文化"这一门课，虽然这门课介绍的传统节日的民俗文化很有限，但也基本涉及了大部分的中国传统节日、风俗。由此可以看出，此高校还是比较关注留学生对中国传统节日民俗文化的了解。

说明大部分日韩籍留学生对中国传统节日的美食和习俗比较感兴趣，希望亲身体验感受中国的传统节日气氛，了解一些传统节日相关的神话故事典故，但是很少有人关注传统节日中所涉及的语言，这一点也启发我们国际汉语教育者能够结合这些留学生的兴趣，选择比较切合传统节庆文化的点，有针对性地联系生活实际，带给留学生更多有中国人思维方式、生活气息的感受，在培养他们对传统文化的感知中引导留学生对中国传统节日中的成语、典故等多关注、勤思考。

2.3　传统节日知晓率与汉语水平关系

通过调查统计发现日韩籍留学生节日知晓率存在汉语水平差异，"不同汉语水平日韩籍留学生对中国传统节日认知差异"，无论是韩国籍留学生还是日本籍留学生，高级汉语水平学习者对于传统节日的知晓度普遍明显高于中级汉语学习者，汉语水平与汉语学习时间存在正比例关系，学习汉语时间越长，汉语程度也会相应提升，汉语水平越高、学习汉语时间越长的留学生对中国传统节日也会有更多的理解和感悟，也会相应增加对中国传统文化方面的知识量储备，因而对这些传统节日的知晓度自然也会比中级汉语水平的留学生有更深刻的印象，他们的认知程度也会较高。

从细节来看，日本中高级汉语水平的留学生对春节、中秋节、端午节、元宵节的知晓率差异不大，对清明节的知晓率差异较大；而韩国中高级汉语水平的留学生对元宵节、端午节、清明节的知晓率差异较大，尤其是对端午节的知晓率差异最大，春节和中秋节的知晓率基本差异不大，都保持在50%~60%；其次，日本中高级汉语水平的留学生对于春节和中秋节的知晓率与韩国中高级汉语水平的留学生存在很大差异，基本都低于韩国的知晓率，同样对于端午节的知晓率，日本高级汉语水平的留学生明显低于韩国高级水平的留学生。由此可推断，韩国的高级汉语水平的留学生对于端午节的认知程度明显高于日本同等汉语水平的留学生，在端午节方面，韩国高级汉语水平的留学生有比较深刻的体验和明显的关注。

2.4　小结

认知一词，从最浅显的角度理解，始终贯穿于对新的知识的学习掌握、对旧知识的温习回顾、最终运用于实际的过程中。表现为一个内在的心理变化过程，有明确的目标计划，并且在可控的范围内。

关于认知，最早 Sperber &Wilson（1986）在相关原则中指出人类对于认知的共识理解，人类通过将注意力尽力集中在直接相关的重要语境、情境信息中，从而力图使认知活动达到事半功倍的效果，而这里所认为的有效关键的信息、合适的语境都可以看作一种认知环境，处于同一信息背景、语境下的人群，往往对于信息的获取、分析，对于情境的感知理解都不尽相同，因而会产生不同的心理表征，这些因素都会引导不同个体对同一事物产生不同的认知理解、分析判断。

基于这一理论的指导，本章节论述的关于留学生对中国传统节日的认知，将认知作为一个研究领域，围绕中国传统节日这个主线展开论述，主要考察日韩籍留学生对中国传统节日的比较普遍但存在差异的认知现状，如留学生对传统节日的认知频率、熟知度、印象等，此外将传统节日的认知情况与留学生的实际汉语水平联系起来进行比较，进一步分析留学生的汉语水平对传统节日认知的影响程度。

综上所述，无论从认知频率还是熟知度、印象深浅各个不同角度考察日韩籍留学生对于中国传统节日的认知，日本籍留学生这一群体内部对于中国传统节日的认知存在明显差异，韩国籍留学生这一群体内部对于中国传统节日的认知也存在不同，两国同样汉语水平的群体之间也存在差异，他们之间对于中国传统节日的理解和印象也大不相同。

日韩籍留学生对中国传统节日春节、中秋节、端午节、清明节、元宵节的知晓率高于其他传统节日，尤其是对春节和中秋节的知晓率最高，说明春节和中秋节深受这些留学生的关注，给他们留下了深刻的印象。其中韩国籍留学生对中秋节的熟知度明显高于日本籍留学生，日本籍留学生对于中国其余四大传统节日的熟知度普遍高于韩国籍留学生，日本籍留学生对春节、端午节、中秋节的认知保持一致，均处于较高水平，韩国籍留学生对于春节的熟知度和日本学生差不多，对中秋节的认知明显高于日本学生，对端午节的熟知度与日本学生差异不大，而对于元宵节的熟知情况则明显不如日本学生，总之日韩籍留学生总体对中国这些主要传统节日的名称比较了解，但仅限于对这些传统节日的名称有一定印象，深层次印象很少，在认知广度层面还是比较浅，不够深入。

与此同时，这些留学生的汉语实际水平也和传统节日的认知程度密切相关，普遍汉语水平较高的学生对中国传统文化知识积累得会更多，了解得更加深入，印象也会更深，对中国传统节日有更多的理解和感受。韩国中级汉语水平的留学生比日本中级汉语水平的留学生对春节和中秋节的认知程度较高，同样韩国的高级汉语水平的留学生不仅对春节和中秋节的认知高于日本同等汉语水平的留学生，对端午节的认知也更深。

3 日韩留学生对中国传统节日的认知深度

要了解日韩籍留学生对中国主要传统节日认知程度的更多信息，不仅要从传统节日的认知广度考察，也要从认知深度进行考察，进行具体层面的考察，本章中所涉及的日韩籍留学生对中国传统节日的认知深度主要围绕时间和空间这两大要素进行考察，具体考察留学生对中国传统节日的时间性认知程度，对传统节日日期的知晓率，对农历和公历的辨识度，以及空间性认知里的传统节日吉祥物、食品、传统节日习俗、神话故事、典故成语的认知情况。

本调查力图将留学生对于中国传统节日的时间性认知和空间性认知结合留学生的实际汉语水平，浅析两者之间的区别和联系。为汉语国际教育在中华传统文化方面的推广和实施找寻联系和依据，使汉语国际教育者更好地了解留学生现有汉语水平与中华传统文化方面认知之间的关系，也为汉语学习者在中华传统文化方面认知程度提供更好的自我检验参照资料。

3.1 中国传统节日时间性认知

3.1.1 传统节日日期知晓率

留学生对传统节日日期的知晓率可以作为一个折射点，反映出留学生对中国传统节日的内在具体认知情况，统计结果见图 3-1、图 3-2、图 3-3。在 69 名日本籍留学生中，36 人（52.17%）知晓春节的日期，21人（30.43%）知晓中秋节的日期，还有 12 人（17.39%）不清楚这两个传统节日日期；52 名韩国籍留学生中，40 人（76.92%）知晓春节的日期，相比日本学生高出 24.75%，37 人（71.15%）知晓中秋节的日期，同样高出日本学生 40.72%；由此可见，韩国学生比日本学生对于春节和中秋节的熟知程度更高，知道的人更多。

如图 3-1 所示，日本籍留学生普遍对中国传统节日日期知晓率不高，对春节节日日期最熟悉，其次对中秋节的节日日期较熟悉，对端午节和清

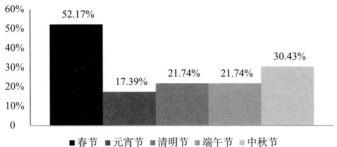

图 3 - 1　日本籍留学生对中国传统节日日期的认知频率

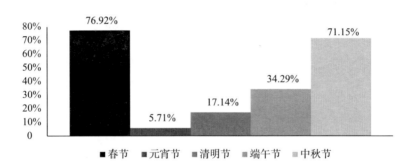

图 3 - 2　韩国籍留学生对中国传统节日日期的认知频率

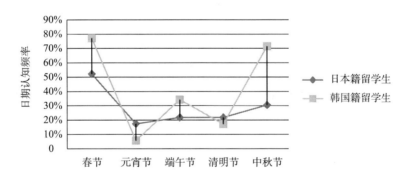

图 3 - 3　不同国家留学生对中国传统节日日期的认知差异

明节的节日日期知晓程度一致，知道元宵的节日日期的学生寥寥无几。

如图 3 -2 所示，韩国籍留学生对中国传统节日中的端午节、清明节和元宵节日期知晓程度很低，几乎很少人知道，即使知道也只是知道大概的时间段，不知道确切的时间点，尤其对于元宵节节日日期几乎不了解。对春节和中秋节的节日日期了解程度比较高，几乎都达到了 70% 以上，说明大部分韩国学生对中国传统节日春节和中秋节比较熟知，相比其他传统节日日期来说，印象比较深。

通过对比两国学生对于同一传统节日日期的认知情况，如图 3 - 3 可知，日本留学生对五大主要传统节日平均知晓率为 28.69%，韩国留学生对五大主要传统节日平均知晓率为 41.14%，两国留学生普遍对于春节和中秋节日期的知晓率略高于其他节日日期知晓率。

然而，韩国留学生与日本留学生对于传统节日日期认知差距最明显的仍旧是春节和中秋节，韩国留学生普遍对于春节和中秋节节日日期认知情况优于日本留学生，由此可知，韩国留学生在春节和中秋节节日日期了解方面比日本留学生稍多，这两个传统节日对于韩国留学生比较熟悉。日本籍留学生对于元宵节的日期知晓率最低，未达 20%，韩国籍留学生同样对于元宵节的日期知晓率几乎不到 10%，两国学生均对于元宵节日期很陌生。对于清明节的节日日期了解程度两国学生差异最小，知晓程度差不多。此外，大多数日韩籍留学生对中国传统节日日期知晓的准确度较低，很多学生仅仅能说出大概的月份范围，对于准确的时间日期并不知晓。

3.1.2　农历和公历的辨识度

在访谈过程中发现，能够正确说出春节日期的留学生大部分都可以写出农历 1 月 1 日，也有一部分学生把春节日期写成 1 月末到 2 月初，甚至也有一部分学生把春节日期写成 2 月中旬，总之都不能很确切地说出或写出准确的具体的日期，有相当一部分留学生听说过农历和公历，但是具体不能区分两者之间的关系。

个案 1：日本籍交换生野泽大辅，春节大概在 2 月中旬，听说过这个时间是会变化的，过农历和公历，清明节和元宵节日期不清楚，中秋节可能在 9 月或者 8 月，区分不清农历和公历。

个案 2：日本籍交换生平野，春节在农历 1 月 20 几日到 2 月初，元宵节不清楚，端午节 5 月，清明节不清楚，容易把 8 月中元节和 4 月的清明节日期搞混淆，中秋节是 10 月或 11 月，听说过中国的传统节日有农历和公历，新年是 12 月 31 日到 1 月 1 日，农历是 1 月末到 2 月初，分不太清楚公历和农历哪个是变化的。

个案3：日本籍大学生前田，春节的日期是1月1日，元宵节不知道，中秋节9月15日，端午节不知道，清明节的时间也不清楚，在日本中文补习班的时候老师介绍过中国的传统节日农历和公历，但是具体忘记了。

个案4：日本籍大学生松本早智，春节2月中旬，元宵节不知道，端午节5月，清明节不知道，中秋节9月中旬，大概9月15日左右，没听说过农历和公历。

个案5：日本籍交换生圣美，春节应该是在2月，元宵节农历1月15日，中秋节8月15日，清明节具体什么时间忘记了，端午节5月5日，这些中国传统节日日期一般是农历，听说过农历和公历，春节的公历大概在2月，日本只在1月1日那一天过新年，12月31日的晚上到1月1日的早上（公历），日本过的是公历新年，但是也有一些商业发展比较快、受中国文化影响深的地区过的是农历新年。

个案6：日本籍大学生长森英美，春节在农历2月，我们新年是1月，听说过中国的农历和公历，元宵节我记得的是9月中旬，对于中秋节和元宵节的日期有点儿搞混，端午节好像是5月20日左右，清明节好像是7月还是8月多少号，不太记得起来。

由此可见，相当一部分日本留学生对农历和公历分不清楚，有些只是听说，但不能区别两者之间在时间上的差异，即使有少部分日本留学生知晓一些传统节日的日期，也只是了解大概的月份，不能说出准确的日期。

个案7：韩国籍大学生郑多彬，春节在农历1月1日，元宵节在农历1月15日，中秋节在8月15日，清明节在4月20日，端午节在5月20日，这些中国传统节日日期一般记住是农历，听说过农历和公历，韩国也有新历和旧历，阳历很重要，但是更关注农历的新年，因为我们韩国过的是农历新年。

个案8：韩国籍大学生李承熹，春节是农历1月1日，元宵节的日期不清楚，端午节农历5月5日，清明节不太知道，可能是7月吧，中秋节是农历，但是具体日期忘记了，不知道中国这些传统节日有两个时间这个说法。

个案9：韩国籍交换生郑有璟，春节1月1日，元宵节的具体日期不知道，端午节 5 月 4 日，清明节 4 月还是 7 月分不清，中秋节 8 月 15 日，没有听说过农历和公历的节日表示法。

个案 10：韩国籍交换生尹熙妍，春节是 1 月 30 日吧，大年初一，中秋节 8 月 15 日，端午节是 5 月多吧，清明节 4 月 1 日，元宵节是正月十五，听说过中国传统节日有农历和公历之分，但是区分不清，变化和不变化的时间这个听说过，比如说中秋节的农历 8 月 15 日这个就是不变化的，另一个时间应该是变化的。

大部分韩国留学生和日本学生一样，清楚这些传统节日的准确日期，又能分清农历和公历这些问题，可能对这些留学生来说确实比较难。

3.1.3 传统节日日期认知与汉语水平关系

由图 3-4、图 3-5 可知，留学生的实际汉语水平也是影响留学生对传统节日日期认知不可缺少的关键因素，留学生的实际汉语水平有高低差异，他们对于传统节日日期的理解也会存在差异。高级汉语水平的留学生对于传统节日日期的辨识度和准确度基本高于中级汉语水平的留学生。

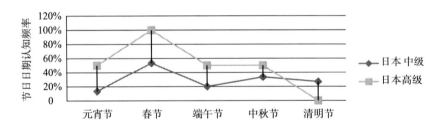

图 3-4 不同汉语水平的日本留学生对中国传统节日日期认知差异

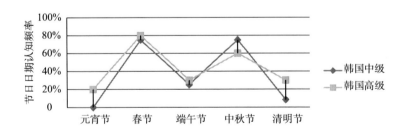

图 3-5 不同汉语水平韩国留学生对中国传统节日日期的认知差异

45 名日本中级汉语水平的留学生中，24 人（53.33%）对于春节的节日日期比较熟悉，15 人（33.33%）对于中秋节的节日日期比较熟悉，12人（26.67%）对于清明节的节日日期比较熟悉，对元宵节和端午节节日日期知晓率偏低。6 名日本高级汉语水平的留学生中，全数均对春节的节日日期知晓，对于元宵节和端午、中秋的节日日期知晓率接近一半，但是对于清明节的日期知晓率为零，几乎都不清楚。

其中，对于春节日期的熟悉程度上，日本中级汉语水平留学生与高级汉语水平留学生差异最大，中级汉语水平学生只有一半多一点熟知春节的日期，而高级汉语水平学生基本全数知道；其次在元宵节日期知晓度上差异较大，中秋节日期知晓度差异最小，而对清明节的日期，中级汉语水平的日本学生知晓率要高于高级汉语水平的日本学生。其余传统节日日期的知晓率都呈现出高级汉语水平日本学生高于中级汉语水平日本学生。

18 名韩国中级汉语水平的留学生中，14 人（75%）对春节的日期比较熟知，14 人（75%）对中秋节的日期比较熟知，5 人（25%）知晓端午节日期，仅有两人以不到10%的比例对清明节的日期知晓，对于元宵节的日期知晓率为零。15 名韩国高级汉语水平的留学生中，12 人（80%）对春节日期熟悉，9 人（60%）对中秋节日期熟知，5 人（30%）对清明节日期了解，仅有 3 人知晓元宵节的日期。

其中，对于元宵节日期的熟悉程度上，韩国中级汉语水平留学生与高级汉语水平留学生差异最大，中级汉语水平学生基本不知道元宵节的日期，而高级汉语水平学生有接近20%的人知道；其次在清明节日期知晓度上差异较大，对春节日期和端午节日期的知晓度差异最小，而对中秋节的日期，中级汉语水平的韩国学生知晓率要高于高级汉语水平的韩国学生。其余传统节日日期的知晓率都呈现出高级汉语水平韩国学生高于中级汉语水平韩国学生。

图 3-6 为两国不同汉语水平留学生传统节日日期认知程度对比情况，日本中高级汉语水平留学生之间对于中国传统节日日期熟知度差异较大，不够均衡，说明日本不同汉语水平的学生在传统节日日期认知程度上不均衡，存在明显差异。韩国中高级汉语水平留学生之间对于中国传统节日日期熟知度差异较小，基本均衡，说明韩国不同汉语水平的学生在传统节日日期认知程度上比较均衡。

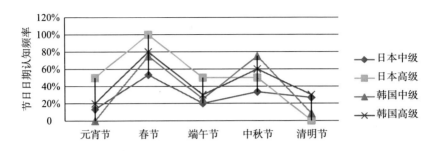

图3-6　不同国家汉语水平留学生对中国传统节日日期的认知差异

日本高级汉语水平的留学生在元宵节、春节、端午节的日期认知程度明显高于韩国高级汉语水平的留学生，但是韩国高级水平的留学生在中秋节和清明节的日期认知程度方面高于日本高级汉语水平的留学生，尤其是清明节；日本中级汉语水平的留学生在元宵节和清明节的日期熟知程度明显高于韩国中级汉语水平的留学生，尤其对于清明节的日期认知程度明显高于韩国中级汉语水平的留学生18.34%，但对于春节、端午节、中秋节的日期认知程度，韩国中级汉语水平的留学生比日本中级汉语水平的留学生高，尤其在中秋节的日期认知方面，韩国中级汉语水平的学生对于中秋节更熟悉。

3.1.4　小结

从以上日韩籍留学生对于传统节日日期的认知情况可以看出，能够清楚这些主要传统节日日期的日韩籍留学生少之又少，大部分留学生仅仅能够说出大概的节日时间范围，能够分清楚传统节日农历和公历之间的区别对日韩籍留学生更是难度较大。此外，不同汉语水平之间的留学生对于传统节日日期的知晓情况也存在差异，汉语水平较高的学生知晓传统节日日期程度较高，比较能够分清农历和公历，汉语水平较低的学生知晓传统节日日期的程度较低。

不同传统节日日期之间的认知也存在明显差异，对春节和中秋节的节日日期知晓率普遍高于其他传统节日日期的知晓率，清明节和元宵节日期知晓率普遍最低。由此可见，中国传统节日春节和中秋节的时间普遍为大多数日韩籍留学生所熟悉，说明我们今后对于其他传统节日的传播还有待提高，让更多的留学生了解中国传统节日中的日期时间文化。

3.2 中国传统节日空间性认知

3.2.1 传统节日吉祥物

"吉祥物是人们在事物固有属性、特质的基础上通过着意加工，用来抒发人们憧憬和寻求吉祥幸福、如意顺遂、欢欣喜庆、融洽美好等情感、心愿的事物。"❶ 当今国际间文化交流日益密切融合，目前通过考察留学生对传统节日中吉祥物的认知了解国际留学生对中国传统节日认知的研究还是明显不足，对中国传统节日吉祥物的知晓是体现日韩籍留学生对中国传统节日和传统文化认知的另一个重要的角度，中国每一个传统节日中所代表的吉祥物都是对每一个中国传统节日蕴含文化和祝福的最好诠释，中国历代祖先赋予每一个吉祥物不同的精神寄托和意义，体现人们内心的祈福和希望，"吉祥物"概念自然而生，成为中国历史文化的精粹。

了解同文化圈中的日韩留学生对中国传统节日吉祥物的认知情况，可以为今后如何更好借助传统吉祥物的亮点，充分了解外国留学生眼中的中国传统文化视觉形象，传承中国传统文化提供借鉴。本人以"请根据您对以下几个中国传统节日的印象，选择相对应的节日吉祥动物或植物"为题，对春节、中秋节、端午节、元宵节、清明节的各自节日吉祥物进行调查。

从日本和韩国留学生对以下 5 个传统节日涉及的吉祥动物认知情况进行调查，如图 3 - 7 所示，日本籍留学生对五个传统节日涉及的吉祥动物的认知频率呈现以下特点

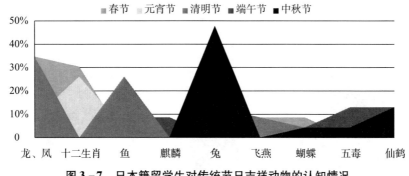

图 3 - 7   日本籍留学生对传统节日吉祥动物的认知情况

---

❶ 王汇涓：《中国吉祥物文化分析》，《平原大学学报》，2007 年第 4 期。

　　34.78%的人认为龙、凤是春节的吉祥动物，30.43%的人错把十二生肖看作春节的吉祥动物，仅有4.35%的人知晓麒麟，对春节鲤鱼和仙鹤这两个吉祥物几乎没有人知道，还有26.09%的人都选择了与春节无关的吉祥物，可以说接近56.52%的日本留学生根本不清楚春节的吉祥物，仅有39.13%的同学能够回答正确或者知晓一个或两个吉祥物；由于元宵节和春节的大部分吉祥物很类似，所以有34.79%的日本学生错选其他吉祥物，根本不了解元宵节的吉祥物，仅有不到20%的学生能够回答正确；60.87%的日本学生可以正确选出端午节的吉祥物，但是无人知晓五毒，差不多26%的日本学生不清楚端午节的吉祥物；对清明节的吉祥物知晓的日本留学生几乎更是少之又少，13%的人知晓五毒，知道龙凤、蝴蝶是清明节吉祥物的日本学生各占4.35%，几乎无人知晓飞燕，能够正确选出清明节吉祥物的日本学生有34.78%；47.83%的日本留学生知晓兔是中秋节的吉祥物，仅有13.04%的日本学生知晓仙鹤，无人知道龙凤也是中秋节的吉祥物。

　　从日本籍留学生对传统节日吉祥物的总体认知情况可以看出，仅有很少一部分日本留学生知晓春节和元宵节的吉祥物，很少有人会把鱼和仙鹤同春节联系起来，大部分日本留学生对中国传统节日春节吉祥物了解较少，甚至还有很多学生不怎么关注这些传统节日细节。超过一半的学生对端午节和中秋节的传统节日吉祥物较为熟悉，但是也不清楚端午节的五毒，大多数学生对中秋节的兔子比较熟悉，很少有人知道仙鹤与龙凤是中秋节的传统节日吉祥物。

　　如图3-8所示，韩国籍留学生对五个传统节日涉及的吉祥动物的认知频率呈现以下特点。

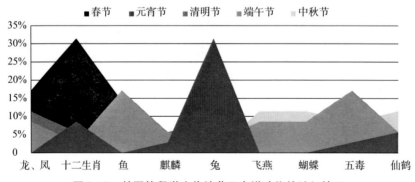

图3-8　韩国籍留学生传统节日吉祥动物的认知情况

17.14%的人认为龙、凤是春节的吉祥动物，31.43%的人错把十二生肖看作春节的吉祥动物，仅有5.71%的人知晓麒麟，14.29%的韩国留学生知晓春节的鱼这个吉祥物，50.71%的韩国留学生知晓仙鹤，可以说接近45.72%的韩国留学生根本不清楚春节的吉祥物，仅有42.85%的同学能够回答正确或者知晓一个或两个吉祥物；由于元宵节和春节的大部分吉祥物很类似，所以有25.71%的韩国学生错选其他吉祥物，根本不了解元宵节的吉祥物，无人知晓鱼是元宵节的吉祥物，仅有不到22.85%的学生能够回答正确；42.85%的韩国学生可以正确选出端午节的吉祥物，知晓五毒和鱼的韩国学生各占17.14%，8.57%的韩国学生知晓龙凤，差不多34.28%的韩国学生不清楚端午节的吉祥物；能够正确选择出清明节的传统节日吉祥物的韩国学生有37.14%，知晓蝴蝶和飞燕的韩国学生各占11.43%，仅有5.71%的韩国学生知晓龙凤是清明节的吉祥物，8.57%的韩国学生知晓五毒；31.43%的韩国留学生知晓兔是中秋节的吉祥物，仅有5.71%的韩国学生知晓仙鹤，无人知道龙凤也是中秋节的吉祥物，还有14.29%的韩国留学生错选其他吉祥物，对中秋节的传统节日吉祥物不了解。

日本知晓春节的龙凤吉祥物的留学生比韩国多，韩国留学生对鱼和仙鹤这两个春节的吉祥物比日本留学生更熟悉，总体对于春节的吉祥物认知程度韩国学生比日本学生正确率高；对元宵节的传统节日吉祥物了解程度，日本和韩国留学生差不多，都不是很了解；日本留学生对端午节的传统节日吉祥物认知水平普遍高于韩国留学生，韩国有少一部分学生知晓端午节的五毒，而日本学生对此认知不够；对清明节的传统节日吉祥物日本和韩国留学生认知程度差异不大，都只有少部分学生了解清明节的传统节日吉祥物；韩国学生对清明节的蝴蝶和飞燕比日本学生熟知程度略高；日本学生比韩国学生对于中秋节的传统节日吉祥物了解更多，对龙凤这个中秋节吉祥物日本和韩国留学生几乎无人知晓。

此外，进一步考察了日本和韩国留学生对以下5个传统节日涉及的吉祥植物认知情况进行调查，由图3-9可知，差不多有37.14%的日韩留学生对春节的传统节日吉祥植物选择正确，比较熟悉；只有17.14的日韩留学生对元宵节的传统节日吉祥植物熟悉；大部分将近60%的日韩留学生对端午节的传统节日吉祥植物更熟悉，尤其是对端午节的菖蒲、艾蒿最为熟悉；熟悉清明节和中秋节传统节日吉祥植物的日韩留学生人数差不多，分别达到 22.86% 和 28.58%；日韩留学生普遍对端午节的传统节日吉祥植物相比其他传统节日更熟悉，中秋节的桂花、莲花、牡丹熟知程度较低，对元宵节和清明节的传统节日吉祥植物比较陌生，几乎无人知晓芙蓉是元宵节的特色传统吉祥植物。

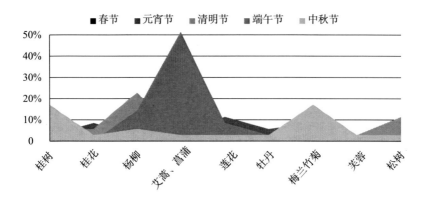

图 3－9　日韩籍留学生对中国传统节日吉祥植物平均认知情况

　　通过访谈了解到，日本籍留学生容易把春节和元宵节的传统节日吉祥植物搞混淆，不太能分清楚，有相当一部分日本留学生甚至会把日本的传统节日元旦和端午节、中秋节的吉祥植物与中国的这些传统节日吉祥植物混淆，有好几个日本留学生认为杉菜和樱花也是中国传统节日春节的吉祥植物，因为在访谈中了解到，日本的中秋节会有插芒草表示对即将到来的谷物的丰收的祈愿和祝福、对神的尊敬和邀请的含义，因而好几个日本留学生会因为不了解中国传统节日中秋节的吉祥植物和寓意，而误认为中国的传统节日中秋节也会有芒草。另有其中一位日本留学生认为狗尾巴草是中秋节的传统节日吉祥植物，因为日本的中秋节有供奉糯米丸子、狗尾草、毛豆、芋等物品，向月神表达感激，所以这位留学生应该是由于日本中秋节习俗中的这个植物，联想到中国中秋节应该也是这样。

　　总体看，日韩籍留学生对传统节日吉祥物的了解程度比较低，这些留学生也缺乏对传统节日吉祥物知识的关注，说明我们中国这些所谓对外国学生认知度比较高的传统节日里所代表的吉祥物并不为他们了解，或者了解程度还是很低，我们的传统文化宣传推广力度还是不够，尤其对于这些传统节日细节方面关注的还是不够，忽视了这些微小但鲜活的传统节日吉祥物所蕴含的中国人特有的对节日的精神追求，我们没有充分意识到这些传统节日吉祥物所承载的历代中国人对于传统节日所寄予的美好心愿和中华传统文化深层力量。

3.2.2 传统节日特色饮食

每一个传统节日所具有特色饮食能够充分展现出每一个传统节日所特有的中国传统文化内涵，每一个传统节日的特色饮食赋予每一位异国人从味觉和视觉记忆深处理解感受中国传统文化的精髓，中国自古以来的对每一个传统节日遵从自然的节气变化借助每一个传统节日的饮食很好地诠释出来。因此，传统节日的饮食可以说是传统节日所特有的一个不可或缺的考察维度，考察日韩籍留学生对中国传统节日饮食的认知情况同样可以反映出日韩籍留学生对中国传统节日整体认知的一个具体方面。

因此本文针对 5 个主要中国传统节日的特色饮食，对日韩留学生进行考察，了解日韩留学生对每一个传统节日的特色饮食的熟知程度。如图 3 – 10 就是日本留学生对中国这几个传统节日饮食的了解情况。

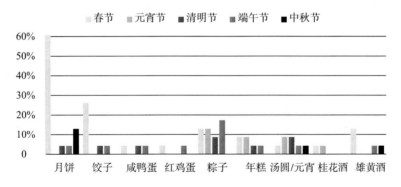

图 3 – 10　日本籍留学生中国传统节日特色饮食的认知情况

由图 3 – 10 可知，34.79% 的日本籍留学生能够正确选出有关春节相对应的特色饮食，34.79% 对春节特色饮食知晓的这些留学生里，有超过25% 的日本留学生对春节的饺子很熟悉，但是仅有 8.70% 的日本留学生知道春节的年糕，其中有超过 60% 的日本籍留学生错选月饼，分不清楚春节应该吃月饼还是饺子；仅有 8.70% 的日本籍留学生知晓元宵节的汤圆，绝大多数日本学生均对元宵节传统节日的汤圆不熟悉，超过 25% 的日本学生对元宵节和春节的饮食分不清楚，容易混淆，8.70%甚至会错选为中秋节的饮食；仅有 26.09% 的日本籍留学生能够正确选出与端午节相关联的特色传统饮食，较多人对端午节的粽子较为熟悉，相当一大部分的日本籍留学生没选出相对应的选项甚至对端午节的特色食品不知晓；几乎无人知道清明节的特色食品；仅有 13.04% 的日本学生对中秋节的月饼知晓，无人知晓桂花酒，绝大多数人错选或者不清楚。

总体可以看出，日本籍留学生对以上中国五大传统节日的特色饮食知晓程度相当低，熟知相对较多的只有春节和端午节的特色食品，而对春节和端午节的特色饮食认知，绝大多数日本留学生只知道春节的饺子和端午节的粽子，仅仅停留在这一狭窄的认知范围内，很少有人知道中国传统节日春节还有吃年糕的习惯，由于大部分日本留学生不了解端午节有驱邪避灾、养身消毒的含义，所以更不清楚端午节的雄黄酒一说。对元宵节和清明节的特色饮食知晓程度最低，尤其是清明节的特色食品几乎无人知道，由此说明，日本留学生对清明节的传统节日特色食品根本不熟悉，对清明节有吃冷食的习惯也不清楚，也说明我们国家对海外学生学习中文或者中国传统文化方面所传承有关清明节等传统节日的美食介绍还是很有限的，或许清明节的特色食品对于我们国人也不是很清楚，甚至没有引起足够的关注，因而海外学生对清明节更是比较陌生。

图 3-11 为韩国籍留学生对中国这几个传统节日饮食的了解情况。

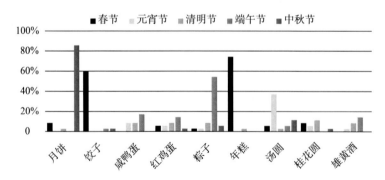

图 3-11　韩国籍留学生对中国传统节日特色饮食的认知情况

图 3-11 可知，超过 130% 的韩国籍留学生能够正确选出与传统节日春节相关的特色食品，其中 60% 的韩国留学生对春节的饺子很熟悉，

74.29%的韩国留学生对春节的年糕更为熟悉，这个现象据访谈了解到，大部分韩国人在春节那一天会吃年糕，所以可能他们对年糕更熟悉，大部分韩国学生都能够对春节的特色食品有一定的了解；对元宵节的汤圆了解的韩国留学生仅有 37.14%，大部分韩国学生对元宵节的特色饮食不熟悉，不到 15%的韩国留学生容易把端午节的特色饮食和元宵节的食品混淆；85.72%的韩国留学生对端午节的特色饮食相当熟悉，尤其是端午节的粽子，有 54.29%的韩国留学生熟知，对端午节咸鸭蛋和雄黄酒知晓的韩国留学生有 31.43%；对清明节的特色食品熟知的韩国留学生仅有 8.57%，一半多的韩国学生对此不清楚；88.57%的韩国留学生对传统节日中秋节的特色饮食比较熟悉，尤其是中秋节的月饼知晓最多，超过 85%，同样，大部分对中秋节的桂花酒不熟悉，仅有 2.86%的韩国留学生了解，只有少数人知道。

由此看来，绝大多数韩国籍留学生对春节、中秋节、端午节的特色饮食最为熟悉，尤其对于春节的特色食品熟知度最高，对中秋节和端午节的特色饮食熟知程度相当，对这三个中国传统节日的特色饮食都有较深入的了解，说明这三个传统节日美食已经深入绝大多数韩国人的内心，他们对此有很深的印象。而对元宵节和清明节的特色食品则不是很熟悉，尤其是清明节的特色食品，了解的人更是微乎其微。

纵观日本和韩国留学生对传统节日特色食品的认知情况，横向对比两国留学生认知差异可知，韩国籍留学生整体对中国传统节日特色饮食了解程度要比日本籍留学生高，韩国籍留学生对春节、端午、中秋节更为熟悉，韩国学生整体对传统节日特色饮食认知度处于较好水平，日本学生对中国传统节日的特色饮食认知程度略低，不太熟悉，还有待于增强他们对中国传统节日的兴趣度和关注度，提升他们对传统节日饮食方面文化的认知水平。

3.2.3 传统节日民间习俗

传统节日的民俗活动是体现一个传统节日文化的重要方面，传统节日民俗活动相当于传统节日的一面镜子，透过一个传统节日的民俗活动能够深入感知体验一个民族的传统文化，感受一个民族的内在价值取向和精神追求。因此，对传统节日民俗活动的知晓程度也是日韩籍留学生对传统节日认知的一个重要途径和角度，本文通过中国五大主要传统节日的民俗活动认知情况分别进行考察，以"中国人过××节时一般要进行这些习俗活动，你知道的有哪些？"为题依次对春节、端午节、中秋节、清明节、元宵节这五个传统节日的 39 项特色民俗活动进行调查。

对以上 5 个传统节日民俗活动的平均认知频率进行排序，日本留学生对传统节日民俗活动的平均认知情况由高到低分别为：元宵节（32.61%）、春节（32.25%）、中秋节（23.37%）、清明节（23.19%）、端午节（18.84%）。韩国留学生对传统节日民俗活动的平均认知情况由高到低分别为：春节（34.76%）、元宵节（30.72%）、清明节（26.67%）、中秋节（25.36%）、端午节（22.86%）。同时对日韩籍留学生对以上五个传统节日各自民俗活动的认知情况进行考察，图 3-12 依次为日韩籍留学生对春节、元宵节、端午节、清明节和中秋节民俗活动的熟知情况。

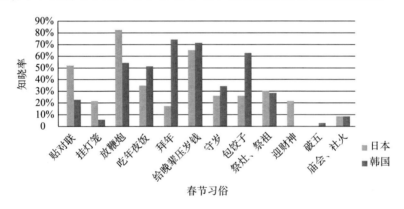

图 3-12　日韩留学生对春节民俗活动的认知情况

从图 3-12 可以看出，日本留学生对春节的贴春联、挂灯笼、放鞭炮、祭祖祭灶、迎财神、庙会社火等民俗活动明显比韩国留学生更为熟悉，认知频率较高。尤其是对于春节的贴对联、挂灯笼、放鞭炮、迎财神传统习俗方面与韩国留学生认知差异较大，其中，差异最大的是春节的贴对联，日本留学生知晓率高于韩国留学生 29.31%，此外，春节的放鞭炮两国学生知晓率差异为 28.32%，在迎财神方面，韩国留学生几乎无人知道有这个习俗。

相对应地比较来看，韩国留学生对春节的吃年夜饭、拜年、给晚辈压岁钱、守岁、包饺子、破五等民俗活动方面比日本留学生更熟悉，认知率较高。尤其是对春节的拜年、包饺子习俗方面与日本留学生差异较大，其中，差异最大的仍然是春节的拜年，绝大多数韩国留学生对中国传统节日春节里拜年的习俗都很熟悉，韩国留学生对此拜年习俗的知晓率高于日本留学生56.9%，90%的韩国留学生都知晓在春节的时候，中国人有说"新春快乐""新年好"这样的祝福语来互相送给彼此对新年的祝愿和亲友间的问候。此外，对春节包饺子的习俗两国认知差异为36.77%。对于吃团圆饭这个春节特有习俗，韩国留学生认知率高于日本留学生16.65%，在给晚辈压岁钱、守岁和破五等习俗熟知程度方面，韩国略高于日本，但差异不大。

尤其是破五，韩国留学生仅高出日本留学生2.86%，应该这个习俗对两国学生来说不常见、比较陌生，难度较高，但为了对传统节日的每一个点都能够有比较全面的考察了解，对每一个传统节日习俗的认知都有较为整体的认识，所以本文对每一个要考察的传统节日的民俗活动都做到了比较全面客观的统计。

由此可见，两国留学生对于传统节日春节的破五、庙会社火、迎财神等民俗活动方面的认知程度明显最低，很不熟悉，很少有学生听说过这几个传统节日民俗，大部分学生对春节民俗活动的认知仅仅停留在贴春联、放鞭炮、吃年夜饭、拜年、压岁钱、吃饺子等习俗上，认知比较浅显，对于更深入一些的习俗方面的认知还很不足，对每一个习俗的来历更缺乏深入的理解。

由图3-13可知，日本留学生对中国传统节日元宵节习俗中的观花灯、猜灯谜比韩国留学生更为熟悉，认知率较高。尤其是对于元宵节的观花灯传统习俗方面与韩国留学生认知差异最大，日本留学生对此知晓率高于韩国留学生34.91%，其次元宵节的猜谜语两国学生知晓率差异为4.47%，差异较小。

与此对应，韩国留学生对中国传统节日元宵节习俗中的吃元宵、舞龙舞狮、耍社火比日本留学生更熟悉，认知率较高。尤其是对于元宵节的吃汤圆传统习俗方面与日本留学生认知差异略大，韩国留学生对此方面习俗的知晓率高于日本留学生23.73%，其次元宵节的舞龙舞狮、耍社火两国

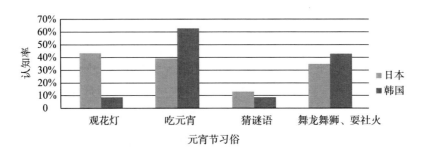

图 3 – 13　日韩留学生对元宵节民俗活动的认知情况

学生知晓率差异为 8.08%，差异较小。

由此可见，日本留学生整体对元宵节的熟知度略高于韩国留学生，韩国学生对于元宵节吃汤圆这个习俗认知率超过了 60%，近乎多一半学生都熟知这个习俗，而日本学生对此仅有少一半知晓，明显对此认知不足，有待提高。两国学生对于传统节日元宵节的观花灯和吃汤圆习俗方面差异较大，普遍了解程度较高，对其他两个习俗了解程度略低，还存在相当一部分学生不了解。

由图 3 – 14 可知，日本留学生对中国传统节日端午节中的赛龙舟、饮用雄黄酒、比武、击球等民俗活动相比韩国留学生更熟悉，认知率较高。尤其是对于端午节的赛龙舟、饮用雄黄酒等民俗活动方面与韩国留学生认知差异较大，其中端午节的赛龙舟日本留学生的认知率最高，与韩国留学生差异最大，高于韩国留学生 52.67%。而在饮用雄黄酒习俗方面的知晓程度，日本留学生高于韩国留学生 33.42%。对于端午节的其他习俗如比

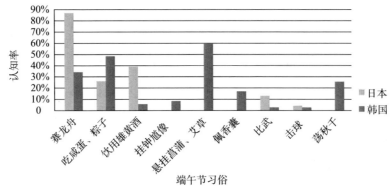

图 3 – 14　日韩留学生对端午节民俗活动的认知情况

武、击球日本留学生比韩国留学生知晓程度略高，差异不太大，都在10%之内。

相对应，韩国留学生对中国传统节日端午节中的吃咸蛋、吃粽子、挂钟馗像、悬挂菖蒲艾草、佩香囊、荡秋千等习俗比日本留学生更为熟知，认知率较高。尤其对于端午节习俗中的悬挂菖蒲艾草这个习俗和吃咸蛋、粽子方面，两国差异更大，对端午节悬挂菖蒲艾草的习俗知晓程度，韩国学生比日本学生高出60%，差异最大，日本学生几乎无人知道这个习俗。对吃咸蛋、粽子的习俗的知晓程度，韩国学生高出日本学生22.48%，仅次于挂菖蒲和艾草。对于端午节的其他习俗如挂钟馗像、佩香囊、荡秋千等方面，日本学生无一人知晓，在此方面，韩国学生有较少数的人知晓，认知程度也不高。

总体看，两国学生对于端午节习俗的认知情况，熟知度低的民俗活动主要是挂钟馗像、比武、击球和荡秋千，日本留学生对端午节习俗中的挂钟馗像、悬挂菖蒲艾草、佩香囊、荡秋千的认知频率都为零，几乎无人知道，说明日韩学生整体都对端午节的这些民俗活动认知度较低，不是很熟知。对端午节习俗的认识仅仅停留在赛龙舟和吃粽子的概念层面，缺乏深入细致的了解。

由图3-15可知，日本留学生对中国传统节日清明节习俗中的祭祖、扫墓、插杨柳这几个方面比韩国留学生熟知程度更高，尤其是对于清明节民俗活动中扫墓的认知程度与韩国留学生差异最大，比韩国留学生高出42.61%，其次是祭祖，高出韩国留学生4.84%，民俗活动插杨柳两国学生认知差异不大，日本留学生比韩国留学生认知程度略高于1.49%。

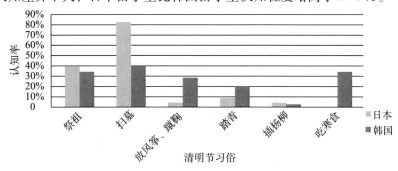

图3-15 日韩留学生清明节民俗活动的认知情况

同样，韩国留学生对于中国传统节日清明节习俗中的放风筝、蹴鞠、踏青和吃寒食的熟悉程度比日本学生较高，尤其是对于清明节习俗中的吃寒食和放风筝、蹴鞠，韩国学生认知程度同日本学生差异最大，其中对清明节吃寒食这个习俗的认知率韩国留学生为34.29%，日本留学生对此认知率为零，几乎无人知晓这个习俗。而在放风筝、蹴鞠这个清明节习俗的认知层面，韩国学生高出日本学生24.22%，韩国留学生对于踏青认知率较高于日本留学生，差异率为11.30%。

总体看，两国留学生对于清明节民俗活动的认知程度不是很高，大部分学生对清明节祭祖和扫墓比较熟悉了解，而忽视甚至不清楚中国传统节日清明节的习俗不仅仅局限于对亲人逝者的追思缅怀之情，还有健身呼吸新鲜气息、迎接春天生机与活力的寓意，在食物方面还有结合中国24节气变化阴阳相生的含义，顺应时节变化的内在意义。日韩留学生对于清明节习俗中每一个习俗的不同含义解释，甚至内在所反映出的中国人对自然和节气变化的价值观念和思维方式都不是很理解，所以仅仅很简单地把清明节的习俗简化认知为扫墓和祭祖，因此，在传统节日内在意义的传承方面，以及人文价值观方面还很有必要加强他们对这些层面知识的理解和感受，从而拓展延伸留学生这一群体对中国传统节日的体验理解。

由图3－16可以观察到，日本留学生对中国传统节日中秋节民俗活动中的赏月、赏花比韩国留学生更为熟悉，认知率较高，尤其是中秋节的赏月这个习俗的认知率明显高于韩国留学生22.48%，对中秋节赏花这个习俗熟知程度相比韩国留学生无人知晓的情况略高，但相比整体认知频率不足10%，偏低。对曳石和舞火龙几乎无人知晓，卖兔儿爷和烧斗香认知率

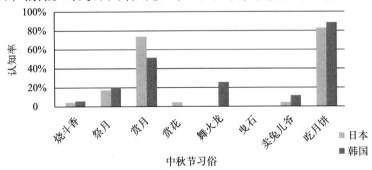

图3－16　日韩留学生对中秋节民俗活动的认知情况

都不足5%，这一类中秋节习俗当然对日本留学生来说有很大难度，但是也是作为考察日本留学生对中秋节民俗活动认知中不可缺少的重要方面。

相应的韩国留学生在中秋节民俗活动认知层面，认知率比较高的是中秋节的烧斗香、祭月、舞火龙、卖兔儿爷和吃月饼。其中日韩留学生对中秋节烧斗香、祭月、卖兔儿爷、吃月饼习俗活动的认知差异较小，不超过10%，而对于中秋节舞火龙这个习俗的认知率，韩国留学生超过25%，日本留学生对此无人知道，差异较大，对于中秋节赏花和曳石韩国学生没有人知晓。

由此可见，日韩留学生对于中国传统节日中秋节民俗活动熟知度最高的依旧是赏月和吃月饼，对于中秋节其他民俗活动认知程度偏低，大部分学生仍然不清楚，还需要增强他们对于中秋节民俗活动整体的认知积累，拓展知识面，改变他们对于中秋节习俗比较刻板的看法，在访谈中发现有相当一部分留学生竟然认为中秋节的习俗只有赏月和吃月饼，根本不知道其他方面的习俗，说明我们对于中秋节民俗活动以及传统文化的宣传和影响还不够深远，还需要对中秋节等一些已经为外国人和国人熟知的传统节日的内涵和文化习俗的内在含义的解释引起足够的关注，中华民俗文化丰富多样，不应该留给留学生单一而片面的认知观，对中国传统节日的文化认识片面化、肤浅化。

此外，分别对日本留学生的5个传统节日的39项特色民俗活动认知频率按从高到低排列情况如下。从图3-17可见，日本留学生认知频率高于

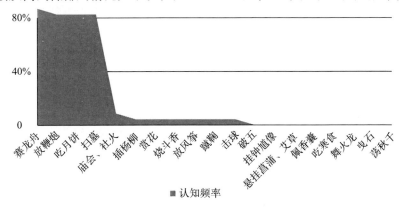

图3-17　日本留学生对中国传统节日民俗活动的认知情况

80%的有 4 项，低于 10%的有 5 项，居于首位的是端午节——赛龙舟，在其他三项中，有一项是关于春节的放鞭炮（82.61%），另外两项是关于中秋节的吃月饼（82.61%）和清明节的扫墓（82.61%）。

认知频率近乎 0 的是以下几个传统节日习俗：春节的破五，端午节的挂钟馗像、悬挂菖蒲和艾草、荡秋千、佩香囊，清明节的吃寒食，中秋节的舞火龙和曳石。其他传统节日认知频率低于 10%的有春节的庙会、社火（8.70%），清明节的插杨柳（4.35%）、放风筝、蹴鞠（4.35%），端午节的击球（4.35%），中秋节的赏花（4.35%）、烧斗香（4.35%）。

此外，日本留学生除了对以上四个传统节日民俗活动熟知程度超过80%以外，对传统节日的其他习俗认知情况如下：其中，日本留学生认知频率超过 70%的是中秋节的赏月，对此多数日本学生表示很熟悉，经常听说。对春节的红包压岁钱的熟知度也超过 65%，贴春联超过了 50%，这几个传统节日习俗多半比较熟悉，对他们的影响比较广泛。此外，对元宵节赏花灯习俗认知情况达到了 43.48%；吃元宵、祭祖和饮用雄黄酒的熟知度相当，都达到了 39.13%；吃年夜饭、舞龙舞狮耍社火认知度均等，都达到了 34.78%；春节习俗中的祭祖祭灶认知率为 30.43%，守岁、包饺子、吃咸蛋、吃粽子的认知率都达到了 26.09%；挂灯笼、迎财神的熟知度都达到了 21.74%；拜年和祭月的认知率均达到 17.39%；比武达到 13.04%。

由此可知，日本留学生对中国传统节日习俗的整体认知水平较好，印象较深的是端午节的赛龙舟、春节的放鞭炮、中秋节的吃月饼和清明节的扫墓；认知程度处于中上水平的是赏月、红包和春联；大部分传统节日习俗认知频率仍处于中下程度。依然有待于提升留学生对中国传统节日的认知水平，提升中国传统文化的影响力，加深他们对中国传统节日的体验和印象，提升他们对中国传统文化的认知度和认可度。

从图 3-18 可见，韩国留学生认知频率高于 70%的有 1 项，高于 60%的有 2 项，高于 50%的有 2 项，低于 10%的有 10 项，居于首位的是春节——给晚辈压岁钱，其他 5 项高频率习俗认知分别为春节的包饺子（62.86%）、放鞭炮（54.29%）、吃年夜饭、团圆饭（51.43%），元宵节的吃元宵（62.86%），中秋节的赏月（51.43%）。

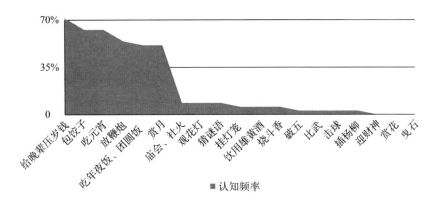

图 3 - 18　韩国留学生对中国传统节日民俗活动的认知情况

认知频率最低的是春节的迎财神、中秋节的赏花和曳石，没有 1 人知晓，认知率为 0。其他传统节日认知频率低于 10% 的有春节的庙会、社火（8.57%）、挂灯笼（5.71%）、破五（2.86%），元宵节的观花灯、猜谜语各占（8.57%），清明节的插杨柳（2.86%），端午节的饮用雄黄酒（5.71%）、比武、击球各占（2.86%），中秋节的烧斗香（5.71%）。

此外，韩国留学生除了对以上五个传统节日民俗活动熟知程度超过 50% 以外，对传统节日的其他习俗认知情况如下：其中，韩国留学生认知频率超过 40% 的是端午节的吃咸蛋和粽子、元宵节的舞龙舞狮、耍社火，其中韩国留学生对端午节吃粽子和咸蛋的习俗熟知程度较高，达到了 48.57%，对元宵节舞龙舞狮、耍社火的熟知度达到 42.86%；这几个传统节日习俗多半比较熟悉，对他们的影响比较广泛。对守岁、赛龙舟、祭祖、吃寒食的熟知度均超过 34%，其次，对祭祖、祭灶、放风筝、蹴鞠的认知情况达到了 28.57%；荡秋千和舞火龙的认知率均达到 25.71%；贴对联、踏青和祭月的认知率均达到且超过 20%；佩香囊的熟知度达到了 17.14%；卖兔儿爷认知率 11.43%。

由此可知，韩国留学生对中国传统节日习俗的整体认知水平较好、印象较深的是春节的红包、包饺子、放鞭炮和吃年夜饭，元宵节的吃汤圆和中秋节的赏月；认知程度处于中上水平的是吃咸蛋、粽子和舞龙、舞狮、耍社火；大部分传统节日习俗认知频率仍处于中下程度。韩国学生对中国传统节日习俗整体认知程度较好的学生比日本人数少，日本留学生对中国传统节日认知程度较高的人数较韩国多，日本学生认知率较高程度的超过了80%，而韩国认知率较高程度仅超过70%。

个案1：日本籍交换生野泽大辅，日本在跨年之前会吃荞麦面，希望生命像荞麦面一样虽然细但是很长。日本春节不会吃饺子，吃一种叫"杂煮"的年糕汤，然后会去庙里祭拜祖先。更喜欢端午节的粽子，中秋节的月饼，中国和日本的春节都会拿红包，日本的红包是白色的。不理解中国春节为什么要放鞭炮，太吵了，更喜欢日本的春节，因为节日气氛很浓厚，还是更喜欢日本的春节里的节日特色，日本在跨年的时候会吃料理（很大很丰盛），日本的元旦具有特色能够体现本国文化，祭拜表达对过去一年的总结以及对新年的展望。

个案2：日本籍交换生平野，在他眼中的中国的春节应该是农历的新年，全家人团聚在一起吃年夜饭，会祭拜，不太理解过年放鞭炮，想进一步了解更多详细的部分，觉得日本传统节日做得比较好的还是元旦，小孩子会拿到红包，日本新年时会吃荞麦面，有祝福和带来好运的含义，新年时也会吃汤圆，认为中国的春节做得比较好，不理解为什么中国春节要放鞭炮，不知道是为了赶走叫作"年"的鬼怪才放鞭炮，也不理解中国春节很多习俗为什么有驱邪的意思。只知道日本的春节是为了迎接神的降临，带来福气，觉得中国春节放鞭炮会对环境造成一定影响。对中秋节的习俗不太了解，希望进一步了解，也想知道中秋节为什么要吃月饼。

个案3：日本籍大学生前田，知道中国的传统节日春节会有放鞭炮、穿红色的衣服、包红包这些习俗，但为什么中国的春节会放鞭炮不理解，在日本现在不太重视这个节日，很久以前日本有中秋节赏月的习俗，但是现在大家都很忙，慢慢淡化了这个习俗。个人认为日本过年的正月在传统节日传承方面比较好的，日本在正月的时候大家都会回自己的家，然后聚在一起，日本正月里有些有信仰的人家会在家门前面会放一个中间有竹子周围有松树的叶子，借助绳子把松、竹、梅扎起来的装饰物，叫作"门松"的东西，有"插上松枝等待神灵降临"的意思，这个寓意会带来好运。

在日本"大晦日"和中国除夕那天意义差不多，日本除夕12月31日那天也有清扫房子，驱除"晦气"的意思。除夕那一天晚上，很多寺庙有敲钟108下，赶走一些不太好的运气，对神灵祈祷接下来一年，许下祝愿。在过年之后，日本的百货公司会发放福袋，福袋里面会有服装、吃的、化妆品等，因为福袋里面的这些东西是打折的，所以买的人会很多，商场会用这种打折的方式鼓励顾客去买，平常买的时候会很贵，那时买会比较便宜。

日本的端午节还具有庆祝男孩子成长的含义，端午节在日本会悬挂鲤鱼旗，看起来很美观，对于日本端午节延续传统文化方面的这个鲤鱼旗印象很深，但是日本的端午节在传承方面还不是很好，过这个节日的人越来越少，中秋节也是。因为中秋节的时候会有同学送自己月饼，也知道中国人过中秋节有吃月饼的习俗，但是不理解为什么中秋节大家都会吃月饼，所以想了解。知道中国清明节时，大家都会怀念祖先去扫墓。

还有日本留学生在深入访谈关于"你觉得你们国家的春节和中国的传统节日春节里的一些习俗或者有特色的吉祥物、服饰礼品等方面，有哪些做的感觉比中国更好，或者值得中国借鉴之处？"这个问题时，表示日本春节里的"门松"很有特色，有祈求神带来好运和福气的意思，而且日本在过年的时候商场卖的一些礼品"福袋"，里面会有各种比较好的比平时买便宜很多的生活用品，这一点确实值得我们反思，现在中国的春节期间，东西反而更贵了，给民众带来了购物的压力。

但是，还是由日本留学生表示现在日本对于传统节日的重视程度越来越淡化，大部分人基本一年里也不过什么节日，都是利用假日休息或者忙自己的事情，除了1月1日那一天的春节，也就是日本的正月，仍然对大多数人意义重大，认为日本在传统节日传承和重视程度上不如中国，家庭之间的亲情和人与人之间的人情味也比较淡薄。

个案4：日本籍大学生松本早智，知道中秋节的习俗有赏月，那个时候月亮很圆，对于中秋节在月圆之日亲人要团圆不知道，想知道为什么会有中秋节这个节日。不理解龙为什么会与端午节联系到一起，中秋节的时候同学告诉自己关于中秋节的一些习俗，希望和中国朋友一起体验传统节日。

日本中秋节也有赏月的习俗，但是现在不太重要，日本中秋节时，芒草、胡枝子、黄花龙芽等秋草这类植物会插在花瓶里，表示对神的邀请和感谢，向神祈祷丰收，在日本大概十一月收获稻米，所以还没有到那个时节，祈祷到时能够收获，日本中秋节会吃汤圆，月饼有甜咸混合的，而汤圆是单独的，这一点还是比较喜欢单独口味的汤圆，中国的中秋节气氛更浓，会有假日，大家都会有共同的习俗，但是在日本不一样，没有假日，也不是每个人都会有共同的习俗。日本中秋节赏月具体有什么含义，是不是和中国有一样的含义不太清楚。

个案5：日本籍交换生圣美，知道春节吃饺子，清明节扫墓，端午节划龙舟，日本在春节时会有一种像便当的盒子包装的各种精美的食物，有吉祥的意思，认为很有美感，比较有特色，觉得中国在春节时放鞭炮有点影响环境，不能理解。

中国春节主要记住的是贴春联，红包，放鞭炮，知道贴春联是福气好的意思，也会有压岁钱，也是去看望老人，老人会给红包的，中秋节吃月饼、赏月，讲嫦娥的故事，吃月饼应该是像月亮一样圆圆的，但是对团圆的含义不是很清楚，对春节"年"的神话故事不是很清楚，对端午节屈原的典故不是很了解，不清楚为什么要吃粽子，但是比较感兴趣，对于中国传统节日与日本的区别没有考虑过，也想了解中国的文化。

个案6：日本籍大学生长森英美，对中秋节的月饼和玉兔印象最深，比较喜欢中国的中秋节的一些有节日特色东西，日本在中秋节也会赏月，吃一种日语叫 moqi（白色的糯米团）的食物，日本以前也有赏月的习俗，据说月亮里面有兔子之类的，我们在那边也学过中国中秋节要吃月饼之类的习俗，日本是不吃月饼的，在日本中秋节也没有特别做什么事，但是中国会吃月饼，这个有一定的文化内涵，就是家人团聚的意思。

知道中国的春节会放鞭炮、贴春联、祭拜祖先、不能理解放鞭炮，我听说放鞭炮有驱灾辟邪的意思，感觉放鞭炮在跨年的时候，会有打扰一些人的休息，初来台湾的时候，跨年的鞭炮给我带来一点惊吓，不知道发生了什么，觉得对环境也会带来一些影响。中国在春节祭拜祖先时点的香很长，而日本很短，想知道为什么。清明节主要是祭拜祖先。

给我印象最深的是日本在传统节日方面做得比较好的是中秋节的礼物，中秋节我们那边大概是夏天的时候，日本中秋节会送礼，可以是吃的也可以是别的，主要是表达心意，我觉得这是和中国的中秋节不一样的地方，因为中秋节在中国主要是和家人团聚，和我们日本学生没关系，主要是一些在公司或者上班的人在中秋节之后会互赠礼品，因为平时光顾着忙，没时间表达对同事亲友彼此的关爱和感谢。

我们春节是 1 月 1 日，会吃 osaiji，是一种只有新年时候才吃的在一个一个小格子装的不同菜肴，每一种菜肴都有它的意思，比如其中一格这个里面是有 moqi 就是糯米做的，还有青菜，这个青菜日文读 na 或者 ming，有"拿自己的名字"的意思，有"变得有名"的意思，这些不同格子的菜肴总的表达有福气、身体健康之类的意思，每一格菜肴代表的心愿都不同，祝福也不同。这个感觉比中国的菜肴更有寓意，每一种菜肴都赋予了一种心愿。这个是和家人一起在家吃的，感觉这样很有美感，而且可以跟大家一起吃，有分享的寓意。

知道中国的端午节有吃粽子、赛龙舟的习俗，日本的端午节是对男孩子的成人礼，对端午节了解的还是没有中秋节多，比较想知道在端午节为什么要吃粽子、赛龙舟。

在问到"给你印象最深的那个中国传统节日给你的印象是什么？有什么不理解的内容吗？"时，会有日本学生对于春节的鞭炮不能理解，认为会很吵，污染环境等，也不理解放鞭炮有驱邪的含义，很多留学生对春节里"年"这个怪兽的传说没有听过，因而不理解这个习俗的来历和原因。这一点根据文献了解到，日本的春节是不放鞭炮的，日本的春节讲究肃穆宁静地迎接年神的到来，祈求年神可以带来福气，由此可以理解，这是由于两国之间的传统文化的差异引发的理解上的偏差。还有些学生不理解龙为什么会与端午节联系到一起。

个案 7：韩国大学生郑多彬，不知道在春节为什么要吃饺子，春节的红包用红色应该是喜庆的意思，韩国也会有压岁钱，但不包在红包里，也是去看望老人，老人给的，中秋节吃月饼、赏月，讲嫦娥的故事，不清楚为什么要在那一天赏月，认为春节最能体现中国特色的是鞭炮和吃饺子。

韩国虽然和中国一样都有名字一样的传统节日，但是在韩国每一个传统节日的含义和中国还是有很大差别，形式、习俗、意思都不一样，韩国的中秋节会吃年糕，祈求一年的丰收，韩国会把年糕做成圆的形状，小小的很多，意思就是丰收。韩国的端午节主要有祈祷丰收的含义，洗头发用菖蒲叶子煮的水，韩国的簪子的颜色就是菖蒲本身的颜色，有驱邪的含义，做圆形的年糕会用特别的材料，比如说我们吃的红豆粥可以让坏的东西驱除，端午节会吃圆形的年糕，在韩国端午节会比别的节日更热闹一点。

个案 8：韩国大学生李承熹，中国春节有守夜的习俗，中国人会在一起看联欢晚会，在韩国春节的时候会吃年糕，春节或者中秋节时好久不见家人亲戚之间要施礼，大人也会给孩子一些钱。很多人认为放鞭炮对环境不好，但是我认为这是一种中国特有的节日的习俗或者文化，我知道中国春节要把福字倒着贴，意思是福到，春节的红包应该是好运的含义，听说中国春节有放鞭炮的习俗，是为了驱鬼，在中国春节是最冷的时候，韩国春节的时候会吃红豆，然后也有祭拜，这一点和中国有相似的文化，也有驱鬼辟邪的文化。

对中秋节的一些习俗只是听过名字，不太清楚为什么会有那些习俗，在中秋节时，也收到了台湾同学送给自己的柚子，想知道端午节的粽子为什么要包成那种三棱的形状。

在端午节的习俗上，会更喜欢韩国的端午节习俗，因为自己习惯了那种方式。最熟悉韩国的春节，韩国在春节时候吃的年糕汤会有多长一岁的意思，韩国人春节一定会吃这个，觉得这个在韩国的春节吃的东西里面比较有特色。农历 1 月 1 日的早晨，在太阳升起来之前有看日出的习俗，有告别旧的过去，迎接新的希望，定下新的目标的含义。

由此可见，年糕汤对韩国春节的重要意义，每个人吃了年糕汤才可以长一岁，而观日出又有辞旧迎新的寓意。但是在问到对中国传统节日中的哪些民俗活动不理解这个问题时，还是有一些同学不理解端午节的粽子的形状，也有同学知道中国的中秋节要赏月，但是不理解为什么在那一天赏月，认为第二天的月亮更圆，不知道为什么不在第二天赏月。

但是由于韩国的一些传统节日也有驱除邪气的含义，所以基本上大部分韩国学生可以理解春节放鞭炮这个习俗的驱邪的含义。

个案9：韩国交换生郑有璟，春节的饺子韩国也会有，因此对饺子很熟悉，在韩国还有年糕汤，更喜欢年糕汤，因为已经习惯觉得很适应，喜欢中秋节的月饼，对于中国传统节日的气氛相比韩国来说还是更热闹，活动也更多，但是还是觉得活动多了会很累，活动相对少一点会更好，而且对于中国的过年发红包很不理解，包括守夜，觉得很累，不能理解中国人为什么有守夜的传统习俗。韩国的春节更重视年初一，很多重要的祭祀扫墓活动都会在年初一进行。

在韩国红包是白色的纸包着的，可能和很早以前韩国有白衣士这个有关，还有韩国的国家象征的颜色也是白色。

韩国中秋节的时候会吃像月牙儿一样各色用米糕做成的松饼，有希望越来越美好成为满月的意思，也会用松饼祭祀祖先，会扫墓。

还有一些韩国留学生觉得中国的春节活动很多，还要守夜，实在很累，不理解中国人为什么这样，而且对发红包的寓意也不理解。

个案10：韩国交换生尹熙妍，知道中国人过春节的时候大家都在一起放鞭炮、吃年夜饭，还会看联欢晚会，12点的时候会煮饺子吃，红灯笼也会在春节里挂，中秋是吃月饼赏月，端午节是吃粽子、划龙舟，元宵节是吃汤圆，清明节上坟祭祀。元宵节的习俗除了吃汤圆还有什么其他习俗不清楚并且想了解，在韩国虽然春节是过年，但是中秋也相当于过年，是一个比较大的节日，会祭祖，个人觉得就这一点来说比中国的中秋节更有意义。

韩国的春节不会放鞭炮，也没有中国的春节那么热闹，中国的春节很热闹，街上也会看到人，节日气氛比较浓厚，韩国春节大家在家过年，气氛还好一般般，不是很热闹，街上人也蛮少的。我还是更喜欢放鞭炮，虽然会污染环境，但是放鞭炮有那种节日气氛，还是比较喜欢中国的传统节日，因为在中国生活过一段时间，对这些中国传统节日比较了解。因为母亲是中国人，所以平时在韩国过节也没有什么特殊的，还是和往常一样。

韩国春节吃年糕汤。玩一种叫"花牌"的游戏，端午节时会有表演节目，荡秋千，以前的韩国人会在重大节日穿韩服，现在不会了，韩国人很重视春节，春节的饭菜都是韩国媳妇准备的，认为这点不好，觉得中国的年夜饭大家一起做比较好，这样可以让全家关系更融洽。中国的端午节是为了纪念屈原，韩国的端午节是为了在 5 月 5 日阳气最重的那一天大家聚在一起过这个节日，韩国的端午节表演很有特色，中国只有划龙舟，应该加上中国传统舞蹈可能会更有中国传统文化特色。

总体来看，韩国留学生对传统节日习俗认知情况整体趋势比较平稳，认知程度低的传统节日习俗也有 1 ~ 2 人知晓，日本留学生对传统节日习俗认知状况整体趋势起伏变化大，认知程度低的传统节日习俗几乎无人知晓。依然有待于提升留学生对中国传统节日的认知水平，提升中国传统文化的影响力，加深他们对中国传统节日的体验和印象，提升他们对中国传统文化的认知度和认可度。

3.2.4　传统节日民间信仰

传统节日民间信仰可以说是对传统节日认知的另一个重要的维度，因此，通过考察日韩留学生对中国传统节日民间信仰的认知情况很有必要，也很有意义，可以由此看出留学生对中国传统文化内涵和民俗意义不一样的理解和认识，同时也可以透过留学生对传统节日典故或者成语的认知程度了解留学生的汉语水平，进而分析对中国传统文化的兴趣。

本文首先以"根据你对中国传统节日神话起源和民间信仰的了解，选择每个传统节日相对应的典故"为题围绕以下三个传统节日对日韩留学生进行了问卷考察。图 3 - 19 为日韩籍留学生对此问题的认知情况。

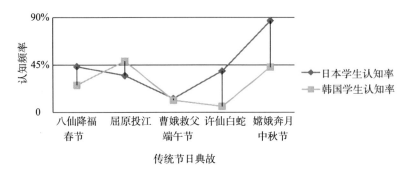

图 3 - 19　日韩留学生对传统节日典故的认知情况

由图 3 – 19 可以看出，日韩籍留学生对中国传统节日春节、端午节和中秋节的认知情况，日本学生对春节八仙降福这个民俗神话典故的认知率为 43.48%，明显高于韩国学生的认知率，此外，两国学生对中国传统节日春节相关的民俗典故"八仙降福"的熟知度都没超过 50%，尤其是韩国学生对此认知率仅有 25.71%，近乎多一半韩国学生错选与春节无关的民俗典故或直接表示不清楚该选择哪个，日本 52.18% 的学生不清楚春节的民俗典故，说明日本和韩国留学生大多数对中国传统节日春节相关的民俗典故"八仙降福"印象不深，不太能理解这个典故的寓意和内涵。

从两国留学生对端午节民俗典故熟知的总人数的比例来看，韩国 65.71% 的留学生能够正确选出与端午节相关联的民俗典故，日本 56.95% 的留学生能够正确判断出与端午节相关联的民俗典故，两国留学生对端午节民俗典故认知率都超过了 50%，说明大部分学生比较熟悉端午节相关民俗典故，但对于端午节民俗典故方面，韩国留学生比日本留学生更熟悉。但是对于端午节民俗典故"曹娥救父"和"许仙白蛇"的熟知度，日本学生熟知情况好于韩国学生，尤其是对于"许仙白蛇"这个民俗传说，日本学生的认知率达到了 39.13%，明显高出韩国学生认知率 33.42%，由此可以看出韩国学生主要对端午节的"屈原"民俗典故比较熟知，对端午节其他两个民俗传说不太了解，比较陌生。

对于传统节日中秋节的民俗传说典故"嫦娥奔月"熟知程度更高的是日本留学生，基本达到了大部分学生都熟知的程度，认知率超过 86%，而韩国学生对此认知率不足 50%，仅有 42.86%，大部分韩国学生对此没有太深的印象。

个案 1：日本籍大学生长森英美，比较好奇传统节日的民俗传说、神话故事，中国人的思维方式和生活习惯，为了能够更好地交流沟通，在日本大概有半年的时间，学中文的时候一边学中文一边学文化历史，当时是有一本书介绍中国传统文化和历史，老师会讲到中国这些传统节日，主要会介绍关于中国这些传统节日的习俗、美食等，关于传统节日的成语还是没有介绍，民俗故事典故也很少涉及，讲得没有那么深刻，对于中日两国传统节日习俗异同会有一点点介绍，但不多。

个案 2：日本籍大学生前田，听说过中秋节的嫦娥奔月，但是不清楚具体讲了什么，有什么寓意不了解。

个案3：韩国籍大学生郑多彬，对春节"年"的神话故事不是很清楚，对端午节屈原的典故不是很了解，不清楚为什么要吃粽子，吃粽子和屈原有什么关联，但是比较感兴趣。韩国虽然和中国一样都有名字一样的传统节日，但是在韩国每一个传统节日的含义和中国还是有很大差别，形式、习俗、意思都不一样，在民间故事上也和中国不一样。

个案4：韩国籍大学生李承熹，我听说过端午节屈原投江的由来，据说以前有一个名叫屈原的忠臣，他很爱国，但是投江死了，因为国王没有听他的建议，人们就把粽子投到江里纪念他，也听说过中秋节的嫦娥奔月的故事。

个案5：韩国籍交换生尹熙妍，对中国传统节日元宵节的一些传说典故不是很了解，想了解有关这方面的一些传说故事，对这些中国传统节日起源方面的典故比较了解的是端午节的屈原，屈原是春秋还是战国时期的，因为爱国，皇上把他贬谪到那个地方做官，他觉得自己的忠心爱国没办法展开抱负，所以就投江自杀了。因为他是一个好人，周围的乡亲担心他被鱼吃掉，所以包的粽子投江喂鱼。

其次，本文以"你认为中国传统节日……的……习俗体现了怎样的民间信仰和中国传统文化内涵？"为题围绕传统节日春节、元宵节、端午节、清明节和中秋节对日韩籍留学生的认知情况进行问卷调查，图3-20为日韩留学生对中国传统节日春节里"放鞭炮、贴春联"传统文化内涵的理解情况。

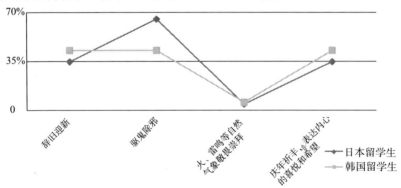

图3-20　日韩留学生对春节民俗文化内涵的认知情况

由图 3 - 20 可以看出，日本绝大多数留学生认为中国传统节日春节里"放鞭炮、贴春联"具有驱鬼除邪的民俗信仰寓意，能够将春节里的这个习俗与"辞旧迎新"和"庆年祈丰、表达内心的喜悦和对来年的希望"这两层寓意联想起来的日本学生各占 34.78%；只有很少数的一部分日本学生能够理解中国传统节日春节里"放鞭炮、贴春联"与中国人自古以来对火、雷鸣等自然气象变幻无常的敬畏之心与崇拜之情。

知晓春节这些习俗有辞旧迎新、驱鬼除邪的民俗信仰意义的韩国留学生各占 42.86%，同样仅有很小一部分韩国学生能够理解中国传统节日春节里"放鞭炮、贴春联"与中国人自古以来对火、雷鸣等自然气象变幻无常的敬畏之心与崇拜之情。

此外，由图 3 - 20 可知，日本和韩国留学生对春节里"放鞭炮、贴春联"习俗所反映的中国自古以来对火、雷鸣等自然气象的敬畏和崇拜思想熟知并理解的只有少数人，大部分学生对这个文化内涵很陌生，不知道中国传统节日春节不仅是对新一年的庆贺和美好祝愿，而且也是对过去一年的感恩。

大多数日韩留学生对中国传统节日春节的认知仅仅停留在春节热闹欢愉的气氛，而忽略或者不清楚中国的春节在某种意义上也和民俗信仰有一定联系。无论是春节里的鞭炮还是春联、年画无一不体现着人们对神、对自然气象的敬畏，希望神能够驱邪祈福。大部分学生对中国传统节日里的这层文化渊源不清楚，因而考虑不到这层传统文化内涵。

元宵节作为一年中第一个月圆之夜，元宵节的民俗起源之一就是中国汉代崇尚的星相学，认为太一星主宰人和自然万物的生命，农业的丰饶和家族人丁的兴旺，寄托人们的祝福和心愿，从此将"太初历"也就是正月十五元宵节作为对太一神的祭祀和崇拜，就有吃汤圆表达团圆和睦的寓意。图 3 - 21 为日韩留学生对中国传统节日元宵节里"闹花灯、吃汤圆"传统文化内涵的认知情况。

由图 3 - 21 可知，日本留学生对元宵节"闹花灯、吃汤圆"的民俗文化内涵理解总体比韩国留学生要好很多，尤其是对于"太一星自然天体的神崇拜"和"祈求人丁兴旺"这两个民俗信仰的理解，知晓率分别达到 21.74% 和 26.09%，与韩国留学生差异较大，对于"祈求万物滋长、农业

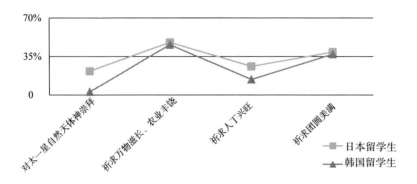

图 3 - 21　日韩留学生对元宵节民俗文化内涵认知情况

丰饶"这个层面，两国学生认知率较其他选项最高，知晓人数最多，其次对于吃汤圆表达团圆美满的文化内涵理解较多。总体来说，大部分日本和韩国留学生对元宵节民俗信仰中对自然天体的神崇拜不太了解，知道的比较少，对此方面民俗文化内涵认知还不足。

清明节作为 24 节气中与自然气象紧密联系的一个中国传统节日，清明节的每一个民俗都与传统文化要素有关，都有相对应的文化内涵和民间信仰的意义。图 3 - 22 为日韩留学生对中国传统节日清明节里主要民俗信仰和传统文化内涵的理解情况。

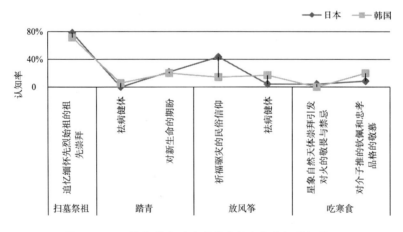

图 3 - 22　日韩留学生对清明节民俗文化内涵认知情况

由图 3 - 22 可知，两国学生对清明节民俗文化内涵的认知理解差异最大的是对于清明节放风筝的"祈福祛灾的民俗信仰"这一民俗信仰方面，日本43.48%的留学生对此表示能够理解，韩国仅有14.29%的留学生知晓这个民俗信仰；对于清明节吃寒食这个习俗的民俗信仰和文化内涵两国学生都不是很清楚，尤其对于清明节吃寒食的原因和历史典故背景都不是很清楚，韩国近20%的学生能够理解吃寒食所表达的人们对介子推的钦佩和忠孝品格的敬慕之情，日本仅有不到10%的学生能够理解这个习俗的文化内涵。对于清明节扫墓和踏青文化内涵的理解，两国学生认知程度均衡，差异不大，认知率最高的仍然是对扫墓祭祖的民俗文化内涵的理解，两国学生认知率均超过70%，日本学生对放风筝和踏青这些传统节日里的民俗运动所蕴含的健体祛病的意义，很少有学生理解。

无论是清明节的放风筝还是吃寒食、扫墓祭祖时的插柳习俗，都体现了人们自古以来对神的敬仰和对巫术的崇拜，人们期望通过放风筝带走一些病痛和烦闷，同时通过放风筝锻炼身体，寄托自己对生活和健康的美好心愿。日韩留学生大多对清明节的民俗信仰和文化内涵的理解依旧局限于缅怀先祖，寄托哀思，比较缺乏对中国传统节日内在深层次的理解和认识。

图3-23为日韩留学生对中国传统节日端午节里"吃粽子、赛龙舟、佩艾草、饮雄黄酒"传统文化内涵的理解情况。

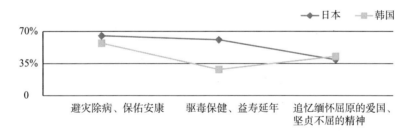

图3-23 日韩留学生对端午节民俗文化内涵的认知情况

由图3-23可知，日韩留学生对端午节"吃粽子、赛龙舟、佩艾草、饮雄黄酒"等民俗文化内涵知晓率最高的是端午节保健、避灾祛病功效方面文化内涵的理解，两国学生认知差异最大的是对端午节饮雄黄酒来驱毒保健、延年益寿的民俗文化内涵的理解，日本留学生对此理解程度高于韩国学生，差异为32%，说明韩国学生对此民俗文化内涵不太清楚，在追忆缅怀爱国诗人屈原坚贞不屈的精神方面，两国留学生认知率都不高，只有少一半人清楚这层文化内涵。由此可见，日韩留学生对端午节的驱灾辟邪和对健康祝福方面熟知度比较高，但是对进一步深入端午节的精神文化内涵层面的理解和认识还很不足。

由于祭月、赏月和月饼是中秋节的三大比较有特色的民俗文化，因而本文选取这三个主要特色民俗考察日韩留学生对中秋节民俗信仰和传统文化内涵的理解。图3－24为日韩留学生对中国传统节日中秋节里"祭月、赏月、吃月饼"等民俗信仰和传统文化内涵的理解情况。

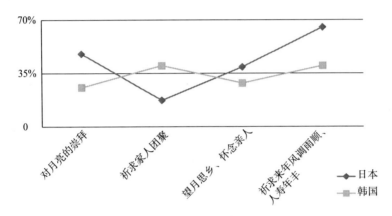

图3－24　日韩留学生对中秋节民俗文化内涵认知情况

由图3－24可知，日韩留学生对中秋节"祭月、赏月、吃月饼"民俗文化内涵的认知率差异最大的是"祈求家人团聚"层面的认知，韩国高于日本22.61%；其次为"对月亮的崇拜"层面民俗信仰的认知，日本高于韩国22.12%；"祈求来年风调雨顺、人寿年丰"文化内涵层面的理解，日本高于韩国20.22%；对民俗信仰文化内涵认知差异最小的是"望月思乡、怀念亲人"。由此可见，两国学生对中秋节三个比较有特色的民俗活动所蕴含的传统文化内涵熟知度差不多的依旧是"望月思乡"，其余层面的文化内涵认知差异比较大。

3.3　中国传统节日起源认知

任东权先生曾把民俗学、一个国家的传统节日比作解决问题的钥匙，这把钥匙可以跨越民族、地域和空间的局限，而同处于东亚文化圈的这些传统节日，充分体现出一个民族的文化内涵和思维方式，唯有传统节日及传统节日中的民俗可以最真实地反映这一切，因为它与一个民族的心理文化变迁紧密联系在一起，因此，了解同处于东亚文化圈的日本和韩国对中国传统节日起源的认知情况至关重要，可以带给本民族对传统节日新的反思和启示。

作为同一东亚文化圈的邻邦国家日本和韩国，也有与中国文化内涵相近、形式不一的传统节日，因此考察日本籍留学生怎样看待理解同源传统节日的起源和发展很有必要，也是日韩籍留学生看待中国传统节日认知环节的关键一部分，本文对这一部分内容借助文献考察和访谈的研究形式进行了解。以下主要针对中日同源传统节日和中韩同源传统节日相关文献资料，结合访谈的实际情况对日韩籍留学生对中国这5个主要传统节日起源的认知进行浅析。

3.3.1 中日同源传统节日

中日同处一个文化圈，传统节日的文化内涵基本相同，日本的传统节日文化很大程度上受到中国传统文化的影响，在日本汉学家内藤湖南看来，如果日本文化原先是豆浆，但还是需要将中国的文化作为凝固的力量，才能将豆浆转化为豆腐，由此可以看出中国文化对日本的影响力以及彼此的密切联系。日本文化在中国文化的基础上，结合本民族文化和地域特色，吸纳、融合、转换，由绳文、弥生、古坟文化，飞鸟、白凤文化，奈良天平文化，平安文化，镰仓武士文化，室町文化，安土桃山文化，逐渐向江户文化的发展演变，逐渐形成今天日本特色的文化。

文化如此，传统节日亦如此，日本的传统节日文化也在与中国传统节日文化交融过程中逐渐形成具有自己本民族特色和价值观的日本传统节日。对日本来说，一年之中两个最具有意义、引起人们重视的传统节日之一就是春节，春节这个传统节日也是中国一年中盛大而隆重的节日。

早在先秦时期，中国的传统节日春节的习俗产生，魏晋时期是年节的习俗形成的中期，这一阶段的年节的习俗较先秦时期有了相对的完善，汉代逐渐产生燃放爆竹的习俗。唐宋时段成为年节习俗形成期，这一时期的年节习俗已经基本接近当代中国的春节习俗，其中挂年画、贴春联、拜年、庆赏元宵等重要民俗也是在此时期产生。

据文献考证，夏朝之前中国只存在"年"的定义，也是根据那个时期农业耕作原因而得名，由于那时农作物收成率、存活率低，不能反复耕作，只能依赖一年一熟，因此，古时的中国人都有在收获农作物之后、来年初春耕作前对神进行感谢和祈祷，期望新一年能够继续收获果实。中国最早的春节由此而来。最初"元旦"即春节，农历的正月初一，"春节"一词真正产生是在清朝乾隆年间，"元旦"是在中华民国成立时才正式与"春节"在时间和名称上有一定意义的区分，公历的 1 月 1 日称为"元旦"，"春节"为农历的新年，而由于当时社会没有形成一个统一稳定的格局，1949 年建国之后，现代意义的"春节"才真正为民众熟知。

中国的春节习俗真正传入日本是在中国唐宋时期，当时的日本处于平安时代，盛行平安文化，中国的历法也是在同一时期被日本吸纳，自此日本沿用中国过春节的民俗欢庆新年，中国传统节日春节的一些民俗文化内涵也是在那一时期被日本借鉴沿用，产生了具有日本特色的"春节"——正月。

中国的这几个主要传统节日基本起源于先秦时期，秦汉至清代是中古岁时节日体系的形成发展期，端午节、中秋节、元宵节、清明节也不例外。从文献记载中了解到，中国传统节日端午节的习俗早在中世纪初已传入日本，古天皇时期（593—628）的日本，但也有资料对中国传统节日端午节传入日本的准确时间表示质疑，有可能端午节实际传入日本的时间早于文献所记载的时间。最早的端午节习俗仅限于日本的贵族阶层，在江户时代才慢慢传入平民生活中。

直到第二次世界大战结束之后，日本将法定的 5 月 5 日端午节改为庆祝男孩子成长的儿童节，给端午节添加了具有日本民族特色文化的另外一些内涵和定义，在形式上和中国端午节有所不同，但在端午核心文化意义上都是相同的。

中秋节最早在中国唐朝时期传入日本，那时日本处于平安时期（794—1192），中秋节赏月的习俗也随之传入日本贵族阶层，直到日本室町时代相继出现了祭月的习俗，日本和中国的中秋节都具有共同的寓意，即团圆美满，只是形式和习俗略有变化。

个案 1：日本籍交换生野泽大辅，认为春节和端午节应该一起源于中国的，因为中国的历史比较悠久，其他传统节日的起源不清楚。

个案2：日本籍交换生平野，个人觉得在世界上有华人的地方都会有元宵节，比如中国、马来西亚、新加坡、印尼等，个人认为元宵节最早产生于马来西亚的华人，原来一个同学是马来西亚的华人（中国人）说元宵节最早是产生于马来西亚，元宵节很多习俗都和中国一样。端午节最早产生于中国或日本，应该是中国先产生的吧，韩国和日本很早以前在元代受到中国文化的影响，春节、中秋节应该都是中国产生出来的。

在谈到关于传统节日起源演变的问题时，很多日本留学生不清楚，但也有日本留学生对于端午节的起源最初产生于日本还是中国表示怀疑，从马来西亚的华人朋友那里介绍了解后认为，元宵节最早还是产生于马来西亚。

个案3：日本籍大学生前田，对这些传统节日的起源不了解或者了解很少，但还是有兴趣希望多了解这些传统节日的起源，主要想了解一些关于中国人与家人的关系，因为日本人和中国人比起来孝顺程度不如中国人，而且没有中国人那么尊敬父母，认为日本人只有讲礼貌而已，觉得日本亲人之间的关系不紧密，亲人之间的气氛也没有中国浓厚，因为日本人工作很忙，只有正月的时候回自己家，经济发展起来后人们越来越忽视亲情。对于中国的文化还有思维方式也有考虑过了解，但最想了解的还是中国人的人际关系。清明节大部分中国人都会怀念祖先并去扫墓，对于起源不了解，听说过中秋节的嫦娥奔月，没有考虑过这些传统节日具体产生于哪一个国家。

还有一些日本留学生不了解这些传统节日的起源，但是很想了解中国人与家人之间的关系，认为日本亲人之间的关系不紧密，节日气氛不如中国浓厚，人与人之间忙于公务，忽视了亲情和传统节日。

个案4：日本籍大学生松本早智，想知道为什么会有中秋节，觉得中秋节最早还是中国先产生的，因为在日本学校学历史的时候，课上了解到日本以前很多的房子、建筑都会沿用中国的风格，中国的历史很长，对日本的影响很深。

个案5：日本籍大学生长森英美，因为中国历史比较悠久，觉得日本的中秋节就是从中国传过来的，所以本来就是中国的传统文化，中秋节应该是中国发源的，我们在日本有学中国的历史，这个有很多典故和神话故事上是相同的，而且很久以前，日本和中国有很多交流的团体，日本的一些宗教人士去中国取经，不仅是文化还有宗教的思想，还有瓷器、玉器等，再传回日本，我们春节的起源没想过，端午节的习俗感觉有点不一样，各个国家都有不同的习俗，应该还是中国最先发源的。感觉日本的端午节还是和中国有一点不一样，祝福方式，对于其他节日的起源不太清楚，没有关注。

当然也有很多日本籍留学生虽然对中国传统节日历史演变和起源没多关注，但还是根据自己在日本学中文时，了解到的中国历史、宗教思想、瓷器、玉以及日本现有的中国古代风格的建筑等方面，客观地承认日本在传统节日以及民俗文化方面很多都受到中国古代的影响，虽然这些传统节日起源于中国，但也认为日本现代的这些传统节日还是和中国有一定的区别，无论是祝福形式还是仪式。

3.3.2 中韩同源传统节日

韩中两国都处于东亚文化圈，尤其是韩国最早深受中国汉字文化的影响，因而根据文献了解，韩国的很多传统节日都与中国密不可分，或者说韩国传统节日都可以在中国找到它的前身，进而不断糅合了具有韩民族自身特色和地域特色，赋予了韩国自身传统节日自己的文化内涵。

秋夕、春节、寒食和端午这四个传统节日是韩国最重要的传统节日，尤其是春节和秋夕对韩国民众来说，更有意义，也是大部分韩国人普遍重视的传统节日，韩国秋夕相当于中国传统节日中秋节，不同于中国的中秋节，韩国的秋夕除了具有家人团圆的意义，还具有祭祀祖先的意义，相比春节，韩国人更重视秋夕，秋夕在韩国人心目中占据很重要的地位。

目前，国内和韩国关注传统岁时节日的文献不多，韩国关注秋夕的文献比较多，说明秋夕作为韩国传统节日的重要性，此外，自韩国江陵端午祭申遗成功后，国内越来越多的学者渐渐意识到中国传统节日端午节的文化内涵延续和申遗问题，但也仅停留在对端午节的重视，对其他传统节日的重视和认知程度还不够。

1145 年，金富轼的《三国史记》是韩国对秋夕最早的记载，还有一部重要记载韩国秋夕的著作出自日本僧人圆仁，即《入唐求法巡礼行记》，这部书说明了山东在唐朝时期与朝鲜密切通商往来，因此在朝鲜半岛遗留下唐朝当时一些传统节日习俗和文化，进而与当地民族文化交融，形成了今天韩国民族具有自身特色的秋夕传统节日文化。韩国学者认为中国早在唐朝时期，把八月十五叫作"中秋"或"月夕"，当时被在山东的新罗人简称为"秋夕"，直到韩国高丽时代才把"秋夕"作为韩国的中秋节名称。朝鲜时代之后，韩国正式把秋夕、春节、寒食和端午纳入最受关注的韩国传统节日。

根据《东国岁时记》所记载，新罗时代的人们就已经把 5 月 5 日作为端午节，在公元前 3 世纪—1 世纪，韩国又赋予了端午节向神祈求丰收的寓意，三韩时代相当于中国的秦汉时期就已经有端午祭祀的习俗，朝鲜中宗李怿把春节、端午和中秋正式定义为韩民族的三大节日是在 1518 年。❶

学者钟敬文在《东国岁时记》中说明了中国和韩国在传统节日民俗上有很多联系，息息相关。中国传统节日基本在先秦时期产生，经过魏晋南北朝演变，隋唐两宋成熟。同处于东亚文化圈的中国、日本和韩国之所以会有类似的传统节日，主要原因是都采用相似的时间历法，对时间有共同的感知，中国古代的历法早在三国时期就传入朝鲜半岛，隋唐时期，该地区进一步发展沿用，由此可见，当时春节等传统节日已经随着历法传入朝鲜半岛。

同样，上古时期的日本还未形成文字，只有依靠简单的日月和物候自然变化判断时间，直到中国的历法传入日本才继续沿用。其次，东亚文化圈之间具有相似的文化基础，往来频繁，都是农耕文明的国家，因而对传统节气文化有共识的认知，中国作为最早进入农耕文明的国家，直到唐朝文化进入繁盛时期，经济及各方面的发展都超越东亚文化圈其他国家，因而唐朝周边的其他国家文化也会有意识地吸纳借鉴中国的传统文化。

个案 1：韩国籍大学生郑多彬，关于韩国江陵端午祭的事没大关注，

---

❶ 王鹏：《中韩端午节俗异同考》，《东疆学报》，2009 年第 9 期。

但是知道韩国只有一个地方在端午节有特别的习俗，江陵的端午节最隆重，但是不太清楚这个传统节日产生于哪个国家，也没大关注这个问题。

由此可以看出，像此类在访谈中对韩国江陵端午祭申遗这件事没关注的韩国学生，占相当一部分比例，很多留学生对自己本国的传统节日甚至也不是很了解，甚至缺乏兴趣。

个案2：韩国籍大学生李承熹，韩国人觉得这些与中国相同的传统节日，虽然日期都一样，每个节日内容差不多，但是过的方式都不一样，每个传统节日的由来也不一样。端午节是中国传统的纪念屈原的节日，中秋节是中国传统的嫦娥奔月的故事，这些传统节日的意义和韩国都不一样，认为端午节是在韩国最先产生的，因为韩国的端午节的意思是阳气很大的日子，所以会有祭拜祖先，祭拜神，一起吃东西，一起玩，感觉很快乐，虽然端午节韩国和中国有一样的名字，但是有不一样的内容，对于中国的端午节，我只知道有屈原的典故，但是我觉得不是哪一国的传统节日传入哪一国，本身不同国家就有不同文化，各自有不同的节日，意义也不一样，中国是中国的，韩国是韩国的。

春节农历1月1日和中秋节是每个国家都很重要的日子，因为我们是同样的文化圈，所以同样1月1日是我们都认为的好日子，韩国的中秋节会有很大的米糕还有水果，感谢我们的爷爷，然后祭拜。

现在韩国很多传统节日都不一定是所有人都会过，现在春节和中秋节是作为法定假日的，很多人会出国自由旅行，有些人会在家休息，还有人去见其他的人，多半会把这些传统节日作为休息的假日。对于江陵端午祭申遗这个问题，我认为中国是中国的端午节，韩国是韩国的端午节，意义是不一样的，各自代表的不一样，想法也不一样，方式也会不一样，韩国和中国没有各自模仿，有各自的方式，我也听说了我们当时申遗端午节的时候，中国大多数人很生气，韩国以前用的是汉字，现在是韩文，所以端午节的名字还是用的是以前的汉字，所以名字和中国是一样的，所以韩国的端午节是在韩文产生以前就已经有了，所以端午节的申遗只是让大部分韩国人别忘记这个节日，别忘记这是我们的文化，中国和韩国比较近，之间的影响会比较大，日本也一样，所以会有很多一样的文化，但是中国是一个比较大而且历史很悠久的国家，所以中国的文化也会影响到周边的其他国家。

也存在少部分韩国学生认为韩国的端午节和中国的端午节在内容和形式上完全不一样，不同国家不同民族有不同的方式，所以对端午节具体是哪一国发源产生的这类问题表示回避，认为韩国的端午祭申遗无可厚非，各自有各自的文化，端午节也有不同内涵。的确，韩国的端午祭不同于中国的端午节，无论是时间、祭祀的对象，还是内容上都不同于中国，中国的端午节仅仅是5月5日那一天，韩国江陵端午祭持续一个月之久，祭祀对象是山神，而非龙王、屈原，韩国的端午祭习俗活动主要侧重于娱乐健身，没有纪念屈原的成分。

个案3：韩国籍交换生郑有璟，对这些传统节日的起源也不是很了解，没怎么考虑过要了解这些传统节日的起源，兴趣不是很浓厚，在韩国，有些地方会过端午节，有些地方不过，有些地方传统节日气氛很浓厚，有些地方没有，有些人会过，有些人也不过，因而不是每个节日每个人都记得它的时间，也不是每个人都会过端午节。此外，想了解元宵节的起源，因为对这个传统节日不怎么熟悉，想知道这个传统节日的来历。

个案4：韩国籍交换生尹熙妍，我觉得端午节应该算是中国的一个传统节日吧，毕竟这个传统节日已经有很长的时间了，而且中国的历史也比较久，这个传统节日中国应该是先于韩国和日本，因为屈原是春秋战国时期的，那个时期好像是没有韩国和日本的出现，因为我前几个星期有做过有关中国、韩国和日本的陶瓷方面的报告，了解到中国有五千多年的历史，早于韩国和日本的历史，应该春秋战国时期韩国和日本是不存在的吧，如果存在也是还未形成统一的小国家，中文系讲的都是和中国文化方面有关的东西，很少会涉及韩国传统节日起源方面的知识，平时关注这些的也不多。

3.4 小结

根据以上的文献了解和访谈进一步深入传统节日起源相关的问题，

不同的访谈对象有不同的见解，也会从不同的角度对韩国端午祭申遗这一点进行分析解释，但是毫无疑问，着眼于中国传统节日相关的中外文献考证，中国传统节日基本在先秦时期产生，经过魏晋南北朝演变，隋唐两宋成熟。由于日本和韩国与中国同处于东亚文化圈，彼此影响，唐朝时期中国与周边各国往来频繁，交流密切，因此在交流融合的过程中彼此都采用相似的时间历法，对时间有共同的感知，因而会有类似的传统节日。

就韩国江陵端午祭申遗成功这件事，不管韩国是怎么来看待这个问题，单从申请世界传统节日非物质文化遗产来看，是值得我们中国借鉴和学习的，韩国对于非物质传统文化的保护和传播优秀本国特色传统文化的敏锐辨识度，值得我们每一位中华儿女从心灵深处充分意识到传统节日所代表的深厚的民俗传统文化的重要性，民俗文化申遗对于一个民族优秀传统文化延续的价值。

我们有责任以开放包容的态度看待这一点，着眼于长远的整个东亚文化圈的传统民俗文化的维护，同一文化圈可以存在类似的节日名称、节日起源，甚至时间，但是也可以产生经过他民族借鉴融合后，产生具有本民族自身特色的同一传统节日的不同传统文化内涵，中华传统文化最初孕育而生的端午文化内涵，在产生之初，后经唐朝与周边国家交流融合，本身就具有共享性。

面对当今西方节日和文化在东亚文化圈流行的现状，在本次论文调查过程中发现，不仅是日韩留学生对中国传统节日的文化不太了解并且也缺乏兴趣，甚至对他们本国的传统节日的很多民俗文化也不了解，就连很多韩国留学生都不知晓自己国家江陵端午祭申遗成功这件事，也对此漠不关心，没有兴趣了解。由此可以看出，这不仅是一个中国传统节日民俗文化如何得以传承和保护的问题，更涉及整个东亚文化圈共有的传统节日的民俗文化如何面临西方文化冲击和挑战的问题。

作为这些传统节日最初发源的中华民族，我们有责任肩负起传统节日民俗文化在整个东亚文化圈的传承和延续的使命，及时了解大多数华人对传统节日的认知和关注度，及时了解国外留学生对中国传统节日的认知情况和兴趣，结合实际情况，从自身的传统文化如何对同一文化圈的国外留学生推广传播出发，逐步提高国内外群体对中国传统节日民俗文化的认知度和兴趣，尽可能将中国自身的传统节日中的民俗文化纳入世界非物质文化遗产。

作为一位汉语国际教育专业的硕士研究生，笔者目前所能做的可能只是微小的调查工作，了解日韩籍留学生对中国传统节日的认知情况，但这应该是了解同一文化圈的外国学生群体如何看待中国传统文化，如何认可中国传统文化的一个起点，基于这个初步的调查结果，以下是对对外汉语教学在传统文化上的几点浅薄的反思，希望能够对以后研究中国传统节日的学者提供一些初步的资料。

4 认知现状对汉语教学的启发

4.1 中国传统节日在对外汉语教学中的重要性

4.1.1 促进中华文化传播

任何文化的学习需要借助语言作为工具，同样，任何语言的学习，都需要结合所要学习的语言所产生的文化背景，结合目的语的当地文化作为辅助，促进学习者的学习和吸收，让学习者能够充分感受所要学习的语言的文化场景，更自然地融入其中。

对于学习汉语的外国留学生群体来说，汉语的学习需要结合中华传统文化，而中国传统节日中所特有的传统文化，都是千百年来延续保留下来的中国传统文化的精粹，中国传统节日的教学可以让留学生充分感受到中国传统文化的精神价值，体会中国人的思维方式和人文内涵。借助汉语学习的机会，及时将这些中国传统节日中具有教育意义的文化带给留学生，可以激发他们对中国文化的好奇心，从而对汉语的学习更感兴趣。

同时，在对外汉语教学中传递中国传统节日中的文化精粹，逐步提高外国留学生对中国传统节日民俗文化的认知度和认可度，自然过渡，让更多的同一文化圈的留学生感知了解中国传统文化，从传统文化的角度达到对中国的互信和理解，进而认可，加强交融，提升我国在传统节日民俗文化上的软实力。

4.1.2　推进对外汉语教学

中国传统节日里蕴含的不仅仅是传统的民俗文化，还有更多的与现代中国民众日常生活紧密联系的节日词语，这些传统节日词语不仅从一定层面体现出传统节日的特色文化，还能够折射出中国民众的思维方式和价值观，从而帮助留学生更好地理解当地的文化，促进语言的交流。如中秋节的文化教学，不仅涉及中秋节的节日美食相关的词语"月饼"，也会涉及这个节日特有的"赏月"活动，"月饼"之所以是圆的有什么内在的寓意，中秋节亲人团聚，赏月祝福，这些都是通过传统节日中民俗文化独有的方式，让留学生在感受中国传统节日特色文化的情境下，理解这些节日词语的构词方式和意义。

因此，紧密围绕中国传统节日中的民俗文化进行汉语教学，可以促进留学生对汉语相关文化的理解，从而推进对外汉语教学。

4.1.3　提升学习者汉语学习

外国留学生群体刚开始接触汉语学习时，都会对中国的文化有一定的适应过程，也会质疑所学的汉语能否运用于实际日常生活，甚至怀疑自身对中国文化、思维方式的理解能力。这时候的汉语教学，就不应该仅仅局限于日常汉语教学中的语言要素的教学，而需要拓展延伸中国传统文化方面的知识，中国传统文化最好的诠释只有借助中国传统节日来展现，每一个中国传统节日都蕴含着丰富的传统文化知识，每一个节日民俗活动都与中国民众的生活日常息息相关，每一个传统节日词语也都可以充分体现出中国人的思维方式和价值观。

只有让外国留学生对中国传统节日中的一些风俗习惯、饮食有一定的了解，他们才能更容易理解日常用语中的表达方式，才能对语言环境有更深入的理解和把握，同时带给他们更多中国传统文化的体验，促进外国留学生的汉语学习。

4.2　反思与建议

经过本次考察日韩籍留学生对中国传统节日的认知情况，可以看出大致了解到日韩籍留学生对中国传统节日大致的认知状况，大部分日韩籍留学生对中国传统节日的认知仅停留在节日名称和比较大众化的传统节日习俗的知晓程度，大部分日韩籍留学生对深层次的中国传统节日的知识了解很少，甚至有相当一部分留学生对中国传统节日缺乏学习和了解的兴趣，他们不仅对中国传统节日中的民俗文化缺乏兴趣了解，对自己本国的传统节日中的民俗文化也只是停留在表层的模糊认知状态，对自己本国传统节日申遗问题不敏感，比较不关注，对中国传统节日的起源、发展演变和历史文化内涵更缺乏深入了解的兴趣。

很多留学生学习中国传统节日中的文化，仅仅是学校的课程束缚和老师给的课业考试的压力，并不是发自内心对中国传统文化感兴趣主动去了解，只有很少一部分留学生学习汉语是出于对中国传统文化感兴趣，想了解中国传统节日相关的文化演变历程和文化内涵，这部分学生会主动查阅关于中国传统节日相关的资料。

由此可以看出，处于同源文化圈的日韩留学生对同源文化中的中国传统文化了解的兴趣不高，而那些对中国传统文化感兴趣的少数学生，通常能够比较流利地用汉语沟通交流，能够很快明白说话者的思维方式，善于把自我的思想用标准的句式阐释出来，在涉及中国传统文化的其他方面，如历史、宗教方面也会有一定程度的了解。

另一方面，无论是台湾还是大陆的高校，普遍对中国传统节日的教学关注不够，本次调查对象所在的该高校，一学期仅仅是教务处为留学生开设一门关于中国文化的课程，一周一次，这门课程也是局限于浅层次的表面认知，留学生学习的汉语课程中很少涉及中国传统节日中民俗文化的相关内容，也是局限于日常生活交际。只是一味关注汉语学习的实用性和考试，没有足够关注中国传统文化内涵与汉语学习内容的融合，割裂了中国传统节日中的文化教学与语言学习的关系，容易忽视中国传统文化对汉语学习的重要意义。而且，通过对话留学生群体对中国传统文化的日常学习情况，了解到留学生学习有关中国传统节日的教学内容，只是停留在传统节日的饮食、主要习俗的简单介绍上，对传统节日蕴含的深层次的文化内涵和精神教育意义基本很少讲到。因而大多数日韩籍留学生对中国传统节日的认知局限于传统节日的表面，只知道春节吃饺子、放鞭炮；中秋赏月吃月饼；端午吃粽子等这些简单片面的认识，而不知道这些民俗活动背后深层次的文化内涵和成因，因而对中国民间的传统文化、思维方式没有一定深入了解的机会，只是被动地接受汉语的枯燥学习。

笔者认为对外汉语教学有必要对中国传统节日中的民俗文化密切关注，对外汉语的教学也有必要紧密围绕中国传统节日的文化内涵，通过汉语教与学让更多的同一文化圈的日韩留学生，甚至他国留学生，充分体验感知中国传统节日中蕴含的文化内涵，增进对中国传统文化的理解交融，促进彼此的互信，从而亲华、知华，共同进步。

5　结语

本文借助问卷调查、文献分析和访谈的方法，针对日韩籍留学生认知中国传统节日的具体情况，从传统节日的不同维度和层面进行分析。从认知广度可以看出，日韩留学生对中国传统节日中的春节、端午节、清明节、中秋节、元宵节这五个节日熟知程度比其他传统节日高，而在这五个传统节日之中，日韩籍留学生总体对于春节、端午节和中秋节的熟知度更高。对于这些传统节日的认知途径，大部分日韩籍留学生都选择了学校活动和课堂学习了解，少部分学生会选择从认识的中国朋友那了解，但大部分留学生都希望能有机会认识更多的中国朋友和同学，与他们一起亲身体验感受这些传统节日文化。此外，留学生对中国传统节日知晓率的高低，也与留学生的汉语水平密切相关，总体来说，汉语水平程度较好的留学生，对中国传统节日的认知率较高，汉语水平程度较低的留学生，对中国传统节日的知晓率会偏低。

从认知深度可以看出，大部分日韩籍留学生对传统节日的日期认知程度低于对传统节日名称或节日本身的知晓程度，大多数对传统节日的具体日期不能准确辨认出，只知道大概的时间段，也不能区分农历和公历之间的区别和联系。日本留学生对传统节日民俗活动的知晓率超过80%的基本都是端午节的赛龙舟、春节的放鞭炮、中秋节的吃月饼和清明节的扫墓；韩国留学生对传统节日民俗活动的知晓率超过70%的仅是春节的压岁钱，其次对春节的包饺子、放鞭炮和元宵节的吃汤圆知晓率次高；同样，日韩籍留学生对春节、中秋节、清明节这几个传统节日的普遍化的民俗活动以外的其他民俗活动知晓率微乎其微，更不用说对其他传统节日的民俗活动知晓率。

从传统节日民俗活动的知晓情况可以看出，日韩留学生对中国传统节日民俗活动的认知普遍仅停留在春节、中秋节等几个主要的传统节日中的几个民俗活动，认知深度还很不够，另一方面，说明这几个传统节日中的民俗活动已经深入留学生的心中，比较熟知，但是对于其他民俗活动的认知还有待进一步深入。

此外，本文还调查了传统节日相关的具有代表性的吉祥植物、动物和饮食，大部分日韩籍留学生对中国传统节日中涉及的代表性的吉祥植物和动物不怎么关注，普遍不清楚，认知程度比较低，说明我们对于传统文化宣传推广力度还有待提高，尤其对于这些传统节日细节方面关注度不够，忽视了这些微小但鲜活的传统节日吉祥物所蕴含的中国人特有的对节日的精神追求，我们没有充分意识到这些传统节日吉祥物所承载的历代中国人对于传统节日所寄予的美好心愿和中华传统文化深层的力量。

对于传统节日饮食认知方面的调查结果反映出，两国留学生对传统节日饮食的认知也各自呈现不同的差异特征，绝大多数日本留学生只知道春节的饺子和端午节的粽子，仅仅停留在这一狭窄的认知范围内，尤其对于清明节的饮食知晓率几乎为零；春节、中秋节、端午节的特色饮食为绝大多数韩国籍留学生熟悉，尤其对于春节的特色食品熟知度最高，对这三个中国传统节日的特色饮食都有较深入的了解，说明这三个传统节日美食已经深入绝大多数韩国人的内心，他们对此有很深的印象。而对元宵节和清明节的特色食品则不是很熟悉，尤其是清明节的特色食品，了解的人更是微乎其微。

纵观日本和韩国留学生对传统节日特色食品的认知情况，韩国籍留学生整体对中国传统节日特色饮食了解程度要比日本籍留学生高，韩国籍留学生对春节、端午节、中秋节更为熟悉，韩国学生整体对传统节日特色饮食认知度处于较好水平，日本学生对中国传统节日的特色饮食认知程度略低，不太熟悉，还有待于增强他们对中国传统节日的兴趣度和关注度，提升他们对传统节日饮食方面文化的认知水平。

在对传统节日典故和民俗传说信仰、文化内涵等方面的深入了解可以看出，大部分日韩籍留学生对传统节日深层次方面的问题知之甚少，几乎都停留在表层认知，很少有留学生知晓某一个传统节日典故或者民俗传说、民俗活动背后的文化内涵，大部分学生只知道中国人过春节会放鞭炮、贴春联，中秋节要吃月饼赏月，端午节要吃粽子等民俗活动，却不知这些传统节日民俗活动背后深层次的含义。

因此，我们的对外汉语教学关于传统文化方面的教学也有必要反思，充分意识到每一个传统节日中所承载的文化内涵的重要性和关键意义，尽量让更多的同一文化圈的留学生能从心底感受中国传统文化、理解中国文化，从而提升对我们这个民族传统文化的信服力和认可度。

对于传统节日起源演变的历程方面，日韩籍留学生各自有不同的观点，总体认可中国传统文化历史悠久，但是从访谈中也发现，大部分韩国留学生不清楚中国传统节日端午节的起源和历史演变过程，甚至对于韩国的端午祭的起源也很少有人能够清楚，大多数留学生对此问题漠不关心，没有兴趣了解，对于韩国端午祭申遗这件事也很少有人关注。由此可以看出，不仅留学生对于中国传统节日的关注度不高，对于本国的传统节日关注度也不高，大部分留学生和中国人对待传统节日的态度差不多，基本都已经不太关注传统节日，过节只是意味着休假，对此访谈中很多日本学生也有同样的感受。

由此，可以感受到，日韩留学生对中国传统节日的认知停留在表层浅显的层面，我们还很有必要在今后的对外汉语教学中逐步关注对本国传统节日民俗文化的教育，从留学生学习汉语的过程中潜移默化提升中国传统文化的影响力。

同时，需要关注的不仅仅是哪一国的传统节日申遗，而是面临西方文化日益侵蚀东亚文化圈的现状进行反思，处于同一文化圈的日本和韩国留学生不但对中国的传统节日中民俗文化认知程度较低，学习兴趣不浓厚，而且对于本国的传统节日文化也开始淡化。这些现象都在警示我们，作为东亚文化圈里历史最悠久的文化古国，有责任肩负起传播中华传统文化的任务，向世界传播中华传统文化中的精粹，向同文化圈的其他国家展示中国对于传统文化的包容和坚守。

最后，尊重不同国家和民族留学生群体对中国传统节日的认知，为前来中国学习汉语的留学生群体，提供更多更广泛机会，认识感受、体验中国传统节日中的文化氛围，增进彼此的理解。

参考文献

一、著作

[1] 陈向明. 旅居者和外国人——留美中国学生跨文化人际交往研究［M］. 长沙：湖南省教育出版社，1998.

[2] 费孝通. 社会学概论［M］. 天津：天津人民出版社，1984.

[3] 贾玉新. 跨文化交际学［M］. 上海：上海外语教育出版社，1997.

[4] 万明钢. 文化视野中的人类行为——跨文化心理学导论［M］. 兰州：甘肃文化出版社，1996.

[5] 徐光兴. 跨文化适应的留学生活：中国留学生的心理健康与援助［M］. 上海：上海辞书出版社，2000.

[6] 关世杰. 跨文化交流学［M］. 北京：北京大学出版社，1995：340 - 341.

[7] 萧放. 岁时——传统中国民众的时间生活［M］. 北京：中华书局，2004.

[8] 乔继堂. 细说中国节：中国传统节日的起源与内涵［M］. 北京：九州出版社，2006.

[9] 刘晓峰. 东亚的时间：岁时文化的比较研究［M］. 北京：中华书局，2007.

[10] 廖冬梅. 节日沉浮问：节日的定义、结构与功能［M］. 桂林：广西师范大学出版社，2007.

[11] 陈果夫. 中华风俗历：活在岁时记忆里的传统中国［M］. 南京：凤凰出版社，2010 重刊.

[12] 陈勤建. 民俗视野——中日文化的融合和冲突［M］. 上海：华东师范大学出版社，2006.

[13] 范勇，张建世. 中国年节文化［M］. 海口：海南人民出版社，1988.

[14] 万建中. 民间文学引论［M］. 北京：北京大学出版社，2006.

[15] ［日］今井荣. 墨东岁时记——江户下町的生活与行事［M］. 东京：有明书房，1956.

[16] （南朝）宗懔荆楚岁时记［M］. 太原：山西人民出版社，1987.

[17] （宋）孟元老. 东京梦华录［M］. 贵阳：贵州人民出版社，2009.

[18] （汉）郑玄注. 周礼注疏［M］. 上海：上海古籍出版社，2010.

[19] 程俊英，蒋见元．诗经注析［M］．北京：中华书局，1991.

[20] 王峰．中国民俗文化丛书——中秋节［M］．北京：中国社会出版社，2006.

[21] 孙正国．中国民俗文化丛书——端午节［M］．北京：中国社会出版社，2006.

[22] 韩养民，郭兴文著．中国古代节日风俗［M］．西安：陕西人民出版社，1987.

[23] 陈久金．中国节庆及其起源［M］．上海：上海科技出版社，1989.

[24] 赵东玉．中华传统节庆文化研究［M］．上海：上海人民出版社，2002.

[25] 常建华．岁时节日里的中国．北京：中华书局，2006.

[26] 任东权．韩国岁时风俗研究［M］．集文堂，1985.

[27] 萧放．春节［M］．生活·读书·新知三联书店出版社，2009.

[28] 陶立播．中国民俗学的理解［M］．金宗植译，集文堂，2005.

[29] 陈久金，卢莲蓉．中国节庆及其起源［M］．上海：上海科技教育出版社，1989.

[30] 乔继堂．中国传统节日的起源与内涵［M］．北京：九州出版社，2006.

[31] 萧放．节日中国——春节［M］．三联书店出版社，2009.

[32] 萧放．话说春节［M］．三联书店出版社，2008.

[33] 王衍军．中国民俗文化［M］．北京：华文出版社，2008.

[34] 张寿根．韩国的岁时风俗［M］．首尔：享雪出版社，1984.

[35] ［英］马林诺夫斯基，费孝通等译．文化论［M］．北京：华夏出版社，2002.

[36] 钟敬文．中国民俗史［M］．北京：人民出版社，2008.

[37] 夏日新．长江流域的岁时节令［M］．武汉：湖北教育出版社，2004.

[38] 乔继堂，朱瑞平．中国岁时节令辞典［M］．北京：中国社会科学出版社，1998.

[39] 乌丙安．中国民俗学［M］．沈阳：辽宁大学出版社，1955.

[40] 胡朴安．中华全国风俗志［M］．郑州：中州古籍出版社，1990.

[41] 高丙中．民俗文化与民俗生活［M］．北京：中国社会科学出版社，1994.

[42] ［英］弗雷泽．金枝［M］．徐育新等译．北京：大众文艺出版社，1998.

[43] 萧放．《荆楚岁时记》研究［M］．北京：北京师范大学出版社，2000.

[44] 杨琳．中国传统节日文化［M］．北京：宗教文化出版社，2000.

[45] 张筹根．韩国的岁时风俗［M］．萤雪出版社，1984.

[46] 钟敬文．民俗学概论［M］．上海：上海文艺出版社，1998.

[47] 陶立播．民俗学［M］．北京：学苑出版社，2003.

[48] 罗启荣，阳仁煊．中国传统节日［M］．北京：科学普及出版社，1986.

[49] 王仁兴．中国年节食俗［M］．北京：北京旅游出版社，1987.

[50] 韩广泽，李岩龄．中国古代诗歌与节日习俗［M］．天津：天津人民出版社，1992.

[51] [德] 皮柏著，黄蕾译. 节庆、休闲与文化 [M]. 上海：生活·读书·新知三联书店，1991.

[52] [日] 坪井洋文. 芋和日本人 [M]. 东京：未来社，1980.

二、期刊论文

[1] 陈慧，车宏生，朱敏. 跨文化适应影响因素研究述评 [J]. 心理科学发展，2003.

[2] 费孝通. 跨文化的"习明纳"——人文价值再思考 [J]. 读书，1997.

[3] 王金会. 跨文化传播下的文化融合与文化自觉 [J]. 黑龙江社会科学，2007 (2).

[4] 陈慧. 留学生中国社会文化适应性的社会心理研究 [J]. 北京师范大学学报（社会科学版），2003 (6).

[5] 李炯英. 中国跨文化交际学研究 20 年述评 [J]. 解放军外国语学院学报，2002 (6).

[6] 任瑞. 跨文化交际学理论概述 [J]. 山东外语教学，2009 (1).

[7] 侯佳，彭漪. 跨文化交际中的文化融合 [J]. 北京第二外国语学院学报，2011 (8).

[8] 李丹洁. 来华留学生跨文化社会心理适应问题研究与对策 [J]. 云南师范大学学报（哲学社会科学版），2007 (5).

[9] 任洪舜，吴丽. 文化融合的心理历程及其特征研究 [J]. 山东省青年管理干部学院学报，2006 (2).

[10] 朱新秤. 社会认知心理学研究的新发展 [J]. 心理学动态，2000.

[11] 谢春玲. 浅谈内隐社会认知的研究与现状 [J]. 心理科学，2005，28 (1).

[12] 林之达. 中国传统文化对受传者心理的认知 [J]. 受众研究，2006.

[13] 萧放. 端午节俗的传统要素与当代意义 [J]. 民俗研究，2009 (4).

[14] 贾林祥. 试析认知心理学的三种研究取向极其未来发展 [J]. 哲学社会科学，2005.

[15] 甘代军，李银兵. 传统节日的总体性与人性反思 [J]. 陕西师大学报（社会科学版），2015.

[16] 黎天业. 传统节日心理气氛下的具身认知 [J]. 广西师范学院学报（哲学社会科学版），2013 (3).

[17] 胡文仲. 试论跨文化交际研究 [J]. 语言文字应用，1992 (3).

[18] 叶浩生. 认知心理学：困境与转向 [J]. 华东师范大学学报（教育科学版），2010 (1).

[19] 萧放. 中国传统节日资源的开掘与利用 [J]. 西北民族研究，2009 (2).

[20] 葛鲁嘉. 当代认知心理学的两个理论基点 [J]. 吉林师范大学学报（人文社会

科学版），2004（6）.

［21］余悦. 传统节日成为法定假日的文化意义与未来发展［J］. 江西社会科学，2008
（2）.

［22］萧放. 传统岁时与当代节日关联研究论纲［J］. 西北民族研究，2004（2）.

［23］萧放，刘魁立，张勃，等. 传统节日与当代社会［J］. 民间文化论坛，2005.

［24］乌丙安. 民俗日历：唤醒传统节日的文化记忆［J］. 中国文化报，2010.

［25］萧放. 岁时——传统中国人的时间体验［J］. 史学理论研究，2001.

［26］杨景震. 中国传统重要节日风俗简论［J］. 人文杂志，1987.

［27］萧放. 中秋节历史流传、变化及当代意义［J］. 民间文化论坛，2004.

［28］林霭云. 漂泊的家：晋江—香港移民研究［J］. 社会学研究，2006（2）.

［29］［日］高木立子. 中日过年习俗的民俗意义［J］. 民间论坛，2005.

［30］毕雪飞. 日本的中国节日研究——以七夕研究为例［J］. 云南民族大学学报
（哲学社会科学版），2012（3）.

［31］萧放. 中国近十年岁时节日研究综述［J］. 民俗研究，2014（2）.

［32］张远满. 中国春节在港澳台［J］. 节日研究海外春节专辑，第八辑.

［33］户晓辉. 中国传统节日与现代性的时间观［J］. 安徽大学学报（哲学社会科学
版），2010（3）.

［34］菅丰. 日本节日文化的现代形态——以日本都市的元旦文化改编为题材［J］. 温
州大学学报（社会科学版），2012（4）.

［35］刘晓峰. 日本冬至考——兼论中国古代天命思想对日本的影响［J］. 清华大学学
报（哲学社会科学版），2007（3）.

［36］朴永焕. 韩国端午的特征与韩中端午申遗后的文化反思［J］. 职大学报，2011
（3）.

［37］张士闪. 关于中国台湾地区中国传统节日传承与变迁的考察报告［J］. 艺术百
家，2013（4）.

［38］陈晓星. 港澳台从未忽略的春节［J］. 人民日报海外版，2011（5）.

［39］黄涛. 传统节日是文化生存的节点［J］. 江南论坛，2008（1）.

［40］萧放. 中国民俗文献史整理与研究综述［J］. 民间文化论坛，2004.

［41］王文章. 中国传统节日的文化内涵［J］. 艺术百家，2012（3）.

［42］管纪龙. 日本传统节日中的中国文化情结［J］，江南大学学报（人文社会科学
版），2005（6）.

［43］李保强. 中国传统节日：生命意义的生发及其教育价值［J］. 山东社会科学，
2011（2）.

［44］王秋菊．跨文化形象学视域下日本教科书中的中国形象——以端午、中秋、新年
三大传统节日为考察对象［J］．东北亚外语研究，2016（3）.

［45］王秀文．从日本"牛"信仰看中日民间文化传承［J］．大连大学学报，2014
（2）.

［46］李志霖．中国文化对日本节日的影响［J］．陕西青年职业学院学报，2013（2）.

［47］萧放．18 - 19世纪中韩"岁时记"及岁时民俗比较［J］．江西社会科学，2007.

［48］孙雪岩．不一样的月亮——中韩中秋节史料呈现及文化比较［J］．中南民族大学
学报（人文社会科学版），2010（1）.

［49］程蔷．从日本年俗看中日年俗之异同［J］．民间文化论坛，2005（1）.

［50］刘晓峰．端午节与东亚地域文化整合———以端午节获批世界非物质文化遗产为
中心［J］．华中师范大学学报（人文社会科学版），2011（3）.

［51］［韩］林宣佑．韩国秋夕的社会文化内涵、功能及其传承意义［J］．重庆文理学
院学报（社会科学版），2007（6）.

［52］朱炯远．中秋赏月习俗渊源考辨［J］．沈阳师范学院学报（社会科学版），1994
（3）.

［53］贾莉．中日传统节日之比较［J］．郑州航空工业管理学院学报（社会科学版），
2008（1）.

［54］周星．关于"时间"的民俗与文化［J］．西北民族研究，2005（2）.

［55］桂诗春．认知和语言［J］．外语教学与研究，1991（3）.

［56］蔡燕．外国人中国传统节日认知与参与情况研究———以山东大学来华留学生为
例［J］．民俗研究，2015（4）.

［57］黄辉．中国传统节日的文化价值及现实意义［J］．沙洲职业工学院学报，2008
（2）.

［58］白杨．中国年节传说与信仰习俗新探［J］．湖北民族学院学报（社会科学版），
2007（2）.

三、外文文献

［1］Oberg K. Cultural shock：Adjustment to new cultural environments. Practical Anthropolo-
gy，1960，7（3）：177～182.

［2］Nwadoria，E. & Mcadoo，H. Acculturative stress among Amerasian refugees：gender and
racial differences. Adolescence，Summer，1996.

［3］Ward C，Kennedy A. Locus of control，mood disturbance and social difficulty during
cross - cultural transitions. International Journal of Intercultural Relations，1992，16
（3）：175～194.

［4］ Ward C，Kennedy A. Crossing cultures：The relationship between psychological and soci-ocultural dimensions of cross – cultural adjustment. In：Pandey，Shinha，Bhawuk ed. Asian contributions to cross – cultural psychology. New Delhi：Sage，1996.

［5］ Berry，J. W. Acculturation and adaptation in a new society ［J］. International Migra-tion，1992，（30）.

［6］ Chomsky，N. Rules and Representations ［M］. Oxford Blackwell，1980.

［7］ Praeger Chomsky . Knowledge of Language：Its Nature，Origin，and Use. New York：N，1986.

［8］ Frederick J. Newmeyer. Linguistics：The Cambridge Survey：Volume 3，Language：Psy-chological and Biological Aspects. Cambridge University Press，1988.

［9］ Noam Chomsky. Knowledge of Language：Its Nature，Origin，and Use. Library of Con-gress Catalog Card Number：85 – 12234，1986.

［10］ Philip Nicholas Johnson – Laird. The Computer and the Mind：An Introduction to Cogni-tive Science. Hvard University Press. Cambridge，Massachusetts.

四、学位论文

［1］ 陈烨辉. 孔子学院节日民俗文化传播研究 ［D］. 中央民族大学，2013.

［2］ 王利. 对外国留学生的中国传统节日文化教学 ［D］. 黑龙江大学，2014.

［3］ 狄斯马. 外国留学生在中国的适应性 ［D］. 南京师范大学，2004.

［4］ 唐滢. 在华留学生跨文化适应研究——以南京高校留学生为例 ［D］. 南京航空航天大学，2012.

［5］ 侯小凡. 欧美来华留学生跨文化适度与其学习效果的调查研究：基于南京大学欧美来华留学生的调查分析 ［D］. 南京大学，2013.

［6］ 吴佳逢. 来华印尼留学生跨文化适应研究 ［D］. 北京外国语大学，2015.

［7］ 万梅. 在华的美国留学生跨文化适应问题研究 ［D］. 华东师范大学，2009.

［8］ 张晗. 跨文化适应不对称性研究——以中美留学生为例 ［D］. 燕山大学，2014.

［9］ 晨曦. 中国汉族和吉国吉尔吉斯族传统节日文化对比研究 ［D］. 新疆师范大学，2014.

［10］ 张文成. 来疆留学生跨文化适应调查研究——以新建师范大学为例 ［D］. 新疆师范大学，2011.

［11］ 孙风格. 中亚来华留学生跨文化适应研究——以新疆师范大学为例 ［D］. 新疆师范大学，2012.

［12］ 夏添. 中韩面向青少年的初级汉语综合教材比较分析——以《跟我学汉语》（中国）和《中国语》（韩国）为例 ［D］. 新疆师范大学，2010.

［13］夏雪．韩国中小学汉语教学现状调查研究——以釜山广域市中小学汉语教学为例
　　　［D］．新疆师范大学，2010.

［14］姜德昊．中韩谚语比较研究［D］．山东大学，2005.

［15］韦一．从中日新年习俗看看两国民间信仰的异同——以祭祀对象为中心［D］.
　　　四川外语学院，2010.

［16］张丽丽．中国传统节日与对外汉语文化教学［D］．郑州大学，2013.

［17］康书静．中日传统节日对比及教学探究——以春节和端午节为例［D］．四川师
　　　范大学，2015.

［18］小柴裕子．中日"过年"习俗比较研究——以中国开封与日本关西为个案［D］.
　　　河南大学，2012.

［19］姜莹．中韩同源节日对比研究［D］．黑龙江大学，2012.

［20］高伟玲．中韩民俗文化对比与对韩民俗文化教学——以《中国语I》为例［D］.
　　　中央民族大学，2013.

［21］刘鑫．中韩传统节日对比及教学研究——以春节和中秋节为例［D］．哈尔滨师
　　　范大学，2013.

［22］姬娟．文化要素分析与中国传统节日研究——以春节、清明节、端午节、中秋节
　　　为例［D］．陕西师范大学，2011.

［23］邱收．清明节与中国的民间信仰［D］．中南民族大学，2011.

［24］金菩提．韩中节日饮食文化比较［D］．中央民族大学，2009.

［25］金廷桓．韩中春节民俗比较研究［D］．山东大学，2011.

［26］陈勤学．中国传统节日春节的视觉符号研究［D］．苏州大学，2011.

［27］李翠华．先秦至唐宋时期春节习俗研究［D］．中山大学，2010.

［28］韩学山．先秦至隋唐时期传统节日文化研究［D］．陕西师范大学，2007.

［29］金明子．韩国岁时风俗研究［D］．庆熙大学太学院博士学位论文，1989.

［30］高春霞．中国春节文化与生命意识［D］．兰州大学，2007.

［31］孙雪岩．韩国秋夕的文化变迁与功能研究［D］．中央民族大学，2011.

［32］白杨．神圣与世俗——荆楚年俗新解：［D］．华中师范大学，2008.

［33］董建春．中秋探源：［D］．中央民族大学，2007.

［34］黄榴丹．中国端午节与韩国端午祭比较研究：［D］．西北民族大学，2007.

［35］宋颖．端午节研究：传统、国家与文化表达：［C］．中央民族大学，2007.

［36］张全晓．《全唐诗》岁时文化研究：［D］．华中师范大学，2007.

汉塔亲属称谓对比研究及其对汉语教学的启示

胡雅雯

1 绪论

1.1 研究背景

塔吉克斯坦的塔吉克族是中亚的一个古老民族，在今天的中国、阿富汗等地均有塔吉克族的分布。塔吉克族在由各种民族成分（包括突厥人）交融混合的过程中，最大限度地吸收和保存了东伊朗的民族成分和伊朗语。在远古时期，塔吉克斯坦祖先诸部落的物质文明和精神文明都达到了很高的水平。这种文明在许多方面可以同上古埃及、美索不达米亚以及其他古代东方文明的中心并驾齐驱。这种古老的文化同中华民族传统文化一样，都是人类文明的珍宝。

近几年，到中国学习汉语、了解中国文化的塔吉克人不断增加。从2008年至今，塔吉克斯坦国立民族大学孔子学院的规模日益壮大，发展到现在已经有了49名中国教师与1200多名当地学生，有将近5000多名学生在塔吉克斯坦民族大学孔子学院学习过汉语，而孔子学院每年都会推荐100~150名学生到中国留学。塔吉克斯坦对中国的了解可谓是越来越深入，但是中国人对塔吉克斯坦的了解却相对较少，目前对塔吉克斯坦许多方面的研究都有待完善。随着"一带一路"倡议的全面推进，将有越来越多的中国学者把研究的目光投向这里。

人与人之间的交际与交往首先从互相称谓开始。从称谓语中不仅能了解该民族语言的特点，还能窥见该民族的文化历史。我们每个人生下来学会的第一个词便是爸爸、妈妈。不仅仅因为这两个词发音简单，更因为这是贯穿我们生命的最重要的两个词。"爸爸、妈妈"即是最简单的亲属称谓。亲属称谓是体现一个国家社会文化与民族心理的符号，也是一个民族社会文化与心理的反映，是历史发展的有力见证，因此，研究塔吉克语的亲属称谓和亲属制度就是在研究这种古老的文化，有利于两个民族之间产生文化认同感。

在首都杜尚别市的大街上，只要两个陌生人眼神有了接触，互说一句"Салон，акачон"是再正常不过的事情。塔吉克人称呼陌生男性为"aka"，不论对方是年轻的小伙子，还是中年人，或是老年人，只要是男性，他们都会称呼为"aka"。他们称呼陌生女性为"апа"。这里的"aka"与"апа"便是塔吉克语里最常用的两个亲属称谓词，它们既可以用于称呼和自己有血缘关系的男性（或女性），也可以表示一种对陌生男性（或女性）的尊称，无关血缘与年龄。而汉语的亲属称谓最讲究内外有别、长幼有序，中国人对陌生人的称呼一定是根据年龄的不同而不同，"大哥、大叔、大爷"分别对应了不同年龄的男性，而"大姐、阿姨、大婶、大妈"则分别对应不同年龄的女性。

1.2 研究目的及意义

1.2.1 理论意义

对比研究汉语和塔吉克语亲属称谓有助于全面了解塔吉克语的面貌。据笔者了解，之前的中国学者已经做过关于塔吉克语中"借词"的研究，也有做过关于塔吉克语的动词研究，还有从宏观方面讲塔吉克语的历史渊源的著作。而本文所提到的"亲属称谓"还鲜有人涉及。汉语的亲属称谓从先秦时代便有人研究，但是塔吉克语的亲属称谓目前虽然有人收集整理，但是只停留在了收集的层面，还没有具体地做谱系研究，也没有将它与汉语的亲属称谓进行系统的比较。所以这篇文章会系统地比较汉塔亲属称谓系统，帮助学者们全面了解古老的塔吉克语。

1.2.2 现实意义

一方面，研究塔吉克语亲属称谓有利于加深我们对塔吉克斯坦塔吉克族社会历史、民族文化的认识。塔吉克斯坦是中亚的一个古老民族，最早追溯到汉朝，我国就已经开始和塔吉克斯坦有了一定的接触，还有学者认为它和居住在中国境内帕米尔高原的塔吉克族同出一源。此外，塔吉克斯坦也是我国"一带一路"经济带建设上的重要一环。随着"一带一路"建设的推进，塔吉克斯坦在我国对外交往和贸易的地位必将有所提升，中塔两国的战略合作伙伴关系会更加稳固。所以了解这个国家、这个民族的历史发展和民族文化也是十分必要的。而亲属称谓可以从家庭、婚姻的角度反映一个民族的民族心理与思维方式。

另一方面，对比分析汉语与塔吉克语亲属称谓的不同有利于帮助塔吉克斯坦的汉语学习者了解中国的亲属制度文化。截至 2016 年，全塔共有5000 多名汉语学习者，每年新学期开学到孔子学院学习汉语的学生数量都在不断增加。学生学汉语的热情如此高涨，不过同时也会遇到很多难题，中国的社交文化和称谓语的语用功能就是其中一方面。亲属称谓也是称谓语的一种，许多汉语学习者看到中国亲属称谓的第一反应就是觉得太复杂了，但是汉语的亲属称谓是有规律的，是有相应的层级分类在里面的。亲属称谓语在一定程度上揭示了这个民族的文化特征，如果你能准确地掌握了某种语言的亲属称谓，那么你就一定能够参透其中的某些文化现象，在与中国人交流的时候也就更加顺畅。学习一门外语就是学习一种不同于母语文化的过程，也就是跨文化交际的过程，能正确选用亲属称谓则是学习者对目的语民族文化的认同和尊重，也体现了礼貌问题。

1.3 研究现状

亲属称谓是一种语言中的重要组成部分，亲属称谓也是亲属制度的反映，亲属制度又与社会家庭组织形式和婚姻制度有关。亲属称谓层级鲜明、种类繁多的一定是极重家庭、强调长幼有序的民族，如中国、韩国等。而亲属称谓词汇少、一个词可以由多个与本人关系不同的人使用，必然是强调个人，重视自由的民族，英语国家如美国、英国等即是如此。所以各国对亲属称谓及亲属制度都有深入的研究。

1.3.1 国内亲属称谓研究

笔者在"中国知网"中以"亲属称谓"为关键词进行搜索，将相关的文章进行分类，大致可以分为以下四类：（1）汉语亲属称谓的本体研究及其发展演变；（2）我国少数民族语言及各地方言的亲属称谓研究；（3）汉语与其他语言亲属称谓的对比研究；（4）对外汉语教学中的亲属称谓研究及应用。

首先，我国对汉语亲属称谓的研究始于先秦时期的《尔雅》释亲篇，影响次之的有梁章钜的《称谓录》。《尔雅》释亲篇中收录了包括"宗族、母党、妻党、婚姻"等九十多种亲属称谓语，包括九代直系亲属关系，包括以本人为中心的高祖父母、曾祖父母、祖父母、父母、己身、子、孙、曾孙、玄孙，另外还有玄孙以下的来孙、仍孙、云孙等。不过这些在现代汉语中并不常用。《称谓录》中记载了 5000 多个称谓语，把所有的称谓语共分三十二卷，亲属称谓语占了前十一卷，书中对每一称谓语的来源和用法都广征博引。20 世纪以后，影响较大的著作有冯汉骥的《汉语亲属系统》和赵元任的《汉语中的称呼》等。不过这些著作都还只停留在对各种亲属称谓做注解的阶段，并且一些古时的亲属称谓在现代汉语中并不常用。随着时间的发展，一些国外先进的语言学理论被介绍到我国，学者们对亲属称谓的研究也就不再只着眼于亲属称谓词本身，开始与社会发展相结合。张世方《汉语堂表亲属称谓的历时兴替》说明了由于中国家族体制的变化和社会结构的发展使得同堂称谓和中表称谓都经历了一系列的变化，指出"亲属称谓作为一种社会文化现象，其历时兴替与整个社会的发展演变息息相关"❶。史宝金《论汉语亲属称谓的特征及其社会历史文化背景》详细描述了汉语普通话中的亲属称谓体系，又将汉语普通话与各地方言做比较，论证了汉语亲属称谓的两个显著特征，又论述了形成这种特征的社会历史文化背景，并指出"语言是社会历史文化的载体，汉语的亲属称谓是汉语的组成部分，也是汉民族社会历史文化的重要标记之一。随着社会历史文化的发展变化，语言也随之变化"❷。陈月明《现代汉语亲属称谓系统以及文化印记》在描述汉语亲属称谓的基础上，分析总结了汉语亲属称谓"长幼有序、男女相别、脉息分明、宗族相别"的四个特点，继而表明这种特征与汉族长期从事农耕有关，一个大家庭长期在固有的田地上

---

❶　张世方，包小金：《汉语堂表亲属称谓的历时兴替》，《修辞学习》，2007 年第 6 期。

❷　史宝金：《论汉语亲属称谓的特征及其社会历史文化背景》，《复旦学报（社会科学版）》，2003 年第 2 期。

耕耘，就会形成一个纷繁复杂而又井然有序的亲属称谓系统❶。

随着社会发展进程的加快，语言中词汇的更迭也越来越明显。在亲属称谓词方面，学者们也就转向了对亲属称谓泛化现象的研究。潘攀《论亲属称谓语的泛化》总结出了 16 个汉代汉语最常见的泛化称谓语，如"大哥、大姐、叔叔、阿姨、大婶"等，并从泛化的现象、表现、特点及原因等方面全方位地讨论了亲属称谓语的泛化。

其次，我国少数民族语言及各地方言的亲属称谓研究。这一方面的论文数量众多，几乎涵盖了我国大多数的方言。有尚云川所作的《扎巴藏人的亲属称谓》、孙岿的《维吾尔语亲属称谓制的类型》、徐尚聪的《彝语亲属称谓词初探》、吴宏伟的《土族语的亲属称谓》、李生信的《回族亲属称谓的文化意义》等，文章都是从社会学人类学的角度出发，先对某一地区的亲属称谓进行详尽的描写，再通过分析其特点，总结归纳出它的亲属制度类型或其中蕴含的古老文化印记。

再次，汉语与其他语言亲属称谓的对比研究。汉语与其他语言亲属称谓的对比研究成果丰硕，但主要集中在汉语与英语、俄语、韩语、泰语、日语、越南语亲属称谓的对比研究。与韩语、泰语、日语、越南语进行对比的缘由在于：第一，地理位置相近；第二，语言属系相同，都属于汉藏语系，因此也就有了很大的可比性。与英语、俄语进行对比的缘由在于：社会历史和民族的文化都相当大，并且两种语言的亲属称谓都反映了有代表性的亲属制度。英语是典型的爱斯基摩制，而汉语是典型的苏丹制，所以如此迥然的差别也吸引了研究者的兴趣。沈佩琳《汉语与泰语的亲属称谓词对比》一文中将汉语与泰语的亲属称谓分别做了谱系、词汇、语法、文化方面的对比，得出汉泰亲属称谓词的差别，并且调查了当代社会人们使用亲属称谓的状况，给今后的汉泰亲属称谓词的翻译及教学提供了思路❷。杨越《汉越称谓语的异同及教学策略》在对汉越亲属称谓对比的基础上，又从历史文化背景、民族心理、经济因素及传统思想方面剖析了形成此现象的原因，最后提出了针对这种问题的教学策略❸。齐晓峰《汉韩

---

❶ 陈月明：《现代汉语亲属称谓系统及文化印记》，《汉语学习》，1990 年第 5 期。
❷ 沈佩琳：《汉语与泰语的亲属称谓词对比》，《厦门大学》，2008 年。
❸ 杨越：《汉越称谓语的异同及教学策略》，《云南师范大学学报》，2006 年第 6 期。

亲属称谓对比研究》、刘洁《韩国留学生汉语亲属称谓习得研究》等仔细对比了汉语与韩语亲属称谓的不同。王扬琴《汉英亲属称谓语的多角度对比与研究》运用语义场理论和义素分析法对比了这两种语言的亲属称谓词，又从合作原则、谦称与敬称等方面进行了对比。

最后，对外汉语教学中的亲属称谓研究及应用。随着亲属称谓研究的不断深入，以及汉语国际推广范围的扩大，当前对外汉语教学对实用性的要求更多，因此关于汉语亲属称谓的相关研究也是以解决问题为核心。针对怎么教汉语以及教什么样的内容这两点，周健在《汉语称谓教学探讨》中作了具体研究和分析，并就如何解决汉语教学中实际存的一些问题提出了相关的解决方法和途径，这对目前对外汉语教学中称谓语的教学起到了实际指导作用。而针对外国留学生在实际运用时所犯的一些错误，何洪霞通过使用调查问卷的方式进行调查与分析，并针对这些常犯的错误就对外汉语教学给出了相关的建议。在《汉语称谓词语与对外汉语教学》一文中，李倩审视了当前对外汉语教学中教授汉语称谓语时碰到的困难，换一种角度对汉语称谓语在其发展趋势和用词变化上进行了动态的分析，在分析结果的基础上给予了相关的意见。上述这些研究都是以实际解决问题为主导。

笔者只列举了众多研究成果中的很少一部分，但是也可以从中大致窥探到国内外目前关于"亲属称谓"的研究现状：汉语亲属称谓的研究从古至今从未停止，每个时代都有每个时代的研究特点。近年来，随着"汉语热"的不断升温，许多的对外汉语教师在亲属称谓这一块的教学中也发现了许多问题，所以他们开始将汉语亲属称谓与其他语言做对比分析，意图找出深层次社会历史与文化因素。

另外，国内对塔吉克语亲属称谓的研究还处于起步阶段，很少有专门研究的著作或文章问世。目前笔者所搜集到的文章里只有两篇是关于塔吉克语亲属称谓的研究，并且这两篇文章都是关于中国境内的塔吉克族，并非是塔吉克斯坦的塔吉克族。如杨海龙、郭利《中国塔吉克语亲属称谓初探》通过田野调查和查找文献，对塔吉克族亲属称谓词做出初步分析，并对塔吉克语亲属称谓语的特点进行分析描写，反映出了塔吉克族的婚姻文化特点。

1.3.2　国外亲属称谓研究

在国外，亲属研究的创始者是美国著名人类学家摩尔根，他在 1871 年写成《血亲和姻亲制度》（*Systems of Consanguinity and Affinity of the Human Family*）一书，而后又在《古代社会》一书中介绍了马来亚式、土兰尼亚 – 加诺万尼亚式和雅利安式三种亲属制度，并把亲属制度分为类分式和描述式两大类。类分式的特点是只计算群体而不计算各人的亲属关系，无论直系或旁系亲属，只要辈分相同，除性别外，都用同一称谓。描述式的特点是直系和旁系亲属称谓各不相同。摩尔根最深远的贡献就在于发现并区分"描述型"和"类分型"亲属关系之间的差异，这项发现将具体的亲属类别和抽象的社会关系模式联系起来。随着社会进程和科学研究的不断进步，许多学者在摩尔根研究的基础上，对亲属称谓问题提出了其他见解，到 20 世纪中期，为了解决先前学者有关亲属"系统"的含混不清的推断，默多克（Murdock）在 1949 年的《社会结构》（*Social Structure*）搜集了亲属资料，用以测试一套关于人类亲属普同性的理论；另一方面，李维史陀 1949 年出版的《亲属的基本结构》（*Les Structures Elementaires*）也在尝试寻找一种全球模式来探究亲属制度。

目前学界广泛采用的是美国人类学家、社会学家摩尔根提出的六种亲属称谓制度。他在对整个北美洲进行了全面的田野调查之后，将亲属称谓制度分为了六大类，分别是爱斯基摩制（Eskimo kinterminoligy）、夏威夷制（Hawaiian kinterminology）、易洛魁制（Iroquois kinterminology）、奥马哈制（Omaha kinterminology）、克劳制（Grow kinterminoligy）、苏丹制（Sudanese kinterminoligy）。下面对这六种亲属称谓制度做一介绍。

（1）夏威夷制：正如这个名字一样，夏威夷制亲属称谓制度是在位于波利尼西亚的夏威夷群岛上被发现的，这里的人口多属于波利尼西亚人。这是一种相当简单的亲属称谓制度，因为它是词汇含量最少的亲属称谓制度。它只强调辈分之间的差别，而不强调父系亲属与母系亲属的差别。这说明了在夏威夷制中，父系亲属和母系亲属之间的关系是平等的，所有辈份相同、性别相同的亲属共用一个亲属称谓。例如，称呼爸爸、爸爸的兄弟、妈妈的兄弟时使用的都是同一个词，称呼妈妈、妈妈的姐妹、爸爸的姐妹时也都是同一个词。此外，这一制度在同辈中区分男性和女性，不过对哥哥、姐姐的称呼与对父母的兄弟姐妹的孩子的称呼是一样的。

这种制度与双方选择的双重性有关。在这种制度下，一个人可能因环境的改变或者是自身选择的不同而归属于另一个血缘部落中，但他的亲生父母可以不属于这个部落。简单来讲，"我"可以是我亲生父母的孩子，也可以是我父母的兄弟姐妹的孩子。"我"称呼父母所用的词语与称呼父母的兄弟姐妹所用的词语相同，这样一来，自己不仅与亲生父母有亲密无间的关系，也与和自己父母同一辈的亲属之间建立了一种良好的关系。这也就赋予了一个人自己决定参与到哪个部落中，与哪个部落共同生活的权利。

（2）爱斯基摩制：爱斯基摩亲属称谓制度是在一群过着采集和狩猎生活的北美部落中发现的，是一种与父母双方的血缘有着相互关系的一种亲属称谓制度。爱斯基摩制强调核心家庭。核心家庭是最简单的人类家庭组织形式，其家庭成员只有夫妻二人与未婚子女，因此，这种家庭具有较轻的家庭经济负担，也就有了较大的流动性，在采集与狩猎生活中占有更大的优势。在核心家庭中，每个家庭成员都有不同的称谓。如英语中的mother，father，sister，brother，daughter，son 等，这些称谓区分辈分、区分性别、区分年龄，可以一一对应到人。

另一方面，非核心家庭成员的称谓是完全不同于核心家庭成员的。核心家庭成员以外的亲戚，则是许多人共用一个称谓，只区别性别和年龄，不区别直系与旁系、姻亲与外亲。例如，英语中的 aunt 一词包括了姨妈、伯母、姑妈、舅妈、阿姨在内的一系列女性亲属，而 uncle 一词则涵盖了伯伯、叔叔、舅舅、姨父、姑父等一系列男性亲属。同样地，所有与父母同辈的亲戚所生的孩子都被叫作 cousin，这个称谓不区分性别，也不区分与上一辈的血缘关系。爱斯基摩制只是将在生物层面上与"我"最亲近的亲属，即核心家庭成员进行了详细的分类，而对于非核心家庭成员就不再细致区分，而是平等看待他们与"我"的关系。

（3）易洛魁制：易洛魁亲属称谓制度是一种与母系血缘或父系血缘有关联的制度，它强调单方面血缘关系的重要性。在这一亲属称谓制度中，妈妈及妈妈的姐妹共用一个称谓，爸爸和爸爸的兄弟共用一个称谓，自己的兄弟姐妹与堂兄弟姐妹、姨表兄弟姐妹共用一个称谓。但是爸爸的姐妹及妈妈的兄弟区别于其他亲属，共用一个称谓；爸爸的姐妹的孩子及妈妈的兄弟的孩子，即姑表兄弟姐妹、舅表兄弟姐妹共用一个称谓。

（4）奥马哈制：奥马哈制是在父系氏族中发现的，以北美原住民的奥马哈部落命名。在这种亲属称谓制度中，对于爸爸及爸爸的兄弟、妈妈及妈妈的姐妹的称谓是一样的。堂兄弟姐妹、姨表兄弟姐妹和兄弟姐妹的称谓是一样的，但是姑表兄弟姐妹、舅表兄弟姐妹的称谓就与此不同了。一位男性对自己孩子的称呼及对他兄弟的孩子的称呼是一样的，但是对他姐妹的孩子的称呼就不同了。这种称谓适用于所有被定义为兄弟姐妹的亲戚。在这一亲属称谓制度中，合并了对母系亲属的称谓。所有母系亲属中的男性都会被叫作"mather's brother"，不区分他们的年纪和辈分。因此，适用于妈妈的兄弟的称谓也被用于称呼妈妈的兄弟的儿子。

但是这种亲属称谓的合并却不用于父系亲属。尽管爸爸和爸爸的兄弟共用同一个称谓，但是这并不会扩展到他们的下一辈。这种父系与母系亲属称谓的不同特征反映了父系与母系亲属的不同地位。在父系亲属中区分辈分是很重要的，因为上一辈的亲戚很有可能在家庭中有某种权力，处于权威地位，就像父亲在家里有很重要的地位一样。但是母系亲属却没有这种权威，相对于父系亲属来说是不重要的，也就不存在区分辈分的必要，反映在亲属称谓词上面就是一个词语可以代表对好几代人的称谓。

（5）克劳制：克劳制亲属称谓制度，以北美洲的克劳印度人命名，是一种和奥马哈制相类似的亲属称谓制度。不同的是，克劳制强调母系氏族的重要性，因此在这一制度中父系亲属称谓是共用的，但是在母系亲属称谓方面区分辈分。这两种亲属制度的相同点在于都只强调单方面血缘关系的重要性，导致了其他的分类原则变得不那么重要，比如年龄和辈分。

（6）苏丹制：这种亲属称谓制度在北美洲是不存在的，所以用苏丹来命名这种亲属称谓制度。但是在非洲，特别是埃塞俄比亚，他们的亲属称谓就属于这种制度，土耳其的部分地区和古老的罗马同样如此，在亚洲，汉语和韩语也属于这种亲属称谓制度。苏丹制是最具有描述性的亲属称谓制度，每个不同的亲属都有不同的称谓来对应。例如在汉语中，爸爸、爸爸的兄弟、爸爸的姐妹、妈妈的兄弟、妈妈的姐妹都使用不同的称呼，分别为爸爸、叔叔、伯伯、姑姑、舅舅、姨姨。通常情况下，使用苏丹制的民族都是有强烈的血缘观念，并且这种分类和财产、阶级、政治权利有很大的关系。

1.4 研究对象、思路及方法

1.4.1 研究对象

本文的研究对象为汉语和塔吉克语的亲属称谓和亲属制度。

（1）亲属称谓的概念

"亲属"一词由来已久。早在《礼记·大传》中就有"四世而缌，服之穷也。五世祖免，杀同姓也。六世，亲属竭矣"。其中，"世"表示亲疏等差，四世是五服（我国传统服丧等级）的极限，也就是说有服的亲属范围为上至高祖下至玄孙的九代，到达六世的亲属就不再纳入亲属的范围了。在古籍中，"亲""属"两个字的含义并不相同，关系近的亲属称之为"亲"，而关系较远的亲属称之为"属"。这与现代汉语中将二者合用有所区别。《中国大百科全书》上对"亲属"一词的解释是"因婚姻、血缘和收养而产生的、彼此间具有法律上权利与义务的社会关系"；《辞海》上面的解释是"因婚姻、血缘与收养而产生的人们之间的关系"；《现代汉语词典》做出的解释是"跟自己有血统关系或婚姻关系的人"。这些表述虽然有文字的差别但是实质却是相同的。亲属即是与本人存在血缘或是婚姻关系的人。

"称谓"一词相对于"亲属"出现较晚，据考证最早出现于《晋书·孝武文李太后传》，会稽王司马道子在上奏他的哥哥东晋孝武帝时说："虽幽显而谋，而称谓未尽，非所以仰述圣心，允答天人。"（这句话的意思是：虽然这件事天下人都知道，但她的称呼却不过是皇太妃，这有些不尽人意，这远远不够用来表述陛下的心意，恭敬地回答神仙。）这里的"称谓"指的是称呼和名称，和我们今天所说的"称谓"含义已经十分接近。《辞海》（1999）中"称谓"有两层含义："1. 称呼，名称。2. 述说，言说。"第二层含义在现代也已经极少使用。《现代汉语词典》（2005）解释为"人们由于亲属或其他方面的相互关系，或身份、职业等而得来的名称，如父亲、师傅、厂长等"。由此看来，"称谓"一词从广义上来说包含了所有人或事物的名称，从狭义看则专指人们可以用来相互称呼的有关名称❶。本文要介绍的是人与人之间亲属关系的称谓语，因此文中所取为狭义。

综上所述，亲属称谓就是对与自己有血缘、婚姻或法律亲属关系的人的称谓，它是亲属关系在语言上的体现。而因血缘关系和婚姻关系所产生的亲属关系则涵盖了绝大多数，也是亲属称谓中最重要的部分。

（2）亲属制度的概念

亲属制度是一种以血缘关系或者婚姻关系为载体，以家庭为中心的包括族内亲属和族外亲属在内的社会关系秩序化的规范制度。亲属制度的本质不是称谓形式上的秩序关系，而是一种文化层面的制度规范。不同的语言有不同的亲属称谓。而亲属称谓的多或少、简单或复杂、等级分明或是平等排列则反映了这个民族的社会文化。汉族和塔吉克族的社会文化必然是不相同的，因此也孕育出了两种截然不同的亲属制度。亲属制度是在历史过程中形成和发展的，它是一个国家或民族社会文化和思维理念的直接表达。在原始社会中，包括人们的血亲和姻亲在内的亲属称谓，如父母、子女、兄弟、姐妹等，是一种完全确定的、有相互义务的称呼，对维护整个社会秩序起着决定性的作用。亲属制度记录了不同历史发展时期相应的家庭形式的亲属关系。

（3）汉语和塔吉克语亲属称谓

同一个民族的亲属称谓在不同时期、地区都存在着一定的差异，本文的研究对象是现代塔吉克标准语以及现代汉语普通话，即两种民族共同语中正在使用的亲属称谓语。现代塔吉克标准语，即塔吉克斯坦的官方语言。塔吉克语属于印欧语系伊朗语族西支，在塔吉克斯坦、阿富汗斯坦、乌兹别克斯坦、巴基斯坦西部广泛使用。目前伊朗、阿富汗斯坦与塔吉克斯坦把它定为官方语言。

塔吉克语与波斯语很相近，过去许多塔吉克人都把塔吉克语看作波斯语的一个方言。据受访者说，塔吉克人和伊朗人、阿富汗人、巴基斯坦人交流起来完全没有问题，双方都能听懂。塔吉克人在苏联的统治下于1928

---

❶ 杨应芹：《谈谈汉语称谓》，《安徽大学学报》，1989年第3期。

年被迫抛弃阿拉伯字母而改用一套改进的拉丁字母，后来又改用一套改进的西里尔字母。居住于阿富汗斯坦的塔吉克人却持续使用阿拉伯字母。在这一时期，由于政治原因，塔吉克人开始逐渐把塔吉克语视为一个正式的语言，而非波斯语的一个方言。

中国新疆西部的一个少数民族虽然名为"塔吉克族"，但他们的语言其实不是塔吉克语，而是塔吉克语的一种兄弟语言——帕米尔语，属于伊朗语族东支帕米尔次语支的成员。这种语言早在明末清初就已经是帕米尔高原一带的通用语。虽然塔吉克斯坦的塔吉克族与中国境内帕米尔高原的塔吉克族属于同源，但是他们的语言并不相同，而且相差很大，不能听懂对方的语言。

综上所述，本文只对塔吉克标准语和汉语普通话中的亲属称谓做出分析与讨论，如同中国境内不仅有通用的汉语普通话，也有某一地区单独使用的方言一样，塔吉克斯坦境内也有方言，这些方言与标准语的最大区别就是词汇的不同，因此亲属称谓词也不尽相同。本文对方言中的亲属称谓词会有所涉及，但不做具体分析。

1.4.2 研究思路

本文通过描写和对比的方法，首先从宗亲、外亲和姻亲三个方面分别描写汉语和塔吉克语的亲属称谓，其次对汉语和塔吉克语亲属称谓从义项分析、语用特征以及亲属称谓所蕴含的历史文化等多角度进行对比。通过对汉语与塔吉克语亲属称谓语言学及文化学方面的研究，得出两者在语言学层面的异同，以及产生这些异同的文化因素，并根据文章得出的结论提出相应的汉语亲属称谓教学策略，用以促进当地的汉语教学。

1.4.3 研究方法

论文前期筹备阶段，笔者通过整理文献资料、上网查阅相关著作和论文完善自己理论上的空缺，通过搜集、整理前人的研究成果了解目前的研究现状，为本文的研究与写作奠定理论基础，在充分准备的基础上，将采用以下方法完成此次研究：

（1）访谈法：笔者是一名塔吉克斯坦民族大学孔子学院的汉语教师志愿者，在平常的教学过程中，搜集和整理了塔吉克语的亲属称谓词，共55

个。同时利用课间或者课后的时间与25名学生进行了交流，询问他们关于家庭、婚姻的问题。考虑到访谈中有较多的文化相关问题，需要能够独立思考且通晓汉语和塔吉克语的人来回答。因此笔者在孔子学院选取25名学生，年龄均为18岁以上，汉语水平达到HSK4级及以上水平。笔者也访谈了3名在塔吉克斯坦居住了两年以上，精通塔吉克语的中国老师，从侧面了解中国人对塔吉克斯坦社会文化的印象与看法，获取第一手资料。

（2）观察法：笔者通过课堂观察以及家访的途径来记录、观察塔吉克人说话时使用的称谓，包括亲属称谓出现的情境以及所针对的对象，有意识地关注说话人双方的年龄、性别和是否存在血缘关系。笔者利用在孔子学院听课的时间做课堂观察，主要观察学生们在非家庭环境下使用塔吉克语亲属称谓的频率及语境，观察学生对所学汉语亲属称谓的接受度如何。笔者也利用家访的机会进行观察，本次调研共家访了五名学生（汉语水平为HSK4－5级）。

第一名学生父母为生意人，父亲会说一点儿汉语，家中有一个哥哥（已结婚），一个弟弟、一个妹妹。

第二名学生父亲是老师，母亲是医生，家中有两个妹妹，一个表妹（暂住），家庭整体受教育水平很高，父母都有过出国经验，英语流畅，可直接与笔者交流。

第三名学生父亲为街道办事处职员，母亲是家庭主妇，有一个弟弟，一个妹妹，家访那天恰逢纳乌鲁兹日，亲戚们都在他家里做客。与笔者同行的有翻译和同事，并且同事与这家人十分熟悉，便于笔者观察塔吉克语亲属称谓的泛化。

第四名学生的父亲是大学教授，精通汉语，曾作为塔吉克斯坦派出的第一批留学人员到北京学习汉语，此后也多次到中国深造、旅游，对中国文化有颇多感触，被问到两种语言中亲属称谓的不同时更是侃侃而谈，给笔者提供了许多思路。目前他的四个孩子都在学习汉语。

第五名学生的哥哥与一名新疆维吾尔族的姑娘结婚了，他的哥哥在当地的中国企业上班，两个家庭的长辈也有来往，有利于笔者观察与搜集姻亲之间所用的称谓。

2 汉语和塔吉克语亲属称谓系统

2.1 汉语亲属称谓

2.1.1 汉语亲属称谓的描述

根据摩尔根的六种亲属制度分类特征，汉语亲属称谓属苏丹制，这是一种最具有描述性、最复杂的亲属称谓制度。每个不同的亲属根据宗族、辈分、年龄以及性别的不同而有不同的称谓来对应。爸爸的兄弟、爸爸的姐妹、妈妈的兄弟、妈妈的姐妹都是不同的称呼，在汉语中对应为"叔叔、伯伯、姑姑、舅舅、姨姨"。汉语亲属称谓区分血亲与姻亲，血亲又分为直系和旁系，所以汉语亲属称谓系统十分庞大。

据调查，汉语现代标准亲属称谓语共 363 个，其中父系 245 个，母系 65 个，妻系 44 个，夫系 9 个❶。关于汉语亲属称谓的分类方法多种多样，本文将采用《尔雅》中的四分法，即将亲属称谓分为四个分支体系，分别为父系、母系、夫系、妻系。

下面分别为汉语亲属称谓树状图，按父系、母系、夫系、妻系顺序排列。

2.1.2 汉语亲属称谓系统的特征

由图 2 - 1 ~ 2 - 4 可以看出，汉语亲属称谓语繁杂细致，但又严密，系属分明，这一系统充分体现了中国传统的宗法社会制度以及伦理道德观念。它清楚地分出亲疏、长幼、男女。大体上有如下几个特点：

（1）分工详细，称谓繁多，几乎每一个称谓都可以体现这个人在家庭中的位置。在封建专制制度和宗法制影响下形成的中国传统文化以大家庭为核心，大家族中世代同堂，人口众多，而我们通过称谓就可以分辨出这个人在家里所拥有的地位和身份，所享有的权利和当尽的义务。

（2）区分年龄和辈分。这与我国传统的宗法制有关。中国是一个讲究

---

❶ 王安节，鲍海涛：《汉语亲属称谓分类说略》，《松辽学刊（社会科学版）》，1999 年第 2 期。

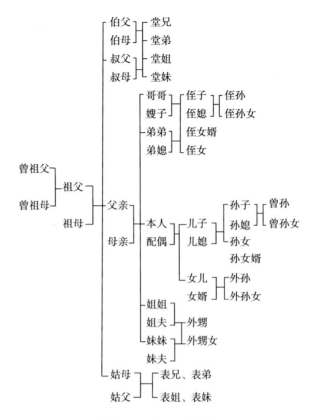

图 2 - 1　父亲亲属称谓

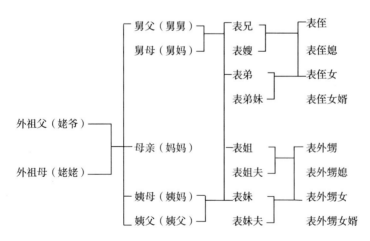

图 2 - 2　母系亲属称谓

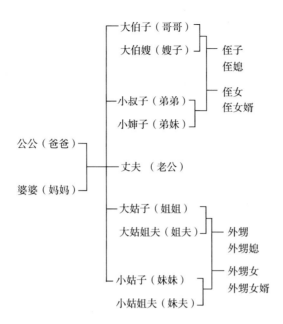

图 2 - 3   夫系亲属称谓图

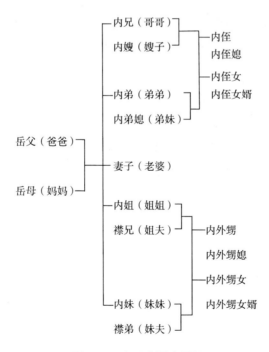

图 2 - 4   妻系亲属称谓图

宗法、礼教的国家，宗法制统治下每个人的后代都分为嫡长子和庶子，而长辈对晚辈又有很大的控制权和支配权，中国传统亲属关系中的"九族"就是按上四代长辈、下四代晚辈的辈分排列的，分别为高祖、曾祖、祖、父、本人、子、孙、曾孙、玄孙。同辈也用不同的亲属称谓语或排行来区别长幼，如"伯仲叔季"、大伯与叔叔、哥哥与弟弟、姐姐与妹妹、大哥、二姐等。

（3）区别父系亲属和母系亲属。在中国家庭中，孩子一般都随父姓，因为父亲的家庭地位是最高的，家中重大事项的决定权都掌握在父亲手里。同样，父亲的兄弟也是最亲近的亲戚，他们孩子的称谓之前都加"堂"，即为最亲近的人，是自家人，如堂哥、堂弟、堂姐、堂妹等。而母亲的兄弟姐妹的孩子的称谓之前要加"表"，意为外姓的人，比如表哥、表弟、表姐、表妹。再比如，母系亲属之前加一个"外"字，表示远亲，如外公、外婆，是母亲那边的人，是外人；而爷爷、奶奶是父亲这边的人，是"内亲"，是家里的人。

（4）重男轻女。中国自古以来便是父系社会，重视男性血亲，同一祖宗的男性都被列为宗亲范围。但女性却不同，未出嫁的女性被列为宗亲的范围内，一旦出嫁将列入夫家的宗亲范围，而成为本家的"外人"；同样，嫁入的女性也会"嫁夫随夫"，成为夫家宗亲中的一员。亲属称谓语中堂亲和表亲的区别便包含了男尊女卑的思想。中国封建社会重男轻女的另一个表现是汉语亲属称谓语中父系男性亲属称谓语数量众多，非常细致；而母系亲属以及父系亲属中的女性亲属称谓语相比则较为简单概括，如父亲的兄弟，年龄比父亲大的为伯伯，年龄比父亲小的称为叔叔；而母亲的兄弟统称为舅舅，父亲的姐妹统称姑姑，不能分辨出他们之间的长幼。

2.2 塔吉克语亲属称谓系统

2.2.1 塔吉克亲属称谓的描述

笔者在塔吉克斯坦民族大学孔子学院教授汉语。其间，在学生学到"爸爸、妈妈、爷爷、奶奶、哥哥、弟弟、姐姐、妹妹"等直系血亲的亲属称谓时，能够很容易就学会，并且区分得很清楚，但是再过一段时间，到了学习"叔叔、伯伯、舅舅、姨姨、姑姑、婶婶"等词语时,学生就开始疑惑了。由于授课使用的媒介语是英语,而英语中的"cousin、uncle、aunt"等词不能明确解释汉语亲属称谓的意思,为了让学生明白每个亲属称谓的意思,笔者找本土教师学习了塔吉克语的一些亲属称谓,才明白原来塔吉克语的亲属称谓与汉语有许多相似的地方,比如"爸爸-Падар、妈妈-Модар、爷爷-Бобо、奶奶-Мома、哥哥-Ака、弟弟-Додар、姐姐-Апа、妹妹-Хохар",这些核心家庭成员的称谓都是一对一的关系,并且区分年龄、性别和辈分。

由于文化习俗、历史发展等方面的不同,塔吉克语亲属称谓语系统与汉语亲属称谓语系统还是存在较大差别的。根据绪论一章中对六种亲属制度的详细介绍,可以知道塔吉克语亲属称谓介于爱斯基摩制和苏丹制之间,如上文所说,它区分了核心家庭和非核心家庭,尤其是对核心家庭成员的称谓十分详尽,"妈妈-Модар、爸爸-Падар、哥哥-Ака、弟弟-Додар、姐姐-Апа、妹妹-Хохар",每个人都有对应的称谓。同时它对于非核心家庭成员的称谓也是比较完善的,如"爷爷、外公-Бобо、奶奶、外婆-Биби、伯伯、叔叔-Аммаки、姑姑-Амма、舅舅-Таѓо、姨妈-Хола、公公、岳父-Хусур、婆婆、岳母-Хушдоман",不过却没有如汉语亲属称谓般明确区分宗亲、外亲和姻亲,因此它的描述性不如汉语强,也不完全属于苏丹制。另外,塔吉克人的家庭并非只有父母与子女两代人居住,多数是三代或四代人一起居住,有祖父母、父母、子女三代人,在农村或者山区,也有四代人一起居住的情况。所以不能说它完全属于爱斯基摩制。

塔吉克语亲属称谓中非核心家庭成员的称谓较之汉语要简单得多。核心家庭成员以外的亲戚通常许多人共用一个称谓,是一对多的关系,只区别性别和年龄,不区别直系与旁系、姻亲与外亲。例如,"Язна"一词包括了姑父、姨父、姐夫、妹夫、表姐夫、表妹夫、大姑姐夫、小姑姐夫在内的一系列男性亲属;而"Янга"一词则涵盖了伯母、叔母、舅母、嫂子、弟媳、表嫂、表弟妹、大伯嫂、小婶子、内嫂、内弟媳等一系列女性亲属;"Чиян"不仅可以称呼所有父母同辈亲戚所生的孩子,如堂兄弟姐妹、表兄弟姐妹,还可以称呼侄子、侄女、外甥、外甥女、表侄、表侄女、表外甥、表外甥女，这个称谓不区分性别和年龄，也不区分与本人之间存在的辈分关系。所以它也不完全符合苏丹制的详尽的描述型特征，笔者将它归为介于这两种亲属制度之间的一种存在。

本文记录了 55 个塔吉克语标准亲属称谓，为了更直观地展现塔吉克语亲属称谓系统，我们将其以树状图的形式展现出来。

（1）塔吉克语父系亲属称谓

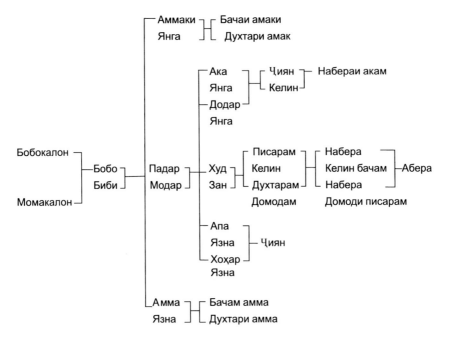

图 2-5　父系亲属称谓语

表 2-1　父系亲属称谓汉塔对照表

塔吉克语	汉语	塔吉克语	汉语
Бобокалон	曾祖父	Момакалон	曾祖母
Бобо	祖父	Биби / Мома	祖母
Ота/Падар /Дада	父亲	Оча/Ая/Модар/Бува	母亲
Занам	妻子	Щавхарам	丈夫
Писарам/бачам	儿子	Келин	儿媳
Духтарам	女儿	Домодам	女婿
Набера	孙子	Келин бачам	孙媳

塔吉克语	汉语	塔吉克语	汉语
Набера	孙女	Домоди писарам	孙女婿
Набера	外孙	Набера	外孙女
Абера	曾孙	Абера	曾孙女
Ака	哥哥	Янга	嫂子
Додар	弟弟	Янга	弟媳
Ҷиян	侄子	Хамсари бачаи акам	侄媳
Набераи акам	侄孙	Набераи акам	侄孙女
Апа	姐姐	Язна	姐夫
Хоҳар	妹妹	Язна	妹夫
Ҷиян	外甥	Ҷиян	外甥女
Аммаки	伯父、叔父	Янга	伯母、叔母
Бачаи амаки	堂兄弟	Духтари амаки	堂姐妹
Амма	姑母	Язна	姑父
Бачаи ама	表兄弟	Духтари ама	表姐妹

（2）塔吉克语母系亲属称谓

图2-6　母系亲属称谓图

表2-2　母系亲属称谓汉塔对照表

塔吉克语	汉语	塔吉克语	汉语
Бобо	外祖父	Биби/Мома	外祖母
Тао	舅舅	Янга	舅妈
Хола	姨母	Язна	姨父

续表

塔吉克语	汉语	塔吉克语	汉语
Бачаи тағои	表哥、表弟	Келини тағои	表嫂、表弟妹
Духтари хола	表姐、表妹	Щавҳари духтари хола	表姐夫、表妹夫
Набераи тағои	表侄	Келини набераи тағои	表侄媳
Набераи тағои	表侄女	Щавҳаринабераитағои	表侄女婿
Набераи хола	表外甥	Зани набераи хола	表外甥媳
Набераи хола	表外甥女	Щавҳари набераи хола	表外甥女婿

（3）塔吉克语夫系亲属称谓

图 2－7　夫系亲属称谓语

表 2－3　夫系亲属称谓语汉塔对照表

塔吉克语	汉语	塔吉克语	汉语
Хусур/Тағо	公公	Хушдоман/Хола	婆婆
Духтар	女儿	Щавҳар	丈夫
Хевар	大伯子、小叔子	Янга	大伯嫂、小婶子
Чиян	侄子	Янга	侄媳
Чиян	侄女	Язна	侄女婿
Кайсунгул	大姑子、小姑子	Язна	大姑姐夫、小姑姐夫
Чиян	外甥	Келин	外甥媳
Чиян	外甥女	Язна	外甥女婿

（4）塔吉克语妻系亲属称谓

图 2-8　妻系亲属称谓语

表 2-4　妻系亲属称谓语汉塔对比表

塔吉克语	汉语	塔吉克语	汉语
Хусур/Таѓо	岳父	Хушдоман/Хола	岳母
Хусурбача	内兄、内弟	Янга	内嫂、内弟媳
Чияни занм	内侄	Келини акаи занам	内侄媳
Чияни занм	内侄女	Щавхари чияни занам	内侄女婿
Кайсунгул	内姐、内妹	Язнаи занм/боча	襟兄、襟弟
Чияни занам	内外甥	Зани чияни занам	内外甥媳
Чияни занам	内外甥女	Щавхари чияни занам	内外甥女婿

2.2.2　塔吉克亲属称谓的特征

从塔吉克语亲属称谓语系统我们可以看出：

（1）同辈之间区分长幼。与英语中将兄、弟统称为"brother"，姐、妹统称为"sister"不同，塔吉克语中的兄、弟、姐、妹分别被叫作 Ака、Додар、Апа、Хоҳар。此外，塔吉克的女士称呼自己丈夫的兄弟为"Хевар"，一般塔吉克人的家庭都会有 4～5 个兄弟姐妹，所以自己的丈夫一定会有两个以上的兄弟，此时对他们的称呼是区分长幼的：年纪最长的为 хевари калони，排行第二的为 хевари дуюм，排行第三的为 хевари сеюм，以此类推，年纪最小的为 хевари майдахаки。其中 калон 的意思为"大、长"，майдахак 的意思是"小"，дуюм、сеюм 为数词"二、三"的变体。

（2）在称谓与父母同辈的亲属时区分父系与母系。Тағо、Хола、Аммаки、Амма 这四个词分别对应了汉语中的舅舅、姨妈、伯父/叔父、姑母。但是对于祖父辈和曾祖父辈来说，塔吉克语却不区分血亲与姻亲，只用 Бобо 来表示祖父和外祖父；Биби 来表示祖母和外祖母；Бобокалон 来表示曾祖父和外曾祖父；Момакалон 来表示曾祖母和外曾祖母。

（3）不区分宗亲与外亲，除核心家庭成员以外的亲属都存在一对多的关系，即一个亲属称谓对应许多辈分不同、年龄不同的人。除了上文提到过的"Язна、Янга、Чиян"，还有"Келини"可以表示儿媳、侄媳、外甥媳、表侄媳、表外甥媳、内侄媳、内外甥媳、孙媳、外孙媳等所有从外族嫁过来的女子；"Домод"可以表示女婿、侄婿、外甥女婿、表侄婿、表外甥女婿、内侄婿、内外甥女婿、孙女婿、外孙女婿等所有辈分低于自己的女性的配偶；"Набера"可以用来称呼孙子、孙女、外孙、外孙女；"Бобокалон"可以用来称呼曾祖父和外曾祖父；"Момакалон"可以用来称呼曾祖母和外曾祖母；"Бобо"可以用来称呼祖父和外祖父；"Биби"可以用来称呼祖母和外祖母。

（4）存在方言变体，集中表现在"父亲、母亲"这两个词语上。塔吉克斯坦分为南方和北方，因此也就有南方方言和北方方言的区别。在亲属称谓上，北方人由于靠近乌兹别克斯坦，受乌兹别克语的影响较大，将"父亲"叫作"Дада"，称呼"母亲"为"Ая"，而 Khujand 地区称"母亲"为"Бува"；南方人将"父亲"叫作"Ота"，将"母亲"叫作"Оча"。其他的亲属称谓也有稍许不同，但变化不如父亲、母亲这两个词语明显。如标准话中，妈妈对自己叔叔、伯伯的配偶称呼统一是"Келини"，而在北方的某些地区，将叔叔的配偶称为"Келини"，而将伯伯的配偶称为"Янга"。

综上所述，汉语与塔吉克语亲属称谓有相一致的地方，比如核心词汇的对应、区分长幼以及区分部分亲属称谓的父系和母系。同时也有许多差异，如汉语亲属称谓属于苏丹制，是一种描述型的亲属制度；而塔吉克语亲属称谓介于爱斯基摩制和苏丹制之间，更偏向于类分型的亲属制度，在非核心家庭成员上体现得更加明显。在下面的章节中，本文将从义项分析、语用特征、历史文化等角度对两种亲属称谓进行对比分析。

3 汉语、塔吉克语亲属称谓对比分析

根据上一章节的分析和阐述，以及汉语与塔吉克语亲属称谓对照表中所显示的，我们不难看出汉塔亲属称谓的一些区别特征：

（1）汉语和塔吉克语的核心亲属称谓基本是对等的，例如，爷爷（Бобо）、奶奶（Биби）、爸爸（Падар）、妈妈（Модар）、哥哥（Ака）、弟弟（Додар）、姐姐（Апа）、妹妹（Хоҳар）。

（2）汉语和塔吉克语非核心亲属称谓不对等，二者进行相比较的话，塔吉克语非核心亲属称谓语比汉语要更为简单，这就造成两者间存在不对等关系。就汉语而言，某些亲属称谓会分很多种，塔吉克语通常使用一个词概括。如："叔叔、伯伯"都用"Аммаки"，"婶婶、伯母"都用"Янга"一词。

（3）跟塔吉克语亲属称谓相比较，汉语亲属称谓更重视血缘远近和长幼之分。例如，汉语中的"外祖父"是母系亲属，"祖父"是父系亲属，但是塔吉克语都用"Бобо"一词来称谓。再如，汉语中的"堂兄弟姐妹、表兄弟姐妹"是有长幼和血缘之分的，"侄子、侄女、外甥、外甥女"更是与"堂、表兄弟姐妹"有辈分的差别，但在塔吉克语中一般都只用"Чиян"来表示，抹杀了称谓对象与说话者的年龄大小和血缘关系的亲疏。

除了这些明显的异同外，汉语和塔吉克语亲属称谓语在义项分析、语用特征、历史文化方面也存在诸多异同。下面笔者将从这几个方面进行具体的对比分析。

3.1 汉塔亲属称谓义项对比

一个词语有很多不同的意义，这些意义就是它的义项。为了分析汉语和塔吉克语亲属称谓在义项上的异同，笔者将汉语亲属称谓按照相同的塔吉克语进行归类，并按照辈分长幼排列，共分为 10 组。下面将这 10 组亲属称谓进行分析。

（1）爷爷/祖父（Бобо）

在汉语中，"爷爷"即是"祖父"，意义为"父亲的父亲"。只不过

"爷爷"存在亲属称谓语的泛化，可以用来指称"跟祖父辈分相同或年纪相仿的男人"。塔吉克语中的"Бобо"，既是口语也是书面语，它表示某个人父亲或母亲任何一方的父亲。从这个角度，可以很明显看出塔吉克语的"Бобо"包含的范围更广，它不仅指爷爷或祖父，也可以指外祖父或外公。但是在塔吉克语中，几乎没有用"Бобо"来指称非亲属的现象。

（2）奶奶、姥姥（Биби）

"奶奶"亦称"祖母"，也可用来称谓"跟祖母辈分相同或年纪相仿的女性"，存在泛化现象。"姥姥"也叫作"外祖母"，是"妈妈的母亲"。也就是说，从血缘关系来看，奶奶是父系亲属，姥姥是母系亲属。"Биби"即父母任何一方的母亲。同样，该词的涵盖范围更广，但是模糊了亲属之间的血缘关系。

（3）爸爸/父亲（Падар）和妈妈/母亲（Модар）

在汉语中，有子女的男子是子女的父亲，或称爸爸；有子女的女子是子女的母亲，或称妈妈。塔吉克语中，"Модар"和"Падар"都是书面语，如若在口语中出现，必定是在非常庄重、严肃的场合。这两个词翻译成汉语只能是"父亲、母亲"而不能是"爸爸、妈妈"。口语中的"爸爸、妈妈"在塔吉克语中是"Ота、Оча"。

（4）公公、岳父（Хусур）和婆婆、岳母（Хушдоман）

汉语中，"公公"是丈夫的父亲，"婆婆"是丈夫的母亲，合称"公婆"。"岳父"为妻子的父亲，也称"岳丈、泰山"，"岳母"为妻子的母亲。塔吉克语中的"Хусур"和"Хушдоман"表示丈夫或妻子的父母亲。这两个词包含了汉语中的"公婆、岳父母"四种亲属关系。

（5）先生/丈夫（Щавхар）和妻子/太太/夫人/媳妇（Занак）

汉语中，男女两人结婚后，男子为女子的"丈夫"。"先生"一词用作称谓语义项颇多，可以指"老师"，可以用来称呼知识分子，可以用来称呼别人或自己的丈夫等。"妻子"既可指"妻子和儿女"，也可指"男女结婚后，女子是男子的妻子。"在塔吉克语中，"Щавхар"和"Занак"的含义相对简单，就是结婚后的一对男女。由此可见，汉语中同一亲属称谓的变体很丰富，而塔吉克语却比较单一。

（6）叔叔、伯伯（Аммаки）和姑姑（Амма）

在汉语中，"叔叔"用来称呼自己父亲的弟弟，也用于称呼"和父亲同辈分而年纪较小的男子"。"伯伯"用于称呼自己父亲的哥哥，也用于称呼"和父亲同辈分而年纪较大的男子"。塔吉克语中的"Аммаки"一个词就包含了汉语的"叔叔、伯伯"这两层意思。汉语中的"姑姑"用来称呼自己父亲的姐妹，塔吉克语中与之对应的是"Амма"。汉语"叔叔"泛化用法时，通常用在对方姓氏后面，如"张叔叔、李叔叔"，而塔吉克语的"Аммаки"常用在对方名字前面。"姑姑"没有泛化的用法。

（7）哥哥（Ака）、弟弟（Додар）和姐姐（Апа）、妹妹（Хоㅈар）

汉语中，"哥哥"是"同父母，或同父比自己大的男子"；"弟弟"则是同父比自己小的男子，"哥哥和弟弟"统称为"兄弟"。"姐姐"为同父年长自己的女子，"妹妹"为同父比自己年龄小的女子，她们统称"姐妹"。塔吉克语中有与这四个词语相对应的"Ака、Додар、Апа、Хоㅈар"。因此，在核心家庭成员的亲属称谓中，塔吉克语同汉语的亲属称谓一样，都能够比较清晰地反映出长幼。在塔吉克语中，还可以用"Ака"来指称无亲戚关系的成年男性，用"Апа"来称呼无亲戚关系的成年女性，这和汉语中"大哥、大姐"相类似。

（8）姑父、姨父、姐夫、妹夫（Язна）和伯母、叔母、舅母、嫂子、弟媳（Янга）

"嫂子"是哥哥的妻子，也可用于泛称年纪不太大的已婚妇女。塔吉克语中的"Янга"意即某人丈夫或妻子的姐妹，或兄弟的妻子。"这一个称谓涵盖了汉语的"伯母、婶婶、舅母、嫂子和弟媳"等多种亲属关系。而"Язна"一词也涵盖了"姑父、姨父、姐夫、妹夫"等多种亲属关系，因此可以看出，塔吉克语的称谓对于血缘的远近，父系和母系的区分是不明显的。

（9）儿子（Писарам）和女儿、姑娘（Духтар）

"儿子"是父母的男孩子，"女儿或姑娘"是父母的女孩子，其间主要体现的是性别差异。而"孩子"可以统指子女，不体现性别差异，主要强调的是"年龄小"。塔吉克语中的"Духтар"和"Писарам"同样体现性别差异，这一组称谓语汉语和塔吉克语之间对等性很强。

（10）孙子和孙女（Набера）

汉语中，"儿子的儿子"是"孙子"，"儿子的女儿"是"孙女"；塔吉克语中，"Набера"指某人孩子的儿子，包含汉语"孙子、孙女、外孙、外孙女"四种亲属关系。这一点说明了塔吉克语称谓语以一代多，没有汉语那么分类详细。

3.2 汉塔亲属称谓语用对比

在实际交往过程中，亲属称谓有多种形式，人们通常根据说话语境、文化背景、人与人之间的亲密程度等选用最合适的亲属称谓。在亲属称谓的使用方面，两种语言的亲属称谓有语体色彩的不同，也有情感色彩的不同。所以，在语用上，汉语与塔吉克语亲属称谓的不同主要体现在背称与面称、谦称与敬称、亲属称谓的泛化三个方面，下面将详细阐述。

3.2.1 背称与面称

称呼亲属分为当面称呼和背后称呼。当面称呼即为面称，它是对某个具体亲属的直接称呼形式，主要是为了达到与别人通话的目的。背后称呼即为背称，背称用于称呼谈话双方以外的第三方的称谓语，即间接称谓，主要是表明说话者与第三方的关系。表3-1为汉塔亲属称谓语面称与背称的比较。

表3-1　背称与面称汉塔对照

塔吉克语		汉语	
背称	面称	背称	面称
Бобокалон	Бобокалон	曾祖父、外曾祖父	太爷爷
Момакалон	Момакалон	曾祖母、外曾祖母	太奶奶
Бобо	Бобо	祖父、外祖父	爷爷、外公
Мома	Биби	祖母、外祖母	奶奶、外婆
Падар	Ота、Дада	父亲	爸爸
Модар	Оча、Ая	母亲	妈妈
Аммаки	Аммаки	伯父、叔父	伯伯、叔叔
Таѓо	Таѓо	舅父	舅舅
Амма	Амма	姑母	姑姑、姑妈

塔吉克语		汉语	
背称	面称	背称	面称
Хола	Хола	姨母	姨姨、姨妈
Язна	Язна	姑父、姨父、姐夫、妹夫、表姐夫、表妹夫、大姑姐夫、小姑姐夫	姑父、姨父、姐夫、妹夫
Янга	Янга	伯母、叔母、舅母、嫂子、弟媳、表嫂、表弟媳、大伯嫂、小婶子、内嫂、内弟媳	伯母、婶婶、舅妈、嫂子、弟媳
Чиян	Чиян	堂兄弟姐妹、表兄弟姐妹、侄子、侄女、外甥、外甥女、表侄、表侄女、表外甥、表外甥女	哥哥、姐姐、弟弟、妹妹、直接称名
Ака	Ака	哥哥	哥哥、哥
Додар	Додар	弟弟	弟弟、直接称名
Апа	Апа	姐姐	姐姐、姐
Хоˣар	Хоˣар	妹妹	妹妹、直接称名
Хусур	Падар、Ота	岳父、公公	爸爸
Хущдоман	Хола	岳母、婆婆	妈妈
Келини	直接称名	儿媳、侄媳、外甥媳、表侄媳、表外甥媳、内侄媳、内外甥媳、孙媳、外孙媳	直接称名
Домод	直接称名	女婿、侄婿、外甥女婿、表侄婿、表外甥女婿、内侄婿、内外甥女婿、孙女婿、外孙女婿	直接称名
Набера	直接称名	孙子、孙女、外孙、外孙女	直接称名
Абера	直接称名	曾孙、曾孙女	直接称名

从表3-1中我们可以看出，汉语与塔吉克语直系宗亲亲属称谓面称与背称对应关系较为整齐。不同之处表现在：

（1）两种语言在称呼长辈时，面称与背称对被称呼者性别都有所区分。在晚辈亲属背称中，汉语背称进一步区分了被称呼者的性别，而塔吉克语大多不再细分而统一称呼。如"孙子、孙女"都是"Набера"，"曾孙、曾孙女"都是"Абера"。

（2）无论面称还是背称，汉语亲属称谓的丰富性都大大超过了塔吉克语，如"生养自己的男子"汉语面称有"爸爸、爸、爹"，背称有"父亲、爸爸"，而塔吉克语则没有这么丰富。

（3）在称呼配偶或子女及其配偶时，汉语中可以使用从儿称或者从孙称，如"孩子他爸、孩子他妈"等。笔者在访谈中了解到，塔吉克语中也有从他称的现象：孩子的妈妈在说话的时候，会用"Ота + 第一个孩子的名字"的方式来称呼孩子的爸爸。因为塔吉克人一家都有五六个孩子，所以最广为人知的孩子就是第一个孩子的名字，他们使用从他称时，会加上第一个孩子的名字，就知道称呼的是谁的爸爸了。塔吉克语亲属称谓没有借子称的问题，可能是由于塔吉克语虽然属于曲折语，但是某些语法特点属于黏着语的特点，比如，汉语中的借子称"妈妈一会儿去超市，你在这儿等我"中的"妈妈"一词相当于"我"，指孩子的妈妈，是母亲从孩子的角度，借用其对母亲的称谓，这就是借子称。而塔语中没有这种现象，因为塔语中表示这句话的语法时是黏着的，一个后缀"м"就表示"我"的意思，所以塔吉克语中没有借子称的现象。

3.2.2 谦称与敬称

汉语敬称主要是用来背称对方的亲属或面称己方的亲属，且称呼己方亲属时只用于宗亲以外的亲属。汉语中表示敬称的语素有"令、尊、贤、高、贵"等，如"令尊、令爱、尊上、尊老、贤父、贤侄、贵宗、贵族、高堂"等。汉语谦称是由表谦语素后加亲属称谓语素构成，表谦的语素主要有"愚、拙、贱、卑、鄙、家、舍、小、犬"等，如"舍弟、舍妹、犬子、愚兄、鄙人、拙荆"。

塔吉克人对长辈和年老者非常尊敬，在亲属称谓中也有表示尊敬的称谓语，但是没有表示谦卑的称谓语，这可能与他们人人平等的思想观念有关。塔吉克语敬称的对象可以是别人的长辈或年长的亲属，也可以是自己的长辈或年长的亲属。塔吉克语敬称并非像汉语一样是在亲属称谓语前加表示尊敬的语素，而是由于称谓的对象是长辈或年长者，故而亲属称谓语本身就带有尊敬的意思，塔吉克语亲属称谓语表敬称有两种情况：

（1）亲属称谓自身带有尊敬的意思。塔吉克语中长辈、年长者亲属称谓语大都带有尊敬的意思，如 Бобокалон、Бибикалон、Модаркалон，这里的"калон"本身就是"年长"的意思。

（2）在亲属称谓前加"чон"表示"年长的、亲爱的"的意思，同时也表示晚辈对长辈、年幼者对年长者的尊敬。如"апачон、акачон"等。另外在塔吉克北方方言中，他们会尊称自己的"Янга、Хола、Келини"为"Келинимулло、Янгамулло、Холамулло"。这里的"мулло"也是一种表示尊敬意思的后缀。

综上所述，汉语与塔吉克语中都有表尊敬感情色彩的亲属称谓语，但汉语亲属称谓语中的敬称比塔吉克语复杂得多，这表现在汉语不仅一些称谓语自身就含有尊敬的感情色彩义，还有专门表示尊敬的语素与一般亲属称谓语素共同构成汉语敬称。此外，汉语中还有表示谦恭的称谓语，用来称呼自己或与自己一方的亲属，而塔吉克语中则缺少这一类称谓语。

3.2.3 亲属称谓的泛化

亲属称谓的泛化是亲属称谓使用范围的延伸，人们将专门用于亲属之间的亲属称谓广泛运用于同自己没有血缘关系或婚姻关系的人的身上，这就产生了亲属称谓的泛化。如称呼父母的朋友叔叔、姨姨，称呼认识的老人张爷爷、李奶奶等，甚至在陌生人之间也可以这样称呼。表 3-2 是对 13 个汉语亲属称谓泛化现象的总结：

表 3-2　汉语亲属称谓泛化表

泛化的亲属称谓	称呼对象	变体
爷爷	尊称祖父辈且年纪与祖父相当的男性	1. 爷爷、姓 + 爷爷、姓 + 大爷 2. 大爷、老大爷、老爷爷 3. 说话人之子女、孙之名 + 他/她 + 爷爷
奶奶	尊称祖母辈且年纪与祖母相当的已婚女性	1. 奶奶、姓 + 奶奶 2. 老奶奶 3. 说话人之子女、孙之名 + 他/她 + 奶奶
叔叔	尊称父亲辈且岁数比父亲小的男性	1. 叔叔、姓 + 叔叔、姓 + 叔、姓 + 大叔 2. 老叔、大叔 3. 说话人之子女、孙之名 + 他/她 + 叔 4. 职业类名 + 叔叔
伯母	尊称母亲辈且岁数与母亲相当的已婚女性	伯母

续表

泛化的亲属称谓	称呼对象	变体
妈	尊称母亲辈且岁数与母亲相当的已婚女性	1. 大妈 2. 姓 + 大妈 3. 姓 + 妈妈（妈）
阿姨	尊称母亲辈且岁数与母亲相当的已婚女性	1. 阿姨 2. 姓 + 阿姨、姓 + 姨
哥哥	尊称同辈岁数比自己大或相当的男性	1. 大哥 2. 姓 + 哥、名 + 哥 3. 大哥哥 4. 哥们儿
嫂子	尊称同辈岁数比自己大或相当的已婚女性	1. 大嫂 2. 姓 + 大嫂、姓 + 嫂
姐姐	尊称同辈岁数比自己大或相当的女性	1. 大姐 2. 大姐姐 3. 姓 + 大姐、姓 + 姐、名 + 姐 4. 姐们儿
兄弟	称呼同辈岁数比自己小或相当的男性	1. 兄弟、兄弟们 2. 小兄弟 3. 姓 + 兄弟、姓 + 家 + 兄弟
弟弟	称呼同辈岁数比自己小的男性	1. 贤弟 2. 老弟、小老弟 3. 姓 + 老弟 4. 小弟弟
妹妹	称呼同辈岁数比自己小的女性	1. 妹子、大妹子 2. 姓 + 家 + 大妹子 3. 小妹妹
姑娘	称呼晚一辈或两辈的青少年女性	1. 姑娘 2. 小姑娘 3. 姓 + 姑娘

由表 3-2 看出，汉语亲属称谓的泛化多是父系亲属称谓语，且多为长辈称谓语。并且泛化的形式多种多样，基本所列出的每一个亲属称谓都有 2~3 种泛化形式。

塔吉克语中泛化的亲属称谓数量没有汉语的多。据了解，只有"Aка、

Апа"这两个词经常出现在社交场合中，"Ака"用来称呼陌生男性，在亲属称谓的泛化中，这个词不区分年龄。无论是公交车司机还是商店的售货员，或者是食堂的叔叔阿姨，只要是男性，塔吉克人都会尊称对方为"Ака"。"Апа"则用来称呼陌生女性，同样不区分年龄。另外，在塔吉克语中，也可以称呼朋友的"Янга"为"Янга"，这里的条件是你和朋友的关系很好，你不是和称呼对象第一次见面。如果是在街上，随便称呼一位年长的女性为"Янга"是不合理的。在这一层面，塔吉克语某些亲属称谓的泛化是受限制的。

塔吉克语亲属称谓泛化的形式没有汉语多。在塔吉克语中，虽然亲属称谓的意义变得更广泛了，但是它的形式并没有改变，没有汉语中加前缀的形式。某些情况下，塔吉克人使用"Ака + 名字"的形式来使称谓对象更明确。

3.3　汉塔亲属称谓历史文化对比

3.3.1　婚姻制度方面

亲属称谓是连接血缘关系和婚姻关系的纽带，一个社会的婚姻制度必将对亲属称谓产生影响。古代汉语中，男人对岳父、岳母或女人对公婆常称"舅、姑"，如唐诗"待晓堂前见舅姑"。这是由于在远古时期，随着部落形成，婚姻由群婚发展为族外婚，通常情况下两氏族男女成婚，他们的孩子中女儿归女方氏族，男孩归男方氏族，下一代再结婚，女方的公婆或男方的岳父母很可能就是母亲的兄弟姐妹，所以仍称舅、姑。后来发展成交表婚，自己可以与表兄弟姐妹成婚，结婚后自己的舅舅变为自己的岳父，姑母变为自己的婆婆，"亲上加亲"，所以古汉语中的"舅、姑"有两层含义。近代中国随着一夫一妻制的流行，人们不再近亲结婚，这一层含义也就逐渐消失了。

塔吉克斯坦现在仍有交表婚的残留，在山区及农村等偏僻的地方这种现象甚至可以说是普遍的。在部分塔吉克人的观念中，自己的表兄弟姐妹之间互相通婚是可以接受的，当地人认为这就是一种正常现象。因此塔吉克语中的"Таѓо、Хола"也表示两层意思，一个是常用的舅舅、姨妈，另一个是岳父母及公婆。

塔吉克斯坦是一个信奉伊斯兰教的国家。伊斯兰教允许一夫多妻，《古兰经》中说："你们可以择娶你们爱悦的女子，各娶两妻、三妻、四妻；如果你们恐怕不能公平对待她们，那么，你们只可以各娶一妻。"

案例1：孔子学院有一位学生阿本（化名），他和父亲在杜尚别生活，而他的母亲以及另外的四个孩子在苦盏居住。他的父亲在杜尚别也有一位妻子，阿本称呼这位女士为二妈妈，我问阿本，你知道你爸爸有另外的妻子不会生气吗？他回答道："没有，我现在就住在二妈妈的家里，我的爸爸在杜尚别没有房子，但是在这里生活、上学都需要住的地方。我以前住在杜尚别的叔叔家里，但是时间长了也不方便，所以后来爸爸就让我住在二妈妈家里。"我问："你和你的二妈妈关系好吗？"他回答："我们的关系还不错，我会帮二妈妈做家务，二妈妈对我也很好，我们没有吵架，就像妈妈和儿子一样。"我问："那你会因为她花了你爸爸的钱而不开心吗？"他回答："那我们也住她家的房子啊，我们是互相帮助。"

塔吉克人认为，如果一个男人很富有，他的经济水平可以担负得起更多的人的衣食起居，并且他现有的配偶也同意他另外娶妻，那么他就可以娶第二个、第三个或第四个妻子。与中国人的传统观念不同，塔吉克人普遍认为一夫多妻是一种正常的行为，这种行为是有益于社会的。因为这里的女性成年后很少有独立工作的，需要依靠结婚来取得生存之道，所以如果一个男人有足够的经济能力，那么他娶两个到三个妻子是对她们的救赎，是帮助这些女性生存的行为。因为这里的女性一般到十七八岁就不再上学，家里的父母便开始让她们结婚。

另一方面，从1992年到1997年，是塔吉克斯坦的内战时期。这时候塔吉克人每个家庭都有7~8个孩子，所以女孩儿一到十六七岁就会出嫁，以此来减轻家庭的负担。在与学生聊天中得知，他们妈妈的结婚年龄以16~18岁居多，并且部分家庭是一夫多妻。一位学生告诉我，他有两个妈妈，他的妈妈和他的二妈妈相处得十分融洽，兄弟姐妹之间的关系也很好，不会因为不是同一个母亲生的就有嫌隙。这跟塔吉克人民的宗教信仰有一定的关系。古兰经上说他们每个人必须互相帮助，与自己的邻居都要互相帮助，更何况是与自己有父系血缘关系的亲人呢？"我们都是兄弟姐妹，是一家人，我们是一起长大的。"

在这种交表婚残留及现存一夫多妻婚姻制度的影响下，塔吉克语亲属称谓也不同于汉语亲属称谓的层次分明、一一对应，而是形成一对多的关系，并且有交叉重叠的现象。

3.3.2 家庭观念方面

中国的宗法制度层级鲜明。按照周代的宗法制度，宗族分为大宗和小宗，周王为天子，称天下为大宗。天子的除嫡长子以外的儿子被封为诸侯，诸侯对天子而言是小宗，但在他的封地却是大宗。宗法制源于原始社会后期的父权家长制。随着社会的发展，父系氏族社会确立，巩固了父权在家庭中的统治地位，因此汉语亲属称谓区分嫡庶与长幼。比起中国宗法制度下形成的等级鲜明的亲属称谓而言，塔吉克族更强调家庭成员间的平等与自我。

案例2：孔院的一位塔吉克学生说，在他爸爸小时候，杜尚别的人很少，他们家在一片很大的空地上盖了房子，那时候距离很远才有另一户人家。他哥哥小时候上学的时候要走很久的山路才能到学校。后来家里的男孩子结婚了，就在房子周围再建另一个房子，每个结婚的男孩子都会有一个自己的房子，这些房子都是我们自己盖的，装修、家具也都是自己亲手做的，现在杜尚别的房子也有很多人自己装修，我们每年都会装修自己的房子，这样比较干净。就这样这里的房子和人就慢慢变得多了起来，大家住的地方就越来越近，人和人的关系也越来越亲近。

案例3：在我和同事刚搬到现在的住处时，有许多当地人来我们家做客。我们住的是一栋单元楼，不仅仅是对面的邻居来我们家，楼上楼下的人都会与我们打招呼。虽然语言不通，只能做简单的交流，但是还是可以感受到当地人的热情与好奇。但是由于孔院的工作繁忙，我们几个人每天早出晚归，一般只有晚上在家。也考虑到当地的治安现状，晚上我们很少开门。所以在一段时间以后，五个邻居家的小孩才有机会端着糖果和点心来我们家做客，他们说："在塔吉克斯坦，如果有了新邻居，一定要第一时间来和邻居分享自己家的食物，和新邻居聊聊天儿，互相认识一下，所以对他们现在才来感到抱歉。"在我们住的地方，经常能看到小孩子们互相在一起玩儿，他们也能随意进出彼此邻居的家。一开始我们认为这一栋楼上的人都是亲戚，所以大家的关系才这么好，但是后来了解到，他们并不是亲戚，就是普通的邻居。他们之间亲密无间的关系让笔者想到老北京的四合院儿，那时候中国的邻居关系也应是这么亲近的，邻里之间也相互关照和爱护。

这充分表明了塔吉克人对平等和自由的看重。正是由于这种平等的观念，塔吉克语亲属称谓很少区分宗亲和外亲，晚辈的亲属称谓也几乎不区分性别和年龄，这与等级森严的宗法制影响下所形成的汉语亲属称谓截然不同。

3.3.3　社会经济形式

由于地理环境的影响，汉族社会是小农经济占主导地位的，是典型的农耕经济。在此基础上人们重农抑商，安土重迁，对自己所属的土地产生了很大的依赖性，在固定的土地上世代繁衍，因此亲属称谓纷繁复杂，几乎每个人都有对应的称谓。塔吉克人是中亚地区的一个古老民族，其远祖可追溯为公元前10世纪前后来自欧亚草原的一些使用伊朗语的部落。这些部落在中亚地区的阿姆河流域泽拉夫尚河和卡什卡达尔河流域、费尔干纳盆地和今中亚以南的地区，与原先住在这里的居民大夏人、粟特人、古费尔干纳农民，以及在中亚北部和东北部游牧的塞种人结合逐渐形成塔吉克人。塔吉克斯坦北部多为突厥人，属于游牧民族，但是北部多高山，因战争原因逃难而来的游牧民族由于地理条件的限制不得不转为定点而居，慢慢形成了半游牧半农耕的经济形式；而南部地区的地形以平原和河谷为主，当地居民原始经济形式以农耕为主，而从欧亚草原上进入该地区的使用伊朗语的部落属于游牧经济，因此在南部也产生了游牧经济与农耕经济的融合。由于这些原因，塔吉克族在形成过程中形成了半农耕半游牧的经济基础。在此经济基础之上形成的亲属称谓有以下特点：一是男性占主导地位，具有区分父系和母系的称谓的特点，因此亲属称谓较多；二是由于游牧经济的存在，对亲属关系的描述不如汉族在农耕经济基础上形成的称谓详尽。

3.3.4　汉语和塔吉克语发展历史

汉语是世界上最古老的语言之一，是至今通用时间最长的语言，具有较大的稳定性。上古汉语存在于周朝前期和中期，记载于青铜器上；中古汉语使用于隋朝、唐朝和宋朝；近代汉语已经与现代汉语相差无几，也就是通常说的"白话"；现代汉语是以北方官话为基础方言的。它受到外来语的影响和冲击都很小，其发展变化都是发生在内部的，正是汉语发展过程中的封闭性，导致了汉语亲属称谓也具有一定的封闭性，可以较为完整地传承下来。

塔吉克语是波斯语的一个分支，也可以说是波斯语的一种方言，所以波斯语对塔吉克语亲属称谓的影响很大，据一位塔吉克的学者考究，"Язна"一词很有可能是来自波斯语。随着时间的推移，社会环境和政治格局发生变化，塔吉克语慢慢脱离波斯语独立出来，同时，在独立的时候加入了不少自身及民族融合的因素。一位学者在做关于塔吉克语中借词的情况研究时提出，塔吉克语的借词主要从阿拉伯语里借入一些国家政治方面的词，到现在还在使用。这些词都属于阿拉伯语的体系，而波斯字母是在阿拉伯字母的基础上加了四个字母形成的，所以塔吉克语中的很多词汇是从阿拉伯语中总结出来的，包括亲属称谓也是如此。但是到后面一些突厥语开始侵入，就与突厥语产生了语言接触。

自从萨珊王朝瓦解之后，即公元10世纪之后，塔吉克斯坦北方的突厥人开始增多，乌兹别克人、土耳其人开始在这里落地生根，所以语言慢慢就受到了突厥语系的影响。一些突厥语的词汇开始大量引用到塔吉克语的体系中，"Почо"一词有可能是北方塔吉克亲属称谓受突厥语影响的体现。而塔吉克斯坦的南方主要受印度影响，因为它的南部距离阿富汗很近，而当时的阿富汗受到印度佛教的影响很大，导致现在的塔吉克语中既有突厥语的影响，也有印度佛教用语的影响。因此，塔吉克语中的某些亲属称谓与乌兹别克语相差无几，这也导致了塔吉克斯坦南部与北部的方言差异。

由此可见，塔吉克语在其发展过程中受到了波斯语、突厥语等多种语言的影响，亲属称谓中的一些词是从其他语言中直接借用而来，其系统性也受到了冲击；而汉语受外来语言影响较小，亲属称谓也就呈现出封闭性的特点。

综上所述，婚姻制度、家庭观念、社会经济形式、语言发展历史的影响，形成了我们现在所看到的塔吉克语亲属称谓，这也是其与汉语亲属称谓不同的社会文化原因。

4 亲属称谓研究对汉语亲属称谓教学的启示

人和人的交际是从互相称呼开始的，也就不可避免地使用到了亲属称谓，可以说亲属称谓在每一种语言中都是很重要的，我们每天都在与自己及他人的亲属打交道，而选用恰当的称谓来指称他们就是对汉语学习者的考验。实际情况中，塔吉克斯坦汉语学习者在使用汉语纷繁复杂的亲属称谓进行交际时，往往会产生错误，引起跨文化交际的误会或失败。为了使塔吉克斯坦的汉语学习者能更好地学习掌握汉语亲属称谓系统，以下将列出一些相关教学参考建议。

4.1 合理筛选，简化教学

汉语亲属称谓的数量十分庞大，但不是所有的亲属称谓词都适合于汉语作为第二语言教学，一部分常用的亲属称谓是应该用来进行教学的，也有小部分由于语言的发展变化是不适于汉语教学的，所以教师应选择合适的、有代表性的亲属称谓进行教学。用于教学的汉语亲属称谓应该具有以下几点特征：

（1）使用频率高，适用范围大

这一类亲属称谓是社会最常见的，并且被全体社会成员所接受的词汇。如爸爸、妈妈、爷爷、奶奶、外公、外婆、姐姐、姐夫、妹妹、妹夫、哥哥、嫂嫂、弟弟、弟妹、叔叔、婶婶、伯伯、伯母、姑妈、姑父、舅舅、舅妈、姨妈、姨父等，这些算是现代汉语中最常用的亲属称谓，并且短时间内不会发生词义的转移或消亡。而另一些词的使用频率比较低，适用范围比较小，也可能随着社会的发展即将被淘汰，就不适合出现在汉语教学中，如大爸爸、小妈妈等。

（2）有持久的生命力

语言是社会文化的反映，也会随着社会的发展变化而更新或消亡，旧词的消亡和新词的诞生就是语言的新陈代谢。亲属称谓也会在社会发展的过程中发生相应的变化。如"犬子"这个词是古代中国的父母对孩子的称呼，但是现在除了在一些古代小说或者是古装电影电视剧里可以看到它之外，其他地方，特别是现实生活中已经基本上不用了。还有"官人、夫君、贱内、娘子"，这些词是古代中国用于夫妻之间的称谓，但是现在也基本上只出现在古装电视剧中了。这些词语都是容易被淘汰的、生命力不强的词，也不应该出现在汉语教学中，但是如果把它作为了解中国古代文化的一种媒介，可以在课堂上适当提及。

（3）对塔吉克斯坦学生来说难以区分和掌握

毕竟两种亲属称谓不是一一对应的关系，一些亲属称谓汉语中有而塔吉克语中没有，也有一些亲属称谓是一对多、多对一的关系。比如，有些词是塔吉克语没有的，如亲家公、亲家母、玄孙、婶婶、伯母、嫂子等这些词，在塔吉克语中都没有相应的称呼，对亲家公、亲家母大都直呼其名。而对于婶婶、伯母等都统称"Янга"。在汉语中有"卑己而尊人"的文化准则，中国人对别人往往采用尊敬的称呼，而对自己则恰恰相反，总是采用一些表示谦逊的称呼。上文提到的"亲家公"和"亲家母"分别是对自己孩子的配偶的父母的称呼。其实称呼双方的辈分是一样的，但是，为了表示对对方的尊敬，就用自己的孩子称呼他们的辈分来称呼，叫对方"公"或者"母"了。而塔吉克斯坦就没有这种习惯，对同辈人是不需要故意把自己的辈分降低的，所以塔吉克斯坦对于"亲家公""亲家母"都是直呼其名的。还有些词是汉语与塔吉克语不对等的，如在塔吉克语中，叔叔和伯伯都被称为"Аммаки"，舅舅、母舅、表舅都被称为"Таѓо"，女婿、侄婿、外甥女婿都被称为"Домод"，对于这些汉语有而塔吉克语没有的，或者不对等的词，教师在选用的时候要多加注意，尽量将其选入，这样才能更好地运用对比的方式进行汉语亲属称谓词的教学，加深学生的印象。对于这一类词的教学，我们首先要做到的就是让学生明白其真正的含义，比如"岳母"这个词，我们可以翻译为"Хушдоман"，但必须强调，它指的是妻子的母亲，而非丈夫的母亲。汉语和塔吉克语的不对等，使学生在这方面的理解会产生困难。所以这样的解释更是必要的。同时，我们可以强调上下文的作用。因为只有联系上下文的实际，我们才能真正知道它的意义。

(4) 能够体现汉族和塔吉克族文化差异

汉语讲究尊称谦称之别，而塔吉克语主要讲究敬称。汉语的尊称和塔吉克语的敬称又有不同。汉语的尊称是对他人的称呼，是相对于对自己的谦称而言的。而塔吉克语的敬称仅仅是由于对年长者的尊敬，如在称谓后加 "чон、калон"。此外，汉语亲属称谓的泛化也特别值得注意。在汉民族文化中，家庭的地位极其重要。于是使用亲属称谓来称呼没有亲属关系的人，被认为是一种表示亲切和尊敬的态度。因而，汉语就形成了一种利用亲属称谓词来称呼非亲属关系的人，用于表示尊敬的称呼方式，即 "亲属称谓词的泛化"。我们在教学的过程中应该强调这一点，让学生明白，在日常交往中，有一些词，如爷爷、奶奶、叔叔、阿姨等，并不仅仅用于称呼自己的亲人，而是可以根据需要，称呼一些没有亲属关系的人，这是为了表示对他们的尊敬。在选择这类词的时候应该注意到，所选择的词必须是日常生活中被使用的，常被用于表示泛化的亲属称谓词。并且要根据实际，设置一些这种用法的情景让学生作练习，使学生学会如何正确地使用它们。如：

1）A：叔叔，您好。请问新医路怎么走？

　　B：小妹妹，你好啊，去新医路从这里坐 2 路车，到新医路站下，就到了。

　　A：嗯！知道了，2 路，新医路站下，谢谢叔叔。

2）A：李阿姨，你来买菜啊。

　　B：对，这是你家乐乐吧，都长这么高了。

　　A：这是我家乐乐，乐乐，快说李奶奶好。

　　C：李奶奶。

4.2　由易到难，梯形教学

在前文中我们已经论述了汉语亲属称谓系统的复杂性，正因为汉语亲属称谓是复杂的，为了让学生更加清楚明白它对应的亲属关系，我们更应当分阶段、由易到难地教授这些亲属称谓。下面简要谈谈在初、中、高阶段分别应讲授的内容：

（1）初级阶段：初级阶段的学生刚刚接触汉语，他们的汉语水平还很低。在《HSK标准教程》这套教材中，一级课文中仅出现了"爸爸、妈妈、儿子、女儿"，课后练习补充了"爷爷、奶奶、哥哥、弟弟、姐姐、妹妹"，三级课文中才出现"丈夫、妻子、孩子、叔叔、阿姨"。因此，教初级阶段的老师就选汉语亲属称谓中最基本和生活中最常用的称谓语来进行教学，并且要控制数量。这个阶段也可以拿直系亲属称谓系统来教学生，这样就可以让初级学生掌握这些简单的亲属称谓词了。

（2）中级阶段：学生经过初级阶段的学习，已经掌握了少量的基本称谓，可以说对直系亲属称谓系统的称谓没有多大问题了，因此这个阶段可以把旁系亲属称谓系统教给学生，如伯伯、叔叔、舅舅、姑姑、姨妈、侄子、外甥等。这样就可以扩展学生的知识面，让学生掌握目的语国家更多亲属称谓文化，让他们在交际中能够运用自如。

（3）高级阶段：通过前面两个阶段的学习，学生已经掌握了2500个汉语词汇，六级学生汉语词汇量的积累甚至已经达到了5000个，这时他们已清楚明白了日常生活中所需的亲属称谓语，不存在很大的交际困难。因此这个阶段我们可以将书面语教学和口语教学分开，让学生了解不仅"爸爸、妈妈"对应的有"父亲、母亲"的书面语，"爷爷、奶奶"也有对应的书面语"祖父、祖母"。还可以跟学生讲亲属称谓方言之间的差异，如北方人称呼的"姥姥、姥爷"和南方人所说的"外公、外婆"实质上都是相同的对象，即妈妈的父亲和母亲，进而引出"外、堂、表"这三个表示亲属关系远近的词语，帮助学生掌握更多的汉民族文化。

4.3 理清关联，系统教学

前文已经对汉塔亲属称谓的谱系进行了详细的论述，得出了汉语亲属称谓重男轻女、长幼有序、重视辈分的结论。塔吉克语亲属称谓却不是这样的。塔吉克语中将与自己同父同母的兄弟姐妹称为"Ака、Додар、Апа、Хоχар"，即汉语的"哥哥、弟弟、姐姐、妹妹"；与自己同辈但是处于旁系的兄弟姐妹称为"Бачаи амаки、Духтари амаки、Бачаи таѓои、Духтари хола"，即汉语中的"堂兄弟姐妹、表兄弟姐妹"，这些人也可以用一个共同的称呼"Чиян"来表示，同时"Чиян"也能表示"侄子、侄女、外甥、外甥女、表侄、表侄女、表外甥、表外甥女"等人，这是一个词语代表了两代人，说明塔吉克语亲属称谓在辈分方面没有汉语区分得那么清楚。

因此，为了让学生更加明白汉语亲属称谓，首先是要让塔吉克学生对"辈分"这个概念理解清楚。要让他们知道，在汉语中父亲所生的孩子和其他亲戚所生的孩子是不同的，可以直呼为"哥哥、姐姐、弟弟、妹妹"。而其他亲戚的孩子又因为他们的父母与自己父母关系的不同而有不同的称呼。母亲的亲戚的孩子都带有"表"字。父亲的姐妹所生的孩子也是"表"字辈的。而父亲的兄弟所生的孩子则是"堂"字辈的。此外，老师可以借助树状图来进行教学，树状图可以清晰明了地反映出每个称谓之间的联系，有利于学生理清各个词之间的关系。只有弄明白了这一点，他们才能真正地运用好各种亲属称谓词。

4.4 灵活多变，情景教学

在教学过程中，我们应该注重吸引学生的兴趣，帮助学生学习和掌握汉语亲属称谓。因此，为所学内容设置真实的情景，让学生在真实语境中掌握合适的亲属称谓，就能够有意想不到的效果。对于亲属称谓词，所设定的情景当然应该是家庭场景，可以是一家人团聚、聊天、吃饭等。如：

（1）A：妈妈，你今天会和姑妈一起去买东西吗？

B：是啊，今天和你姑妈说好一起买衣服。

A：妈妈，我也想和你们一起去。

B：好啊，给你表哥打电话，我们一起去吧。

A：表哥还在上班呢，我们等他下班一起去吧？

C：可以，记得告诉你表哥！

（2）A：哥哥，我看到一个姐姐，她和表妹很像！

B：真的吗？是哪一个，我来看看。

A：看，就是那个人，黑色的衣服，长头发。

B：嗯，不错，确实像你表妹。

我们更应该注重的是亲属词泛化用法的情景练习，因为这些练习不仅能使学生加深对中国文化的了解，而且对学生来说这种用法还更有实用价值，因为他们如果和中国人进行跨文化交际，更常碰到的是和自己没有亲属关系的人。例如：

（3）A：叔叔好，我想买酸奶，但是太高了，我够不着。

B：小姑娘，你想要哪个，我帮你拿。

A：蓝色袋子的酸奶，拿两个。

B：好的，这个给你。

A：嗯，谢谢叔叔。

（4）A：阿姨，樱桃多少钱一斤啊？

B：20一斤，要买多少？

A：给我来一斤吧。

（5）B：小伙子，这个苹果挺好的，你要来点儿吗？

A：不了，我家里还有呢。

B：行，下回再来。

这些场景设计既活跃了课堂气氛，又提高了学生的学习兴趣，也能让他们在实际生活中了解中国文化，可谓是一举多得。

纵观全文，我们可以知道，事实上，对塔吉克斯坦汉语学习者进行汉语亲属称谓词教学，关键就在于他们对中国文化的理解程度。如果能够使塔吉克斯坦汉语学习者真正对中国文化有深刻的了解，那么汉语亲属称谓词的教学将轻松许多。因此，我们不仅要看重词汇教学，还应该注重文化之间的交流与适应。只有这样才能真正让塔吉克斯坦汉语学习者掌握汉语亲属称谓，掌握汉语。

结　语

通过以上对比和分析，笔者将汉语与塔吉克语亲属称谓的异同主要归纳为以下几点：

（1）总体上，汉语亲属称谓语细致而繁复，有较强的系统性和描述性。汉语称谓系统从父系、母系、夫妻系严格区分辈分、尊卑长幼和宗亲关系的远近。塔吉克语亲属称谓系统粗疏简洁，有较强的概括性。塔吉克语的亲属称谓系统对父系和母系，直系和旁系的区分没有汉语那么明显，且晚辈不分排行顺序。这是因为塔吉克语亲属称谓只是一个抽象符号的作用，在实际生活中人们使用的只有一小部分。

（2）汉语亲属称谓能体现出亲属关系的内外远近。如："表弟、表姐""堂哥、堂妹""叔叔伯伯""姑姑""舅舅、姨姨"等。也就是说，从汉语的称谓语中，我们可以确定出被称谓的对象与本人的血缘远近和亲疏。塔吉克语亲属称谓系统对血缘关系的体现不如汉语明显。在塔吉克语亲属称谓语系统中，和父母同辈的"Аммаки（伯）、Амма（姑）、Таѓо（舅）、Хола（姨）"区分宗亲和外亲，但是他们的孩子不再区分，统称"Чиян"，既可以指堂兄弟姐妹，也可以指表兄弟姐妹，同时它也可以指侄女和外甥女、侄子和外甥。

（3）汉语亲属称谓语能体现出亲属关系的长幼和尊卑。比如用于晚辈称呼长辈的称谓语：爷爷、婶婶、奶奶、外公、叔叔、大伯、姑父、姑姑、伯母、舅舅、姨夫、舅妈、外祖母、姨妈等。在汉语中，人们遵从长幼，同时也非常注重各自的辈分。塔吉克语亲属称谓中，同辈之间的长幼也有所体现，"калони，дуюм，сеюм，майдахаки"常用于表示长幼，其中калон的意思为"大、长"，майдахак的意思是"小"，дуюм、сеюм为数词"二、三"的变体，如同汉语中"大哥、二哥、三哥"的表现形式。

（4）在汉语与塔吉克语亲属称谓中也有一一对应的关系，这体现在核心家庭成员中。如："爸爸–Падар""妈妈–Модар""爷爷–Бобо""奶奶–Мома""哥哥–Ака""弟弟–Додар""姐姐–Апа""妹妹–Хоχар"。同时也有一对多的关系，这一类称谓语在正文中已经列举了许多，如"Язна、Янга"等，此处不再一一举例。

（5）汉语亲属称谓存在泛化现象。汉语文化和交流过程中，用亲属称谓来称呼非亲属成员是很常见的现象。比如称呼跟祖辈年龄相仿的老人为"爷爷、奶奶"，如果是在辈分上与父母同等级，那么则称呼他们为"阿姨、大婶、伯伯、叔叔、大叔"，称呼跟自己年龄相仿的人为"大哥、大姐、兄弟、小妹"等。而塔吉克语中的亲属称谓泛化现象不如汉语丰富。

（6）汉语与塔吉克语亲属称谓差异的形成可能受到历史文化的影响。中国自古以来就是传统的农耕文化占优势，农耕文化使得人们依靠自己的劳动形成了人与土地之间强烈的联系，使得他们不愿意或者很少离开拥有稳定生活的地方。人们对于土地的感情很深，由于封建社会的自给自足性使得人们代代在一个地方生存和繁衍后代，人口较少流动，长久以往，居住在一个地方的人们彼此之间形成了一个个村庄。因此，汉语称谓系统相当复杂。而塔吉克族是半游牧半农耕经济形式，人与人之间的关系没有中国自然村落中人们之间关系紧密。他们的宗教信仰倡导人人平等，提倡自我尊严与自由。在塔吉克斯坦，人们崇尚平等，提倡自信，这也与他们从小受到的家庭教育有关。在这种环境下，人们的等级观念意识不像中国人那么强烈。

受限于本次研究的条件，研究存有不足之处。首先是在构词形态方面没有对两种语言的亲属称谓作对比；其次是作者对塔吉克斯坦的文化只进行了粗浅的介绍，没有写出其中蕴含的深层文化因素；再次是对除杜尚别以外的地区了解不够多，也就没有对方言区的亲属称谓进行全面的梳理与描述，需要后期研究进行补充。希望在今后的研究中，上述不足之处将可以得到弥补。

·+·+·+·+·+·+·+·+·+·+·+·+·+·+·+· **参考文献** ·+·+·+·+·+·+·+·+·+·+·+·+·+·+·+·

一、专著类

[1] 胡士云 . 汉语亲属称谓研究［M］. 北京：商务印书馆，2007.

[2] 冯汉骥 . 中国亲属称谓指南［M］. 上海：上海文艺出版社，1989.

[3] 林耀华 . 金翼——一个家族的史记［M］. 北京：生活书店出版社，2015.

[4] 蔡华 . 血浓于水——华北高村汉族的亲属制度［M］. 云南：云南人民出版社，2009.

[5] 田惠刚 . 中西人际称谓系统［M］. 北京：外语教学与研究出版社，1998.

[6] 吉常宏 . 汉语称谓大词典［M］. 石家庄：河北教育出版社，2001.

[7] 孙维张 . 汉语社会语言学［M］. 贵州：贵州人民出版社，1991.

[8] 郭熙 . 中国社会语言学［M］. 浙江：浙江大学出版社，2004.

二、期刊论文类

[1] 崔希亮 . 现代汉语称谓系统与对外汉语教学［J］. 语言教学与研究，1996（2）.

[2] 周健 . 汉语称谓教学探讨［J］. 语言教学与研究，2001（4）.

[3] 卞成林 . 民族心理和汉语亲属亲属称谓词系统［J］. 广西民族学院学报（哲学社会科学版），1994（4）.

[4] 陈佩秋. 日本留学生拟亲称呼语偏误分析 [J]. 汉语学习, 2002 (6).

[5] 陈佳. 从汉语血缘亲属称谓看语言对文化的反映 [J]. 语言研究, 2002 (特刊).

[6] 储泽祥. "老/小·姓称谓性指人名词"格式的使用情况考察 [J]. 语言文字应用, 2003 (8).

[7] 刘小湘. 中外称谓和对外汉语教学 [J]. 当代修辞学, 1992 (3).

[8] 戴云. 现当代称谓词的时代变迁及其成因考察 [J]. 学术交流, 2005 (4).

[9] 华锦木, 古丽鲜. 浅析维吾尔族亲属称谓中的地域性差异 [J]. 语言与翻译, 1998 (1).

[10] 孙岿. 维吾尔族亲属称谓制的类型 [J]. 西北民族研究, 2000 (2).

[11] 孙岿. 试论维吾尔族亲属称谓的特点 [J]. 喀什师范学院学报, 2001 (3).

[12] 邹中正, 秦伟. 汉族和藏族亲属称谓的比较研究 [J]. 西藏研究, 2002 (3).

[13] 李春风, 齐旺. 近十年我国少数民族语言与汉语对比研究概论 [J]. 民族翻译, 2011 (3).

[14] 曹炜. 现代汉语中的称谓语和称呼语 [J]. 江苏大学学报 (社会科学版), 2005 (2).

[15] 吴慧颖. 建国以来拟亲属称呼的变化 [J]. 语文建设, 1992 (12).

[16] 么孝颖. 称谓语=称呼语吗? ——对称谓语和称呼语的概念解释 [J]. 外语教学, 2008 (4).

[17] 郑尔宁. 近二十年来现代汉语称谓语研究综述 [J]. 语文学刊, 2005 (2).

[18] 阮凯歌. 称呼语研究综述 [J]. 现代语文 (学术综合版), 2014 (9).

[19] 李慕杰. 汉英称谓语中文化差异初探 [J]. 北京第二外国语学院学报, 2005 (2).

[20] 郑献芹. 近十年来汉语称谓词语研究概况及分析 [J]. 江西社会科学, 2006 (5).

[21] 丁崇明. "姓名亲属称谓"——一种值得推广的称呼语 [J]. 汉语学习, 2000 (1).

[22] 丁夏. 称谓与中国文化 [J]. 清华大学学报, 1995 (4).

[23] 樊小玲, 胡范铸, 林界军, 等. "小姐"称呼语的语用特征、地理分布及其走向 [J]. 语言文字应用, 2004 (4).

[24] 葛艳. 中德文化差异比较——从中德称呼语的不同谈起 [J]. 同济大学学报, 2001 (4).

[25] 胡英. 汉语称谓语的使用及辨析 [J]. 甘肃教育, 2003 (9).

[26] 黄碧蓉. 文化观照下的英汉亲属称谓语 [J]. 河海大学学报 (哲学社会科学

版），2005（1）．

[27] 黄俊英．称谓词的文化流变［J］．河南师范大学学报（哲学社会科学版），2003（2）．

[28] 李倩．汉语称谓词语与对外汉语教学［J］．考试周刊，2009（12）．

[29] 马丽．古汉语年龄称谓词考释［J］．浙江教育学院学报，2007（9）．

[30] 马丽．汉语性别称谓词研究［J］．兰州学刊，2007（5）．

[31] 潘攀．新时期社交称谓语及其心理评价［J］．武汉教育学院学报，1995（4）．

[32] 潘攀．亲属称谓语的泛化［J］．语言文字应用，1998（2）．

[33] 潘文．普通话亲属称谓形式化初探［J］．南京师大学报（社会科学版），2001（6）．

[34] 齐沪扬，朱琴琴．上海市徐汇区大中小学生称谓语使用情况调查［J］．语言文字应用，2001（2）．

[35] 裴燕萍．俄汉亲属称谓系统的对比研究［J］．四川外语学院学报，2003（3）．

[36] 邵黎黎．汉英语中亲属称谓词的不对等性［J］．信阳农业高等专科学校学报，2005（3）．

[37] 史金宝．论汉语亲属称谓的特征及其社会历史文化背景［J］．复旦学报社会科学版，2003（2）．

[38] 孙德华．留学生汉语语用能力调查研究［J］．语文学刊，2006（4）．

[39] 孙琴芳．中西称谓用语的文化差异［J］．西安外国语学院学报，2002（1）．

[40] 汪成慧．从俄汉民族文化看亲属称谓词的差异［J］．三峡大学学报，2001（3）．

[41] 卫志强．称呼的类型及其语用特点［J］．世界汉语教学，1994（2）．

[42] 向熹．称谓词与《称谓词典》［J］．四川大学学报，2006（4）．

[43] 项小明．中英称呼语的分类比较［J］．肇庆学院学报，2001（1）．

[44] 肖巧玲．浅议英汉称谓语所映射出的中西文化差异［J］．武汉科技大学学报，2000（2）

三、学位论文类

[1] 孔令凤．称谓语的初步研究［D］．上海外国语大学，2004．

[2] 刘晨曦．现代汉语姓名称谓语研究［D］．湘潭大学，2007．

[3] 刘薇．试论汉语称谓语的文化内涵［D］．云南师范大学，2006．

[4] 罗小玲．现代称谓语的跨文化研究［D］．广西师范大学，2007．

[5] 何洪霞．留学生社交称谓语运用调查研究与教学探讨［D］．吉林大学，2008．

[6] 楼峰．汉语"通用"社交称谓语的语义研究［D］．浙江大学，2007．

[7] 田昊罡．欧美学生汉语社交称谓语学习使用情况调查及教学策略研究［D］．上海

外国语大学，2008.

[8] 魏清. 汉泰称谓语比较研究 [D]. 南京师范大学，2005.

[9] 徐新颜. 中级水平日韩、欧美留学生汉语学习策略研究 [D]. 北京语言大学，2003.

[10] 赵钟淑. 中韩现代亲属称谓语研究 [D]. 山东大学，2008.

[11] 刑君兰. 韩国留学生汉语称呼语习得研究及教学 [D]. 吉林大学，2012.

[12] 毛仕慧. 中英称呼语对比研究与对外汉语教学 [D]. 黑龙江大学，2012.

[13] 刘钱凤. 俄汉称呼语文化与语用研究 [D]. 南京师范大学，2004.

[14] 张丽. 称呼语与对外汉语教学 [D]. 西北大学，2010.

初级阶段汉语国际教育教师
课堂语言传播效果调查研究
——以新疆师范大学非学历留学生为例

李晓闻

1. 绪论

1.1 选题缘由

新常态之下，我国经济持续高速增长，综合国力显著提高，使中国在世界范围内的影响力不断加强，作为一个国家软实力的文化也经历了从被动接受到主动输出的转变。语言作为文化的重要组成部分，也随着经济的发展发挥着重要作用。目前，500 多所孔子学院遍布世界各地❶，"汉语热"的大潮流应运而生，前不久美国总统特朗普访华之时，其向习主席展示的外孙女学习汉语的视频不胫而走，从侧面印证了学习汉语的大潮正轰轰烈烈地掀起。如今，来中国学习的外国人越来越多，汉语国际教育❷教师逐渐出现在人们研究的视野。他们不仅是传播知识的桥梁，更肩负着传递中华文化的伟大使命，因此汉语国际教育教师语言的重要性不言而喻。

在这个宏大的背景之下，我们既需要对汉语热的积极研究，也需要"汉语热"背后的"冷思考"。汉语国际教育教师的语言至关重要，它关系到教师能否成功地执行教学计划，特别是在以目的语授课的前提下，成为学生所能获得的可理解输入的主要来源，直接影响到学习者的目的语习得。对教师语言的研究，也是对学习者语言输入研究和第二语言习得过程

---

❶ 该数据来自国家汉办官网，截止日期为 2016 年 12 月 31 日。

❷ 自 2013 年起，根据《教育部普通高等学校本科专业目录（2012 年）》和《普通高等学校本科专业设置管理规定》，原"对外汉语""中国语言文化"和"中国学"合称"汉语国际教育"专业。

研究的重要内容。

教师是人类灵魂的工程师、文明的传承者。教师的语言是教师的"法宝",也是一堂课能否成功的关键所在。正所谓"工欲善其事,必先利其器",要想上好一堂课,教师必须首先锤炼好自己的语言。● 苏联著名教育家苏霍姆林斯基在《给教师的建议》一书中就曾鲜明地指出,"教师的语言素养在极大的程度上决定着学生在课堂上的脑力劳动的效率。"因此,这就要求一名合格的教师不仅要有渊博的知识、较高的道德修养,在具体的教学中,还应努力追求恰如其分的课堂语言。近年来,国家越来越重视提高教师的语言修养,以此来提高未来人才的水平。

综上所述,带着诸多的现实问题,笔者以新疆师范大学的汉语国际教育教师及非学历留学生为研究对象,以该校教师的语言为内容、以教师课堂语言传播效果为标的进行研究,总结出他们的语言有哪些特点,他们的语言有哪些分类,他们的语言应该遵循哪些原则及传播效果等都会成为本文研究的问题,研究结果将对汉语国际教育教师事业的发展提供理论支持。

1.2　研究目的

教师语言在课堂上占有重要的地位,不仅用于教师组织教学,还是学生语言学习的对象,是目前课堂活动研究的主要方面。国内教育理论研究界、外语教学和其他知识课教学对课堂活动研究比汉语国际教育教学领域做得多,而且更深入细致。相对而言汉语国际教育课堂教学研究落后了一步。因此,本文研究汉语国际教育教师语言的传播效果具有如下目的。

首先,了解目前初级阶段汉语国际教育教师课堂语言使用现状;其次,让从事初级阶段教学的教师认识到自己在课堂语言使用方面存在的问题和不足;再次,以新疆师范大学的汉语国际教育教师及非学历学生为研究对象,以该校汉语国际教育教师的语言为内容、以教师课堂语言传播效果为标的进行研究;最后,针对目前汉语国际教育教学中教师语言使用情况提出相应建议。

● 张巧艳:《初级阶段对外汉语综合课教师话语特点分析》,《厦门大学》,2008 年。

1.3 研究意义

笔者想通过对既往研究材料的搜集整理，从理论框架出发，以新疆师范大学非学历留学生为对象进行调查研究，分析出现实中教师课堂语言的具体传播效果，并发现相关问题，厘出相关建议和对策，以此为出发点，推而广之，希望对国内汉语国际教育教师课堂语言问题起借鉴作用。

1.3.1 理论意义

以往对教师的要求多着眼于教师自身学科知识结构这一方面，通过设立相关课程来掌握诸如语言学理论、语音、词汇、语法、文字以及教育学、心理学、第二语言学习理论等相关学科。但是实际教学过程中，我们可以发现教师虽然具有较为扎实的语言功底和专业素养，但是却不能达到理想的教学效果，这主要是因为汉语国际教育教这门学科自身具有应用性、交叉性、综合性等特点，在实际的教学中往往体现了教师方方面面的综合素质，其中不仅包括自身的学科结构知识，还包括教师必须具备的专业技能和良好的心理素质。因此，研究汉语国际教育教师课堂语言及其传播效果具有十分重要的理论意义。

1.3.2 实践意义

汉语热流行的时间并不长，随着汉语热的流行，世界范围内对汉语国际教育教师的需求量显著增加，而教师的相关专业素养和个人素质的要求就稍显薄弱，同时相关经验也较为缺乏。因此研究汉语国际教育教师语言带来的传播效果，就能够针对性地对教师的语言进行剖析研究，发现目前教师在语言运用上的不足，找准不足并提供相应的建议，以期能够在以后的教学过程中完善教师的语言使用不足，从而提高教师的教学质量和教学效率，同时提高学生的积极性和自主性，使课堂传播效果更加显著。因此研究汉语国际教育教师的语言传播效果具有十分重要的现实意义。

1.4 文献综述

作为汉语国际教育研究工作的一个重要分支，汉语国际教育教师课堂语言的研究是一个循序渐进的过程，在相关研究逐渐深入化的时候，教师课堂语言的研究才开始细分出来，因此，教师课堂语言的研究是在汉语国际教育的宏观大背景下展开的，近年来相关的研究成果比较丰富。笔者通过对相关文献的查询，与汉语国际教育课堂语言相关的文献有 1299 篇，笔者通过对这些文献资料的搜集整理，最后遴选出 91 篇研究成果含金量高的论文进行分析梳理，试图廓清近年来汉语国际教育教师课堂语言相关的研究成果，为本文之后的论述打好基础，笔者主要从以下三个方面对文献进行分类梳理：一是教师语言的定性研究，二是对汉语国际教育教师课堂话语研究的借鉴，三是教师课堂语言传播效果研究。

1.4.1 教师语言的定性研究

有关教师语言的研究开始作为一个可以独立研究的领域，我们可以追溯到 20 世纪 70 年代末期。近三十年来，有关教师语言的研究已经取得很大进展，正如田文（1981）在其《教学语言初探》❶ 一文中所述，认为教学语言应该具有思想性、科学性和艺术性，同时他还提出了教师语言应该准确、精练、通俗易懂、富有趣味。但是目前国内关于教师语言的研究主要集中在其特点及分类方面。

根据现有文献，较早注意到教师语言特点的是刘恩葵，早在 1987 年，他在其《教师语言特点浅谈》❷ 中指出教师语言的特点分别是准确性、完整性、通俗性、生动性、反复性、优美性。阎书春（1992）在其《教师语言的特点》❸ 一文中将教师语言总结出以下七个特点：教育性、科学性、启发性、针对性、自控性、直观性、反馈性。王颐嘉（1994）在《教师口语的特点及规律》❹ 一文中指出，教师口语在交际环境、交际对象、交际目的等方面有其特殊性。段巧凤、姚安修（2004）在其合写的《论教师语言的特点》❺ 一文中将教师语言的特点简化为艺术性、准确性、启发性等几个方面。

---

❶ 田文：《教学语言初探》，《北京师范大学学报》，1981 年第 5 期，第 82～87 页。
❷ 刘恩葵：《教师语言特点浅谈》，《吉林师范学院学报（哲学社会科学版）》，1987 年第 4 期，第 102～103 页。
❸ 阎书春：《教师语言的特点》，《煤炭高等教育》，1992 年第 2 期，第 46～47 页。
❹ 王颐嘉：《教师口语的特点与规律》，《语文建设》，1994 年第 8 期，第 11～14 页。
❺ 段巧凤，姚安修：《论教师语言的特点》，《河南社会科学》，2004 年第 4 期，第 145～146 页。

教师语言小而言之关乎到一堂课的成败得失，大而言之关乎到树人成长的伟大使命，因此在语言各个方面与层次上都有必要进行深入而有效的研究。叶人珍、孙骥、钱美珍（2005）在《谈教师的语言》❶ 中指出，教师的语言在使用过程中需要注意语言的形式、风格、内容，还要注意表情、体态等。要真正融入学生中去，才能忧学生之所忧，乐学生之所乐，让学生在宽松、平稳的教学环境中成长。

国内很多学者对教师语言的分类也有了很多讨论和研究。张锐（1989）在其《浅谈教师语言艺术》❷ 一文中从语言形式上提出教师语言有广义和狭义之分。广义的教师语言包括启示语、问答语、讲解语、表扬语、批评语等，狭义的教师语言包括导语、提示语、分析语、过渡语、小结语等。蒋同林、崔达送（2001）的《教师语言纲要》❸ 一书中，从语体的角度出发，就教师的口语、书面语、体态语进行了描写，对教师的教学口语的功能类型等问题进行了探索，对这些理论问题作了简明的阐述，并用大量的语言实例进行了解说。姜丽萍（2006）从课堂展开的过程出发，进行研究，在其《教师汉语课堂用语教程》❹ 一书中指出教师语言按照教学环节可以分为启动环节课堂用语、导入环节课堂用语、展开环节课堂用语、维护课堂纪律课堂用语、教学结束时课堂用语。

另外，刁晓静（2010）在《从语用学角度分析教师语言艺术》一文中，运用言语行为理论对教师课堂语言进行了分析，分别从寒暄、指令、内容讲解、评价过程中提出了应该注意的问题。傅惠钧（1990）《小学教师语言特点初议》，孙汉国（1999）《语文教师的语言特点》，马启鹏（2000）《试论历史教师的教学语言特点》，唐晓芙（2004）《数学教师教学语言应具备的特点》，刘明志（2006）《试论高职教学中教师语言的特点》，韦星（2007）《大学教师角色特征及语言特点研究》，冒金彬（2010）《小学数学教师课堂语言的特点》，陈艳军、黄凤霞（2011）《幼

---

❶ 叶人珍，孙骥，钱美珍：《谈教师的语言》，《华中农业大学学报（社会科学版）》，2005年第Z1期，第141~142页，第148页。

❷ 张锐：《浅谈教师语言艺术》，《渤海学刊》，1989年第1期，第165~174页。

❸ 蒋同林，崔达送：《教师语言纲要》，北京：华语教学出版社2001年版。

❹ 姜丽萍：《教师汉语课堂用语教程》，北京：北京语言大学出版社2006年版。

儿教师教学语言特点辨析》，李静、李四清（2014）《教师课堂语言特点对学生英语学习的影响》等相关论文分别从不同课型、不同科目、不同阶段揭示了教师语言的特点。

1.4.2　汉语国际教育教师课堂话语研究

国内就汉语国际教育教师语言的研究始于近25年，随着国家对国际汉语传播工作的重视与各项政策的落实和推进，近十年来相关的研究文献明显增多，汉语国际教育相关的期刊大量出现，对它的研究质量大幅提升，但是无论是哪一类研究，都离不开教师语言的特点和使用原则。下面笔者从教师课堂话语的理论探讨出发，分析课堂上教师应该具备哪方面的语言能力，最后梳理近年来对于教师课堂语言的个案，通过实践检验出汉语国际教育教师课堂语言的相关问题并制定相关对策。

1.4.2.1　教师课堂话语的理论探讨

王珊（1992）在《对外汉语课堂教学特殊性之分析》[1]中指出对外汉语课堂教学有其特殊性，课堂教学是信息输出、接受的过程。在教师、学生、教材这课堂语言三要素中，教师是信息输出的组织者，教材是工具，学生是信息接受者，是教学效果的体现者。

饶勤（1998）在《对外汉语教学语言特点及量化分析》[2]中谈论了对外汉语教学语言的特征，分别是在语速上偏离自然语言，在词汇上由于教学需要而采取迂回、替代、回避的手段，在语法上强调完整和规范，教学语言伴随着大量的手势，教学语言具有传达信息和进行语言示范的双重功能。梁宁辉（1998）在《不用媒介语从事对外汉语课堂教学的探讨》[3]中探讨了教师不用媒介语从事对外汉语课堂教学的可能性、方法和实际意义，但是他所说的"不用媒介语教学"并不是绝对禁止媒介语的使用，也不鼓励教师用不规范用语进行教学。

---

[1]　王珊：《对外汉语课堂教学特殊性之分析》，《汉语学习》，1992年第2期，第42~46页。

[2]　饶勤：《对外汉语教学语言特点及量化分析》，《外语与外语教学》，1998年第2期，第48~49页。

[3]　梁宁辉：《不用媒介语从事对外汉语课堂教学的探讨》，《汉语学习》，1998年第3期，第40~43页。

孙德金（2003）在《对外汉语教学语言研究刍议》● 中指出对外汉语教学的语言是指汉语作为第二语言教学过程中课堂教学使用的专门语言，是一种特定语域中的语言变体，它具有很明显的双重性，它既是教学过程的媒介语，又是第二语言学习者的目的语。

旷娟（2006）在《汉语作为二语的课堂教学语言》❷ 中指出对外汉语教学语言大致包括讲授用语、课堂用语、师生交流用语、教师反馈用语四个方面。

关春芳（2009）在《对外汉语教师课堂用语浅论》❸ 中指出对外汉语教师课堂用语是汉语普通话的一种职业变体。

童成莲（2010）的论文《可理解性输入与汉语教师话语场域的完善》❹ 是较少从少数民族地区汉语教学角度出发的研究者之一，文章探讨教师话语与可理解性输入的关系，指出详细阐述式、平等对话式、温情化话语应充斥汉语教学话语场域，使汉语教师话语更容易被理解和接受，从而提高课堂教学效率，促进学习者的语言习得。

宋玥凝（2011）在《浅谈对外汉语教师课堂教学语言的使用》❺ 中认为，准确而得当地使用对外汉语课堂教学语言，对教学会起到促进的作用。教师在使用教学语言的时候，要注意教学语言的可接受性，避免使用无效的教学语言，要注意控制语速，重复和强调重点内容。傅传凤（2011）在《对外汉语课堂教学语言的特点和功能类型》❻ 中谈道，以汉语为主要表现形式的课堂教学语言，既是教学手段，又是教学目标，具有双重性。教师在编制教学语言时会受到学生汉语水平的限制，具有受限

---

❶ 孙德金：《对外汉语教学语言研究刍议》，《语言文字应用》，2003 年第 3 期，第 98 ~ 105 页。

❷ 旷娟：《汉语作为二语的课堂教学语言》，《四川师范大学学报（社会科学版）》，2006 年第 1 期，第 106 ~ 109 页。

❸ 关春芳：《对外汉语教师课堂用语浅论》，《东北财经大学学报》，2009 年第 3 期，第 89 ~ 91 页。

❹ 童成莲：《可理解性输入与汉语教师话语场域的完善》，《喀什师范学院学报》，2010 年第 31 期（02），第 94 ~ 97 页。

❺ 宋玥凝：《浅谈对外汉语教师课堂教学语言的使用》，《安徽文学（下半月）》，2011 年第 11 期，第 254 页。

❻ 傅传凤：《对外汉语课堂教学语言的特点和功能类型》，《四川教育学院学报》，2011 年第 2 期，第 81 ~ 85 页。

性。随着学生汉语水平的提高，教师也相应调整自己的教学语言，因此对外汉语课堂教学语言呈现阶段性的特点。

蒋伟（2014）在其硕士论文《对外汉语教师课堂语言研究》❶ 中把课堂语言分为有声课堂语言和无声课堂语言，并认为课堂语言有动态性、受限性、双重性、示范性、丰富性的特点，最后总结了课堂语言的编制策略。

胡维丽（2015）在其硕士论文《论对外汉语教师课堂语言艺术》❷ 中通过对云南师范大学和云南大学对外汉语教师的课堂语言使用情况进行了了解，设计了针对教师和学生的不同问卷，对教师课堂语言的使用情况进行了细致的研究。分别从教育学、语言学、文化学和心理学的角度论述了对外汉语课堂教师语言艺术运用的理论依据，具体阐述了课堂语言艺术的重要性，并用调查问卷的方法对教师语言进行了全方位的考察，发现了目前教师的课堂教学语言在各个方面存在的问题以及提出了相应的对策。

另外，刘弘（2007）《论对外汉语教师课堂用语的语言变异》、金志军（2007）《对外汉语教师课堂用语的语言变异及其语用意义》、李玉莉（2012）《浅谈对外汉语教学中教师的课堂语言》、张飞祥（2013）《论对外汉语教学中教师语言规范》、张苊文（2016）《对外汉语教师的课堂教学语言浅析》也都阐述了教师语言的特殊性和使用原则。

综合以上的研究成果，学者们对汉语国际教育教师课堂语言的特征、功能以及艺术性等多方面进行了宏观或者微观的分析和研究，为后来的研究提供了有价值的文献参考。但是，对于教学阶段、课型、语言的具体分类并没有做太多的工作，而且没有太多的课堂观察资料。而笔者认为，不同教学阶段、不同课型、不同背景的教师，课堂语言是有很大的区别的，而且还应该有真实的观察记录，获得第一手资料，才能为自己的论文提供有力的理论支持。

1.4.2.2　教师话语能力研究

初级阶段犹如房屋的地基，是学生学习汉语的基础，如果基础不牢

---

❶　蒋伟：《对外汉语教师课堂语言研究》，《河北师范大学》，2014 年。
❷　胡维丽：《论对外汉语教师课堂语言艺术》，《云南师范大学》，2015 年。

固，会影响到学生对汉语的学习兴趣和中高级阶段的学习。教师语言是学生学习的前提，因为学生会通过教师的语言来感受、学习和模仿；教师的课堂语言能力也是教师能否达成教学目标、一堂课能否成功的关键所在。所以，初级阶段汉语国际教育教师的课堂语言能力显得尤为重要。

阮咏梅（2002）在《对外汉语教师的教学机智和课堂教学》❶中从对外汉语教学的特殊性角度，论述对外汉语教师具备教学机智的必要性，以及对外汉语教师该如何培养教学机智和如何运用教学机智，以期达到好的教学效果。

李春红（2004）在《对外汉语初级综合课的教师语言》❷中指出教师语言是一种特殊的职业语言，而初级综合课的基础性又决定了此阶段教师语言的重要性。因此使用教师语言时应该注意三个问题：外语的使用、适应性和可调性、任意性和不规范性。文章还针对这些问题提出了相应的使用策略。

白朝霞（2005）在《对外汉语教学初级阶段课堂语言的特点和组织原则》❸中指出示范性、受制约性、丰富性、发展性、自觉性是对外汉语教学初级阶段教学语言的特点，并根据这些特点提出了教师教学语言应该遵循的规范性、得体性、针对性和可接受性等原则。

许苇（2007）在《对外汉语初级阶段教师课堂提问研究》中分析了对外汉语初级阶段教师课堂提问的类型和反馈情况，并提出了相应的教学建议。张洁（2007）在其博士论文《对外汉语教师的知识结构与能力结构研究》❹中借鉴教育学和心理学中对教师研究的方法与成果，探索了对外汉语教师知识结构与能力结构。研究中，访谈了多名汉语国际教育教师，采用质的研究方法探讨了在教学中教师所需的知识与能力及其变化、发展的过程。通过调研、质性研究与问卷调查相结合，进行研究，分别从知识结

❶ 阮咏梅：《对外汉语教师的教学机智和课堂教学》，《宁波大学学报（教育科学版）》，2002 年第 1 期，第 104 ~ 105 页，第 128 页。

❷ 李春红：《对外汉语初级综合课的教师语言》，《四川职业技术学院学报》，2004 年第 2 期，第 75 ~ 77 页。

❸ 白朝霞：《对外汉语教学初级阶段课堂语言的特点和组织原则》，《德州学院学报（哲学社会科学版）》，2005 年第 1 期，第 82 ~ 85 页。

❹ 张洁：《对外汉语教师的知识结构与能力结构研究》，《北京语言大学》，2007 年。

构、知识内容、能力结构等方面切入，经过分析与归纳，发现知识结构与能力结构的形成是一个具有动态建构性的过程。

王祖嫘（2012）的《国际汉语教师话语能力研究》❶侧重规模研究、实证研究方法和对比视角，通过定量与定性研究结合，从研究内容和方法的角度探讨了国际汉语教师语言的研究，指出应从教师语言的形式、结构、组织原则和影响因素、调整策略、接触和迁移以及能力评估等 6 个方面展开研究。

王晓音（2013）在其博士论文《对外汉语教师素质研究》❷中针对对外汉语教师队伍现存基本素质未得到应有的重视、专业素质有待完善等问题，以及当前研究中对教师素质界定的视角微观、内涵模糊等缺憾，提出"大素质"概念，从基本素质、专业素养两大方面着眼，对对外汉语教师应具备的职业素养、人格素养以及心理素质进行了详尽描述；对对外汉语教师应具备的汉语知识素养、语言素养、业务素养、跨文化交际素养等进行了全面分析，以期为从事对外汉语教学的新教师们提供一个全面的、操作性较强的自我成长指南。

1.4.3 教师课堂语言传播效果研究

在理论探讨的基础上，一些研究者集中力量进行实证研究，检验汉语国际教育教师课堂语言的有效性，根据课堂调查的结果发现问题并给出相应的解决方案，因为对教师的课堂语言传播效果进行调查需要的时间跨度较长，其内容也非一篇刊物论文所能囊括，所以这些有针对性细致的研究主要集中在博士论文和硕士论文方面，有关此类研究的论文数目并不多，此部分总结了近年来关于教师课堂语言传播效果的实证研究，通过分析真实问题，得出相关结论。

杜慧敏（2004）在其《浅谈教师语言传播机制》❸中从传播学的角度，根据拉斯韦尔传播模式可以建立相应的教师语言传播模式予以分析。影响教师语言传播的因素包括师生自身因素、语言媒体因素和语境关系因

❶ 王祖嫘：《国际汉语教师话语能力研究》，《当代教育科学》，2012 年第 9 期，第 62～64 页。
❷ 王晓音：《对外汉语教师素质研究》，《陕西师范大学》，2013 年。
❸ 杜慧敏：《浅谈教师语言传播机制》，《河南商业高等专科学校学报》，2004 年第 4 期，第 87～88 页，第 97 页。

素，因此提高教师语言传播的效果应采取强化内功意识、发挥语言优势和维护语境关系等措施，最终达到更好的课堂传播效果。

张欢（2006）在其硕士论文《对外汉语课堂教师纠正性反馈研究》❶中从学生课堂反馈的角度切入，并收集了十位对外汉语教师的课堂录音，一共1000分钟的课堂教学语音资料，将其转写下来，据此分析对外汉语教师的课堂纠正性反馈的方式和效果。

刘良初（2007）在其博士论文《课堂传播效果：研究的维度与理论的构建》❷中以传播理论和教育理论为基础，对课堂传播过程进行了分析，以此客观地反映课堂传播活动的规律，发现影响课堂传播效果的因子，寻找提高课堂传播效果的途径、方法，指向性较强，为今后的课堂传播效果研究提供一定的理论支持。

代松刚、吴坤、马聂飞（2009）在其《教师的语言传播效果刍议》❸中认为语言媒介作为教育教学中最重要的传播媒介，直接影响到课堂传播的效果。课堂语言能体现出一个教师的业务修养，是关系到一堂课成败的重要因素。教师要不懈地追求课堂教学的语言艺术，使自己具备良好的语言修养，这样才能使教学妙趣横生。此外，还提出了提高教师语言传播效果的有效途径，为今后教师全力发挥其重要的作用提供了参考价值。

黄晓颖（2011）在其博士论文《对外汉语有效教学研究》❹中专设章节对对外汉语教师的有声语言效果进行讨论，通过调查研究，作者列举了四类教师课堂语言，分别从语言语调、主题相关、信息冗余、语言手段的多样性及针对性等方面进行考察，从学生反馈和作者进行听课的角度讨论教师语言的传播效果，认为教师语言的有效性与以上因素密切相关。张鸿博（2011）的《对外汉语初级口语课教师话语个案分析》❺选取了收录于北语音像出版社"对外汉语课堂教学示范"的杨楠老师的一节"旅游和天

---

❶ 张欢：《对外汉语课堂教师纠正性反馈研究》，《北京语言大学》，2006 年。
❷ 刘良初：《课堂传播效果：研究的维度与理论的构建》，《湖南师范大学》，2007 年。
❸ 代松刚，吴坤，马聂飞：《教师的语言传播效果刍议》，《新闻世界》，2009 年第 3 期，第 129 ~ 130 页。
❹ 黄晓颖：《对外汉语有效教学研究》，《东北师范大学》，2011 年。
❺ 张鸿博：《对外汉语初级口语课教师话语个案分析》，《青年作家（中外文艺版）》，2011 年第 5 期，第 50 ~ 51 页。

气"主题 30 分钟的课堂内容进行分析。通过个案分析研究，从课堂组织用语、提问用语、提问后的等待期和教师反馈用语等四个角度进行论证分析，总结了最后的效果。

龙剑梅（2012）在《课堂传播研究述议》❶ 一文中总结了之前的研究成果，认为已有的研究主要集中在课堂传播效果、课堂传播要素、课堂语言传播艺术、课堂信息的优化和反馈、课堂传播活动的各种影响因素等方面。提出未来的研究应进一步从传播的特征和规律的层面出发，不断深化和拓展其研究。

纵观汉语国际教育教师语言几十年来的研究，我们可以发现，在教师语言方面的研究已经取得了很大的成果，对推动汉语国际教育教学的发展起到了很大的作用。但是，这些文献大部分都是宏观的研究，微观方面的还不够，诸如课堂语言的特点、课堂语言的使用原则方面的研究已经较成熟，但是课堂教学中教师语言的传播效果研究还明显不足，基于课堂观察之后的研究更是屈指可数。多数文献也把重点放在了其他科目和阶段上，而对于汉语国际教育初级阶段的研究则少之又少。因此，还应该加大对汉语国际教育教师语言传播效果的研究力度。

1.5　初级阶段汉语国际教育传播主体语言能力及传播效果研究

本节主要分为三个方面的内容，首先是对汉语国际教育初级阶段教师课堂语言的界定，讨论初级阶段教师课堂语言的内涵与特征；其次是初级阶段教师语言能力研究，从教师必备的知识结构出发，推导出教师运用这些知识所必备的潜在分析能力和显性实践能力，并分解出二级指标，对其进行逐一阐述；最后探讨的是初级阶段教师语言传播效果研究，从经典的传播模型开始，将课堂教学过程纳入传播模式进行考察，抽绎出影响初级阶段汉语国际教育教师课堂语言传播效果的主要因素。

1.5.1　初级阶段汉语国际教育传播主体语言界定

从本质上而言，贯穿第二外语学习者学习全过程其使用的语言称之为

---

❶　龙剑梅：《课堂传播研究述议》，《湖南城市学院学报》，2012 年第 33 期（04），第 104～108 页。

中介语，介于母语和目的语之间的语言变体，并朝目的语方向逐步完善，初级阶段的汉语国际教育教师所进行的教学活动完全在这个过程中展开，教师在教学活动中所使用的语言当然是完善而标准的母语，但是为了达到传播效果，故意调整了语速和用词，因此这种经过教师主动调整过的语言我们称之为推动和引导学生中介语完善的辅助语。之前将这个定义用在汉语作为第二语言的学习者身上，既然是第二外语，那么说话者自始至终说的都是中介语，无论他的话语多么完美，甚至可以与母语相媲美，正是因为母语带来的思维方式之异，说话者思考问题不可避免、或多或少地通过母语进行，这也使中介语的性质得以确定。

塞林格提出这一假设正是建立在语言是思维工具这一理论基础之上，如果一个学习者能够完全用目的语进行思考行动，那么就不存在中介语的概念。事实上，经过后来学者们大量的研究，中介语确实贯穿于二语学习的全过程，离目的语的距离决定着一个学习者的二语水平，这个距离可以无限小，可以趋近于零，但是不能为零，如果这个最小值是零的话，那么二语的概念将会轰然崩塌，和母语等同了。

二语学习者关于中介语的探讨不是本文的要旨，笔者这里所提出的中介语的概念，是立足于交际基础之上的互动性研究，作为信息发送者的教师和学生间的交际互动列为我们的考察对象，而非简单而静态的从教师或学生一方进行研究。

正如本节题目所言，我们将研究的视野定在初级阶段的课堂教师语言，既然是初级阶段，对学生而言，这个边界虽然模糊，但并不妨碍对其进行考察。在这个阶段，学生基本上限于单字单句的简单表达，根据学习者的风格，或许受母语语法约束比较大，对目的语进行过度泛化。学生的语言表达整体上趋于破碎不完整的状态，目的语的摄入和理解也是相当有限。

交流的本质是在相互理解的基础上达到某种程度的共识，因此理解先于一切。为了达到这一目的，在目的语学习的初级阶段，有些教师甚至直接采取母语进行教学，因为在这个阶段，学生的语言是破碎的、不完整的，甚至是在母语基础上的异变语言，就是我们所说的中介语。

面对这一情况，初级阶段的教师常常把理解放在工作的首位。从一般的意义上而言，教师的语言要求规范性非常之高，并且是一个完善而自足的系统，根据教师个人风格的不同，最终是自由而艺术的表达。但是面对初级阶段的学生，在理解优先的原则之下，原先一切的标准和规则都会分解掉，教师的语言被打散，并经过重新整合，在有效性基础上，形成教师个人风格。

从这个角度而言，初级阶段教师的语言不是一个自足的系统，缺乏连续性，呈碎片化状态，一切都是基于学生理解。但是从另外一个角度而言，初级阶段教师语言表面破碎、反复的现象背后其实是有深层逻辑的，是教师为了达成理解，对自己本已经自足而完整的个人言语系统进行有意的或者无意的调整的结果，而这些也恰恰体现了教师语言有效性的深层逻辑。

在以理解为优先的交际基础之上，面对表达力相对较弱，对二语的理解非常有限的学生而言，如何最大限度地增进理解是教师的当务之急。我们所有对初级阶段教师语言的定性都源于此，以有效性作为优先原则，教师对本身语言进行有意无意的调整的信度和效度如何，是否有一个循序渐进的完整连续性过程，是否每一个调整背后都有相应的内涵，这些正是本文考察初级阶段汉语国际教育教师语言传播效果的理论依据。

笔者引入中介语的概念，将初级阶段汉语国际教育教师的语言也归入中介语的范畴，是为了将以理解为优先的破碎的、非自足的语言形式的各个方面都清楚地呈现出来，如果说汉语国际教育初级阶段学生的语言是无意识的中介语，那么在这个阶段，教师的语言则是有意识的中介语，它是教师以理解为目的、以有效为标准，有意地对自己先前语言系统进行主动调整的结果，而所有有意识的调整都是有背后的逻辑进行支撑的，那么本文正是从这一角度出发探讨初级阶段教师语言的方方面面，并在师生课堂的互动中去检验初级阶段教师语言的有效性，也就是我们所说的传播效果。

1.5.2 初级阶段汉语国际教育传播主体语言能力研究

对于教师的语言能力方面的研究，国内外的学者着墨较多，总结下来，不外乎教师语言是高度规范化的语言、艺术性的语言、和谐性的语言、整体性的语言。王晓音博士（2013）❶ 将其细分为物理层面的语言、表达意义层面的语言、表达情感方面的语言和人际交流层面的语言，因此也就有了对教师语言能力要求的相应标准，比如准确规范、清楚达意、实现目的、收放自如等。

诚然，如果单单把汉语国际教育教师作为一个整体来看，这样的要求或许没错，甚至把所有与语言能力相关的标准规范都加上去也不为过，然而这种整体性的描述并不能反映教师能力的真实构成，只能停留在表层的归类方面。实际上语言是一个复杂的动态系统，如果将其机械地切分为物理层面、意义层面、感情层面等内容，或许对专业性的本体性研究有意义，而对于汉语国际教育教学的实际工作而言，这样的切分没有什么实际的指导意义。

因此，我们要对教师语言能力的研究做更深层次的思考，首先要厘清教师所必备哪些知识，知识本身并不代表能力，但是对知识的运用便是能力的体现。从舒尔曼（L. S. Shulman）到格罗斯曼（Grossman）再到艾尔贝兹（Elbaz），他们对教师知识的种类做了深入的划分，总结起来，可以用四大类囊括之：第一是关于对外汉语教学的知识，包括语音、词汇、语法、文化等诸多方面的专业知识；第二是关于教学对象的知识，在教学过程中，对教学对象的理解是课堂有效性的重要表征之一；第三是教学范围内的一般性知识，包括教师应遵循的教学原则、科学的教学方法等一个完整的体系；第四是关于汉语国际教育学科的知识，这种知识主要来自第二语言教学理论。

这四种知识结构宏大，内容错综复杂，这是一个理想的标的，而非对汉语国际教育教师绝对的要求，但是通过这种切分，我们很容易就汉语国际教育教师由知识结构推导到教师的能力结构，这些能力结构包括潜在的分析能力和表象的实践能力。

在完备的知识结构基础之上，潜在的分析能力包括对教学大纲的分析能力、对教学进度的分析能力、对教学环境的分析能力、对教学对象的分析能力、对教学进程的分析能力、对教材适用度的分析能力、对教学效果

---

❶ 王晓音：《对外汉语教师素质研究》，《陕西师范大学》，2013 年。

的预判能力等；而显性的教学实践能力则是一切具体知识的实际体现，这包括课堂讲课能力、课堂沟通协调能力、课堂以语言为媒介的组织和管理能力。

如图 1 - 1 所示，这几种能力之间的组织结构：

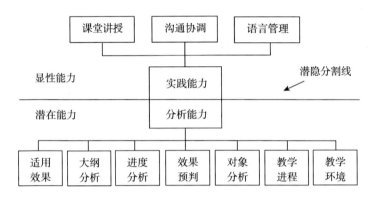

图 1 - 1　教师能力构成图示

笔者在这里所讨论的重点锁定在初级阶段教师的语言能力结构方面，很明显，从这个角度而言，汉语国际教育教师的能力结构则具有了阶段性的特点，从适用范围而言，它是教学初级阶段的特殊产物，其适用的范围相当有限，并且这种语言不是自足而稳定的结构，而是具有可塑性和开放性的特征，具体如何塑造这一阶段语言的形态，则根据每个老师的能力仁者见仁智者见智了。

如果把初级阶段的教学语言理解成一种函数关系的话，那么这个阶段的教学语言函数值与自然语言的函数值存在一种参数递变的关系，因为初级阶段属于一个动态递进的过程，这是教师考虑到教学对象的理解能力对其迁就的结果，这个动态的过程就是由迁就走向适应，而把控这个动态变化过程的则是教师自身。

因此，从这个角度而言，初级阶段教师的语言能力则体现为以下两个方面：第一个方面如上一小节所述，初级阶段教师的语言是教师根据学生水平以达成理解为目标的有意识调整之后的中介语，这种中介语并无统一的标准，所有的改变都必须服务于课堂教学的有效性，因此，这种带有极强教师个人风格的中介语，其构成成分的有效性成了衡量初级阶段教师语言能力的初级标准；第二个方面是初级阶段教师在对原有自足而完整的自然语言进行有意识的适当调试之时，教师作为言语行为主体的思维的整体性和成分分布的自觉性。换言之，就是教师在形成自己中介语特点的过程中是不是能做到心中有数，其最终呈现的课堂效果是不是以有效性为最终旨归，这些对于作为一个初级阶段教师的语言能力而言，是必须要考量的。

1.5.3 初级阶段汉语国际教育传播主体课堂语言传播效果研究

如果要研究初级阶段教师语言的传播效果，首先必须了解教师语言发生的场域以及与此相关的整个语言传播过程的各个要素及相互关系，我们用图 1-2 来表达初级阶段教师课堂语言传播过程中各要素的关系：

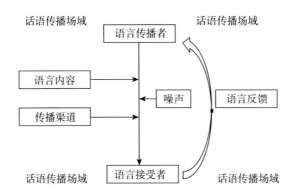

图 1-2　汉语国际教育教学课堂语言传播模式

从图 1-2 我们可以清晰地看出初级阶段课堂语言传播过程中各个要素的关系：

话语传播的场域就是课堂，从外部形态而言，它是一个封闭性的空间，所有的话语活动都在这个封闭的空间里进行，这个集中性的场域，对于传播效果而言，提供了外在的保障。

在课堂教学活动中，语言主要传播者就是教师，这是就传统的课堂意义而言的，随着观念的转换，如支架教学法、任务型教学法等教学方法的应用，语言传播者和接受者可能是教师和学生，对教师语言角色的微调，毫无疑问会导致整个结构的改变。

语言接受者指的是学生，如上文中论述，学生的角色会随着其他因素的改变而改变，甚至会变成语言的传播者，总而言之，他们是课堂的主体，所有的教学活动围绕着他们展开，也以他们的学习效果为最终目的。

语言内容包含几个方面的内容，第一是有关教材等语言材料相关的内容，需要以有声的和其他的语言形式呈现出来；第二是教师课堂讲授及呈现所使用的语言；第三是教师进行积极的课堂管理所使用的语言。

课堂上语言的传播渠道是面对面地直接交流，没有借助相关媒介，消息直接送达给受众。传播思想家彼得斯在研究传播形式时发现三种古老的传播形式：苏格拉底式的对话和追问、孔子式的交互和共情以及耶稣式大面积撒播，前两种交流形式是一对一的关系，最后一种是一对多的关系，无论如何，在漫长的人类历史当中，这些传播形式因其良好的传播效果，文化才得以传承并绵延至今。经过中世纪教育家夸美纽斯等人的不断努力，以班级为集体的授课形式得以确定下来，我们可以发现，这种课堂组织形式，从传播渠道的角度而言，兼三种传播形式之所长，取一对一、一对多、共情同时对话，又不乏知识的撒播，取了以上几种因素的最大值，也最大限度地从语言环境和语言形式上保证了传播的效果。

汉语国际教育课堂是一个交互性的过程，不单单是语言的单向度传播，它和反馈同时发生，构成了传播的整体过程，而课堂上的反馈是即时的，反馈也是教师课堂语言传播效果的指标之一。

在有媒介参与的环境之下，语言的传播者和接受者之间如果多了一个外部媒介的因素，则非常容易产生噪声，需要信息的冗余来克服，但是课堂上的噪音显然不是来自媒介的干扰，而是课堂秩序之外的偶然因素。

以上六个因素概括了课堂上语言传播的总过程，就初级阶段教学课堂的传播效果而言，我们可以将以上六个大的总体指标列为考察范围之内，正如上文中所述，除去一些客观存在的对课堂语言传播效果非常小的因素之外，比如传播渠道和噪声，其余四项包括语言传播者、语言接受者、传播内容和语言反馈等都在我们的考察范围之内。

本文采取理论探讨加实地调查的方法，从以上四大因素出发，可以分解出诸如教师课堂话语量、语速、提问停顿、即时反馈、教师使用句式及生词量、语言节奏、教师语言风格、外语使用频度、纠错以及教师和学生的背景因素等细部指标，这些指标和内容，笔者在下文关于传播效果的综合分析过程中会详细论述。

通过以上论述，我们从理论的角度廓清了初级阶段影响教师语言传播效果的各种因素。首先界定了教师语言的基本内涵，借鉴中外专家的研究成果，推导出教师所必备的隐性分析能力和显性实践能力，并由此推导出更有针对性的二级指标，逐一加以论述，接下来着重从传播模式的角度出发，分析影响初级阶段教师语言课堂传播效果的因素，分解出十几种细部因素，为下文的进一步调查和论述做好了铺垫。

1.6　研究内容

本文以新疆师范大学非学历留学生班级为听课对象，以初级阶段汉语国际教育教师课堂语言为研究内容，通过对综合课、听力课、口语课等50余节多种课型的多层次内容分析，并对教师进行结构化的访谈，对学生发放调查问卷，通过对内容的分析和对调查问卷的梳理，分析出新疆师范大学初级阶段非学历汉语国际教育教师课堂语言传播效果。

汉语国际教育教师课堂语言与一般性教师课堂语言相比，有很多区别，它不仅仅是课堂语言，更重要的是学习者的目的语。由于面对的教学对象是不以汉语为第一语言的学习者，教学任务是培养汉语学习者的语言交际能力。因此，这种特殊的课堂语言必然影响学习者的学习效果和语言水平。而已有的研究中有的只是对汉语国际教育教师语言进行笼统的分析，忽视了教师语言带来的传播效果。那么，教师课堂语言究竟会对学生产生何种影响，哪些因素会使教师产生不同的语言，如何采用有效的手段和策略提高课堂效果等这些问题都值得深入研究，这也是本文即将研究的内容。

1.7　研究方法

1.7.1　文献法

本文通过梳理对教师语言方面研究的文献，对教师语言领域的相关研究有一个初步的了解，并对本文的写作提供了一些可以借鉴的依据。从教师语言定性研究、汉语国际教育教师课堂话语研究、教师课堂语言传播效果研究等方面进行了收集和梳理。

1.7.2　观察法

通过对新疆师范大学现有的非学历 B 班（即 2017 年 3 月开设的 B2、B3、B4、B5 班以及 2017 年 9 月开设的 B1、B2、B3、B4 班）进行两学期的听课，把观察到的内容用录音笔真实记录下来，转换成文本，然后进行整理分析。通过这样精确的记录，成为理解和解释课堂里发生的一切活动的基础。这些教师上课的话语样本成了笔者分析语言形式、语言内容和传播效果的第一手材料，从中归纳出了教师课堂语言的传播效果。

1.7.3　质性分析法

质性研究通常是相对量化研究而言的，是以研究者本人作为研究工具，在自然情境下，采用多种资料收集方法的研究方法。本文通过对教师的访谈、观察，对初级汉语教师课堂语言进行深入的整体性探究，从所收集到的课堂录音、访谈记录、观察笔记等原始资料中形成结论和理论。本文选取不同年龄段的 10 位教师作为调查对象，按照教师的年龄、性别、教龄等进行分组调查，然后进行访谈，分析出教师语言在各种课型中的使用情况以及个人差异对语言的影响。

1.7.4　问卷调查法

本文问卷调查的对象主要是教师和学生，通过向他们发出简明扼要的有关课堂语言的调查问卷，间接获得他们的评价和反馈，以及对这一问题更深层次的理解。

1.8　研究流程

本文的研究流程如图 1 - 3 所示，一共分为确定选题、样本选取、资料整理、综合分析和得出结论几个部分，对选取的样本分别进行现场听课和访谈，对所得资料进行梳理，为下一步的综合分析做好准备工作。

样本来自新疆师范大学非学历留学生班级。根据搜集到的资料显示，来新疆师范大学的留学生按照学习类别大致分为两类，一类是学历制教学，主要包括本科教育、研究生教育等，学生在教学大纲和课程设置的要求下，完成学习任务，最后取得相应的学历和证书；另一类则是非学历教育，学生以学习语言为主要目的。在一段时间内，学生接受汉语学习，进行语言的强化训练达到交际的目的。

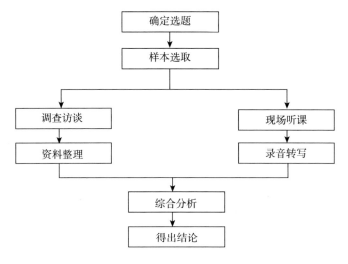

图 1-3　论文设计流程

通过对新疆师范大学现有的八个非学历班级（即 2017 年 3 月开设的 B2、B3、B4、B5 班以及 2017 年 9 月开设的 B1、B2、B3、B4 班）分别进行听课，把观察到的内容用录音笔真实记录下来，转换成文本，同时进行纸质记录，然后进行整理分析。因为主要研究的是教师课堂有声语言的传播效果，所以其体态语等非语言交际手段略去不提。

通过各种材料的收集，笔者采用对教师的结构化访谈采取质性分析的方法，对学生问卷调查采取质性分析和定量分析相结合的方法，对课堂收集的文本资料实行定量统计及定量分析的方法，通过这些综合的分析方法的运用，对教师课堂语言的传播效果得出相关结论。

1.9　创新点

关于初级阶段汉语国际教育教师语言的研究问题，通过梳理大量相关文献，其研究范畴基本上界定在教师语言需要哪些特质的理论研究、教师素质及语言能力研究以及以国别或者课型为区别的个案调查，调查研究对象或集中在教师身上，或集中在学生身上，而汉语国际教育课堂是一个互动性的复杂动态系统，本文将焦点锁定在以语言为媒介的师生互动的研究上，对初级阶段课堂教师语言传播效果研究是本文的研究重点，也是本文的创新点所在。

2. 新疆师范大学非学历班级传播要素分析

本文研究的对象是来自新疆师范大学国际文化交流学院的非学历留学生，笔者将背景锁定为新疆师范大学的汉语国际教育教学语境，其原因有二：其一是笔者就读于新疆师范大学，对这所大学的教学工作有着比较深入的了解，同时也为本文后续的调查研究工作提供了诸多方便，通过听课、访谈、调查问卷等方式取得论文的第一手材料，并且能对本文的研究对象进行长时间的跟踪研究。其二是现在国内外汉语国际教育教学工作多是聚焦在英语为母语的学生身上，而母语为非英语学生的学习特点的研究虽然不乏研究佳作，但是整体的数量和规模上远远无法和母语为英语的学生为研究对象相比。明陈第有言曰"地有南北，时有古今"，时地不同，教学对象不同，教学研究的变量也就不同，所以本文的研究对象正是母语为非英语的非学历留学生，他们是初级阶段课堂教师语言传播效果的重要参照因素。

新疆师范大学国际文化交流学院的学生大都来自中亚五国，也有部分来自韩国和日本，背景不同于北京和上海等各高校的情况，为此，笔者首先要对该学院的相关情况进行一番梳理。根据能查阅的资料，学院成立于2009年7月，其前身为1990年3月成立的汉语教学研究部，2004年4月更名为汉语教育学院。有来自哈萨克斯坦、吉尔吉斯斯坦、塔吉克斯坦、俄罗斯、蒙古、阿塞拜疆、阿富汗、巴基斯坦、土库曼斯坦、乌兹别克斯坦、韩国等国的400余名中、短期语言生。他们当中有自费生，也有奖学金生，来校学习的目的也有区别，有的是为了自身的知识建构，有的是为了谋商，还有的是为了回去继续深造。总而言之，非学历留学生中绝大多数都是零基础水平的汉语学习者。

2.1 新疆师范大学非学历班级传播主体分析

本文选取不同年龄段的10位教师作为调查对象，按照教师的年龄、性别、教龄进行分组调查，然后进行访谈，分析教师语言在各种课型中的使用情况以及个人差异对语言的影响。

以下教师为初级水平非学历班级的所有教师，从表 2 - 1 中可以看出教师年龄主要分为 25 ~ 35 岁和 45 岁及以上，一半教师精通俄语，少数教师精通英语。通过对教师在课上语言的使用情况进行调查，总结出不同教师在年龄、性别、经验方面的差异。

表 2 - 1 非学历班教师基本信息

姓名	性别	年龄	教龄	俄语水平	其他语种	其他语种水平
HXTE 老师	男	32 岁	3 年	精通	英语	熟练
LR 老师	男	34 岁	5 年	精通	英语	一般
LH 老师	女	33 岁	8 年	一般	英语	一般
XY 老师	女	37 岁	5 年	一般	英语	一般
WJJ 老师	女	30 岁	5 年	一般	英语	一般
XHR 老师	女	31 岁	8 年	精通	英语	熟练
YH 老师	女	48 岁	10 年	一般	英语	一般
FX 老师	女	29 岁	3 年	精通	英语	熟练
SJ 老师	女	27 岁	4 年	精通	英语	一般
KXQ 老师	女	50 岁	10 年	一般	维吾尔语	精通

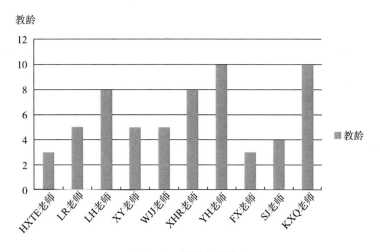

图 2 - 1 教师教龄统计

如图 2-2 所示，用图形统计的方法，可以清楚展示教师教龄和年龄比例，可以清楚地看出，新疆师范大学汉语国际教育教师队伍比较有经验，且年富力强，这是他们从事教学工作非常有利的客观条件。

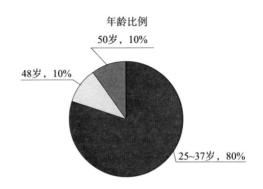

年龄比例

50岁，10%

48岁，10%

25~37岁，80%

图 2-2 教师年龄比例

2.2 新疆师范大学非学历班级传播对象分析

通过对新疆师范大学现有的非学历班（即 2017 年 3 月开设的 B2、B3、B4、B5 班以及 2017 年 9 月开设的 B1、B2、B3、B4 班）进行听课，把观察到的内容用录音笔真实记录下来，转换成文本，然后进行整理分析。据调查，来新疆师范大学的留学生按照学习类别大致分为两类，一类是学历制教学，主要包括本科教育、研究生教育等，学生在教学大纲和课程设置的要求下，完成学习任务，最后取得相应的学历和证书；另一类则是非学历教育，学生以学习语言为主要目的。在一段时间内，学生接受汉语学习，进行语言的强化训练达到交际的目的。

本论文之所以选择非学历留学生为本文的研究对象，是因为相比学历制学生，非学历的留学生主要有以下几个特点：

第一，非学历学生学习的期限较为自由，学生流动性大，学生可以根据自身情况安排学习时间的长短。第二，非学历班大都按照现有汉语水平进行分班。第三，大部分的非学历留学生都是第一次来中国，第一次接触中国式教育，因此对于教师语言的要求有自身的标准。

非学历班学生基本信息如表 2-2 所示。

表 2 - 2   非学历班学生基本信息

	哈萨克斯坦	韩国	乌兹别克斯坦	土库曼斯坦	塔吉克斯坦	巴基斯坦	俄罗斯	尼日利亚	加纳	阿富汗	吉尔吉斯斯坦	总人数	男生	女生
B2	5	2	1	2	5	2	1				1	19	13	6
B3	7		2	2	4			1			2	18	15	3
B4	3		1		9	1	1		1			16	13	3
B5	1	4			2	1	2			3	1	14	8	6

新疆师范大学非学历留学生生源统计如图 2 - 3 所示。

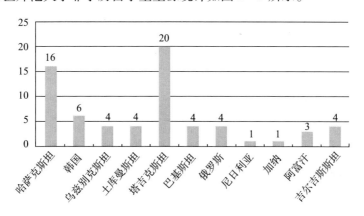

图 2 - 3   新疆师范大学非学历留学生生源统计

非学历学生类型有自费生、孔子学院奖学金生、新疆政府奖学金生、交换生、协议生，大部分学生都是年龄在 20 岁左右，只有韩国学生的年龄差距稍大。从 2016 年 9 月至今，共有 316 人，数量是可观的，是留学生的一个重要组成部分。

2.3   新疆师范大学非学历班级传播内容分析

按照媒介理论的观点，所有的交流都是建立在信息差的基础之上，传播思想家彼得斯曾经说过"交流是语义之雾的消弭，人与人之间巨大的信息鸿沟借助于语言这种古老而又精微的媒介以交流的形式得以弥补，交流主体之间的势差造成了信息的流动，正如一条浩荡语义之河，如果没有地势的原因它不会流动，交流也无法进行下去"。事实上，正是各种各样地势构成不同的交流场域，才使信息的流动成为可能，这些地势或犬牙交错、或绝壁千尺、或者平缓流长，在信息差这种无形力量的驱使下，为填补信息鸿沟，人们才有交流的渴望，他们共同构成人类波澜壮阔的交流景象。

作为众多交流形式之一的课堂教学，毫不例外，也是在信息差的诉求之下得以构建和组织。以新疆师范大学为例，这些留学生们因地利之便和文化接近性的原因选择在此留学，其本身就有学好汉语的强烈愿望，无论这种愿望是来自外界的世界大势，还是来自内心的涌动，这些都客观地促使了信息的流动和传播。很显然，这些信息就是汉语及中华文化，他们的学习也是从零到有，再到丰富完备。

所不同的是，语言作为一种特殊的载体，按照清华大学刘建明教授的观点，语言其实是一种"意媒"，不单单承担起传播信息的功能，更是一种文化的载体，它们会无形之中形成一种强大的场域，反哺学习者对语言的学习，它们是语言学习的红利，这种红利最终会惠及个人、组织乃至国家。

无论采取什么形式，信息最终需要被传播、被理解、被内化，在初级阶段汉语课堂上，这点尤为重要，无法理解的信息犹如被割断的一串信号，它最终并不能发挥作用以达到交流的目的，所以这里又一个重要的要求被列入我们考量的标准，那就是可理解性输入，这是初级阶段汉语课堂的基本要求，也是本章对课堂语言传播进行分析的起点。

目前，新疆师范大学所开设的非学历汉语班级笔者去听课的一共有八个，这几个班级所使用的教材均为发展汉语系列初级教材，因为是短期非学历班级，所以课程主要是精读、口语、听力三种，如表2-3所示。学生的上课时间都是集中在上午，课时量集中，没有本科生和硕士生的课型丰富。笔者陆陆续续对以上主要三种课型进行听课记录，到目前为止共收集50余次课的内容，经过认真的遴选，选出34次具有代表性的课堂作为分析对象，目的在于通过教师课堂语言的使用，研究其传播效果，进而为提升教学效果提供一些意见参考。

表2-3 2017年3月非学历B班学生课程表

			B2班	B3班	B4班	B5
星期一	1-2	课程名称	初级汉语精读	初级汉语精读	初级汉语精读	初级汉语听力
	3-4	课程名称	初级汉语口语	初级汉语听力	初级汉语听力	初级汉语精读
星期二	1-2	课程名称	初级汉语听力	初级汉语口语	初级汉语精读	初级汉语精读
	3-4	课程名称	初级汉语精读	初级汉语精读	初级汉语精读	初级汉语口语
星期三	1-2	课程名称	初级汉语精读	初级汉语精读	初级汉语口语	初级汉语精读
	3-4	课程名称	初级汉语口语	初级汉语听力	初级汉语精读	初级汉语口语
星期四	1-2	课程名称	初级汉语听力	初级汉语口语	初级汉语听力	初级汉语听力
	3-4	课程名称	初级汉语精读	初级汉语精读	初级汉语口语	初级汉语精读
星期五	1-2	课程名称	初级汉语精读	初级汉语精读	初级汉语精读	初级汉语精读
	3-4	课程名称	语言文化教学实践	语言文化教学实践	语言文化教学实践	语言文化教学实践
备注			发展汉语初级综合（I） 发展汉语初级口语（I） 发展汉语初级听力（I）	发展汉语初级综合（I） 发展汉语初级口语（I） 发展汉语初级听力（I）	发展汉语初级综合（I） 发展汉语初级口语（I） 发展汉语初级听力（I）	发展汉语初级综合（I） 发展汉语初级口语（I） 发展汉语初级听力（I）

　　汉语国际教育教学的教学过程从形式上而言是激起学习兴趣和达到训练频度。从宏观的角度进行论述的话，对于初级阶段汉语国际教育教学的整体要求来看，不外乎上述两点。从教学理论上而言，从直接法到建构法，林林总总的理论背后，我们可以看出一条清晰的轨迹：第二外语教学开始于需要，附加于需要上面的兴趣比重慢慢增大，如果一个学生失去了学习的兴趣，那么学习的过程在很大程度上也基本上可以归之于失败，自然结不出丰硕的果实。学习兴趣虽然不能代表整个第二语言习得中的所有要素，但确是最重要的因素，它是学习者第二外语习得的起点，从传播效果的角度而言，学习兴趣是整个学习过程效果的风向标，研究者们所有的理论设计就是保障风能往正确的方向吹，好风凭借力，这样良好的教学效果才能得到保障。

从课堂表现形式上而言，研究者们做了大量的研究，一线的教师们也给我们提供了丰富的经验总结，汉语国际教育文化教学和国别化教学都是以此为旨归的。文化的内涵非常丰富，至少包含着三层意思：最内核的思想层面、中间层的制度层面和最外层的器物层面，对于一个汉语作为第二外语语言习得者而言，如果不是专业所需，则无须对中国深层次磅礴复杂的文化内涵进行详细的探究，毕竟语言是思维的工具，越是博大精深的思想越需要洁净精微的语言来表达。语言之外无外物，这也是20世纪哲学转向到语言学的原因，这些当然是更深层次意义和更高要求，对于一个汉语初学者而言是没有意义的，也是没有必要的。

所以，文化教学的研究者们所有的努力都集中在了文化最外层的器物的层面，我们可以看到与中国文化表层相关的文化形式，包括太极拳、中华饮食、中药、戏剧、民俗等都以其强烈的感觉冲击了不断地吸引着学生的兴趣，这些学生或流连于美味的中华美食，或沐浴在如梦如幻的东方戏剧中，这些对学习兴趣的重视也拓展都抓住了汉语作为第二语言教学的要义，因为教学效果都要赖其维持。

而国别化教学的研究则是站在文化接近性的角度而言的，从学生所熟知的母语文化或当地文化出发，抉出文化生活中交集而相同的地方，以此切入并推而广之，将学生的兴趣引导到汉语学习的方面来。总而言之，在汉语国际教育教学的过程之中，无论其采取哪种形式，文化活动也好，生活常识也好、心理游戏也好，都是以激发学生兴趣为最终旨归，并且力争贯穿整个二语学习的全过程。

接下来就是关于频度的问题，语言的学习从物理和生理的意义上而言是一个机械的过程，前期的学习偏重于重复性的练习，后期则需要融会贯通，本文研究的主要是初级阶段的教师课堂语言传播效果问题，因此，对知识点的重复次数，学生学习过程之中信息刺激的次数，在这里我们叫作频度，这些决定学生学习的实质过程效果，而作为课堂主导地位的教师，其对频度的把握正关系到教学的本质，是我们集中研究的对象。

图2-4是对初级阶段汉语国际教育教师课堂语言的分析思路。

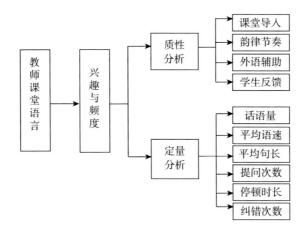

图 2 - 4　教师课堂语言传播要素分析

需要强调的是，笔者研究的重点是教师的课堂语言传播效果，教师语言理所当然地成为集中观照的对象，但这是一个非常复杂的概念，包含内容非常广，尽管我们已经将教师语言限定在了初级阶段非学历留学生的课堂教学方面，但是在这种情况下教师课堂语言至少还包括两个方面的内容，其一是关于推进教材内容的讲授部分，我们称之为课堂教材语言；另外一个是具有鲜明教师个人风格的课堂教学部分，我们称之为课堂教学语言。

通过笔者 50 余次的现场听课，并经过录音转写和材料内容分析，笔者发现，关于推进教材内容的部分，鉴于新疆师范大学给留学生选用是汉语国际教育教学界所普遍使用的教材，教师在开展教材课文等方面的内容时，紧跟教材教参步骤，开展方式大同小异，对这个部分的教师语言研究的话缺乏必要的区分度，而教学效果亦非是由此机械的部分决定，因此，笔者将课堂教材语言作为研究的参照因素，而将研究的重点锁定在了具有鲜明个体风格并且具有传播效果区分度的课堂教学语言部分。

2.3.1　传播主体课堂语言质性分析

2.3.1.1　课堂导入

课堂导入的部分集中体现了教师的语言运用能力和课堂控制能力，它有先声夺人的作用，一堂优秀的课都从一个非常好的导入开始，有多年经验的一线教师及研究者都会把大量的精力放在一个好的课堂导入上，因此，它是笔者研究教师课堂语言传播效果的重点参照对象。

通过整理 10 位老师的听课材料，课型覆盖了精读课、听力课和口语课，基本上可以反映老师们对课堂导入部分的整体风貌，总结起来，新疆师范大学非学历班级的教师们关于课堂导入的类型大致有四种：

第一种是组织课堂型。

例如，HXTE 老师在其听力课上这样导入：

"请大家把书翻到第 120 页，我们先看下生词，我们先听一下生词，然后跟读，然后我们来解释它的意思。"

LH 老师的精读课这样导入：

"书翻到第 273 页，课文的生词我们一起看下。"

"好的，来，我们把书翻到第 205 页，一起读一下生词。"

"好了，我们上课了，我们今天看第 29 课，好了吗？"

WJJ 老师的口语课这样导入：

"这个学期我们从第 14 课开始的，请把书翻到第 134 页，准备，我知道很多生词，你们都会，你们来这儿有一年了，但是你们还是来看一下，也许你们的发音不准，所以还是一起来看。"

SJ 老师听力课的课堂导入：

"好的书合上，把本子拿出来。来，凯特，把书合上。我说，你们听，然后写。"

XY 老师口语课的导入方式：

"昨天给你们说的作业，准备好了吗？（下来挨个检查作业），对不起，我迟到了（让迟到的人站在讲台上）学我说，好，homework，作业，我来检查一下作业。"

"来，我们把书打开，第 48 页，48 页我们来读一下生词，我们要听写，这样子吧。我们先读一遍，来，安静，一个生词读两遍。"

第二种类型是复习旧课型。

例如，YH 老师的口语课课堂导入：

"我们来复习一下之前的句型，现在我给大家五分钟时间，一会同桌之间相互练习，一问一答，我们来看第 13 课的句型。"

"上节课老师留的作业是每个人介绍自己的房间。这个话题是和我们密切相关的，再给一分钟时间吗？"

"上节课老师已经给大家大致说了考试的范围，大家下去之后好好复习。因为考试的时候就是这些题目当中的，老师给了大家几十个范围，但是考试的时候也许只考 5 个，也许考 6 个。不一定的，总之大家好好复习。"

FX 老师听力课的课堂导入：

"好的，上节课我们讲了新生词，你们回去看了吗？我们上节课已经做了第 87 页第五题，谁上黑板来写第一个。"

第三种类型是聊天叙话型。

例如，HXTE 老师的精读课课堂导入：

"我不在，你们过得怎么样？我也想你们，每天看微信的照片，点名。"

第四种类型是综合运用型。

例如，LR 老师的精读课课堂导入：

"你们周末都干什么了？把书翻到第 242 页。好的，昨天的课文背会了吗？考试的时间都知道吗？好的，翻到第 113 页，113 页，好的。"

WJJ 老师的口语课课堂导入：

"之前我们班学习了天气，从天上来了水，叫什么？下雨，下雪我们可以干什么？春天有什么不一样？我们穿衣服还是脱衣服？今天你们看天气预报了吗？谁来介绍一下今天的天气？"

XY 老师的口语课课堂导入：

"昨天你们都去看节目了吗？我也看了，很棒，上节课我们学了银行在哪儿，还记得吗？昨天有同学给我打电话问我在哪儿看表演，在图书馆的旁边，对吗？我们把书打开第 66 页。"

XHR 老师的口语课课堂导入：

"昨天你们看运动会了吗？怎么样？昨天你们看的这些节目叫作开幕式，好，我们上节课的作业是什么？"

通过对以上组织课堂型、复习旧课型、聊天叙话型、综合运用型等四种课堂导入类型的分类总结，从语言手段和传播效果的角度来看，会发现以下几个特点：第一，选择组织课堂型的教师占绝大多数，对课堂的组织是一堂课的重要组成部分，放在课堂开始就兼具了课堂导入的功能，课堂语言利用效率比较高，为大多数老师自觉使用；第二，复习旧课型的课堂导入方式带有教师个人特色，如 YH 老师比较偏向于使用旧课复习作为课堂导入手段，这种手段使两堂课的衔接性比较好，起到温故而知新的作用；第三，聊天叙话型的课堂导入方式带有强烈的课型色彩，从搜集到的材料来看，这种导入方式基本上发生在口语课堂，或许是因为这个课型本身比较接近现实生活，受教材的约束比较小；第四，综合运用型课堂导入方式的运用，是考验一个教师语言运用能力的重要方面，多种语言手段运用的背后是良好教学效果的保障，教师课堂语言的传播效果自不待言。

2.3.1.2 韵律节奏

话语的韵律节奏包含的内容很多，我们不从语言学研究的角度对话语的韵律节奏进行切分，如果专注于字词音的变化沿革，或是精微的变调节奏，则是语言学研究的范畴，而非语言教学研究的范围了，所以这里所讲的话语的韵律节奏包含两个方面的内容，第一是话语的重音，虽然汉语不像英语那样普遍过分依赖重音表达意义，但是对重音的强调则是对学生的神经元进行有效刺激的重要手段，加上足够的频度，重音对语言传播的效率有很大的影响；第二是话语的节奏，人们生来对有节奏的东西印象深刻，一张一弛的节奏中间，正和我们内心的律动相契合，所以人们可以毫不费力地记住一首很长的乐曲，只是跟随感觉的自然流动，我们把这个观点引入语言教学的领域中来，如果说话者注意表达时的话语节奏的话，则正暗合学生生理特点，达到良好的传播效果。

通过对录音材料的整理分析，可以发现，被调查的 10 位教师中，每位教师的平均语速为每分钟 150 字左右，对于汉语初级学习者来说这个语速是合适的，一般认为，中国人说话的平均语速介于 100 和 200 之间，因为这是概括整体意义的数据，对教学语言来说只具有辅助性的参考价值。央视媒体的标准语速在每分钟 180 字到 260 字之间，汉语国际教育教师的语言是标准语言的一部分，对于初级汉语学习者而言，平均 150 字每分钟既符合中国人说话的基本语速，又比标准语速略低，符合初学者的语速要求，在这个方面 10 位老师都做得非常优秀。

重音方面，经过对录音材料的整理，我们发现教师对于重音的处理都符合标准的语义指向，在这个方面具有同质性，因此不做过多的对比。其中有两位老师，HXTE 老师和 SJ 老师，无论是数量上的统计结果抑或是对录音材料的反复聆听，都显示了与其他老师不同的语言运用特点，从表现形式上来看，两位教师说话的信息量都特别大，前者整体的话语量远高于其他教师，后者的语速基本上是其他教师的 1.5 倍，但是她用的句子短小精悍，提问频率非常之高，归根结底，这些语言手段的运用都是以良好的课堂传播效果为指向的，显示了一位优秀汉语国际教育教师对课堂传播效果自觉调整的能力。

2.3.1.3 外语辅助

在初级的教学过程中，外语的辅助必不可少，只是不同的教学理念、不同的理论基础和不同的教学环境，其采取的外语辅助的方式呈现出差异化的趋势。例如，美国的一些高校在教学的初级阶段完全采取文化先导、全母语输入的方式，对于来华留学生而言，这样的做法只能在局部实验性地开展，不然的话也丧失了来华的意义，他们来华的目的除了国家层面上的因素之外，更重要的是想寻找一个既与自己的文化想接近又是纯粹的二语环境作为学习地点。

以新疆师范大学为例，笔者所调查的这八个班级的非学历留学生，他们大部分来自中亚五国，少部分来自日韩，来这里留学的主要动因很大程度上基于地缘和文化上的接近性，与一般的教学环境不同的是，这些学生的母语普遍是俄语，这就对老师的能力构成有很大的影响，在这里英语退居其次，俄语作为第二语言教学的辅助语言的作用举足轻重，因此，这里我们考察教师外语辅助的方式和量的输出。

通过对现有语言材料的梳理我们发现，教师的外语辅助的分布与课型密切相关，在初级阶段所开设的精读课、听力课和口语课中，其中分布最多的是听力课，因为听力课是对学生语言能力临界点的突破，语言材料的难度相对较大，所以老师们在讲解的时候，几乎每一个重难点都需要用外语辅助的方式进行；其次是精读课，学院所设置的这个课程属于综合课的范畴，教师只是在关键的节点，根据学生的反馈选择性地使用外语辅助；最少的是口语课，这是训练学生二语实际运用能力的课程，外语的辅助几乎没有意义，老师们都不约而同地自觉遵守课堂教学规律，显示出了汉语国际教育教师的专业素养。

2.3.1.4 学生反馈

笔者在对汉语国际教育教学课堂的传播模式进行理论探讨时，曾提到过反馈是五大传播要素之一，在教师、学生、课程内容、授课方式和学生反馈五大要素之中，学生反馈是使交流顺利进行下去最重要的因素，教师通过学生言语的反馈或者非言语的反馈，及时调整教学策略，这种即时的反馈对于信息传播而言弥足珍贵，它保证了课堂语言传播的有效性。

由于课堂这种教学形式保证了反馈的及时性，教师也就自觉地运用这一优势顺应学生的反馈及时做出调整，或是有意促使学生进行反馈来加强教学效果。前一种主要是在推进教学的过程中，根据学生的反馈，判断出教学内容的难度，然后再寻找相应的策略进行调整，以保证良好的教学效果，这一点几乎所有的老师都很好地做到了。重点在于第二点，如果教师能够有意地创造反馈，则证明这位老师的语言运用能力很强，其课堂语言传播效果会非常好。

通过整理语言材料笔者发现这种主动创造反馈的形式主要有两种，第一种是提问问题，不断地提问问题，WJJ 老师在提问问题方面运用得较多，在问题的驱使下，学生主动思考并积极反馈，效果良好；第二种是营造一种轻松的氛围，让学生产生主动交流的愿望，如 XY 老师"昨天你们都去看节目了吗？我也看了，很棒！"通过这种师生有共同交集的事件激发学生表达的欲望；还有 HXTE 老师在上课之前问："我不在，你们过得怎么样？我也想你们，每天看微信的照片，点名。"通过共情的手段表达生活化的内容，笔者在现场看见这样的交流反馈在一片温馨中进行，传播效果就非常之好了。

另外，笔者还发现学生反馈的因素和课型也密切相关，例如，听力课上学生的反馈就非常少，最多是一些无意间的非言语行为，精读课上的反馈和老师上课的风格密切相关，教师起到主导性的作用，而口语课是反馈最多最有效的，因此我们不能简单地用学生反馈来判断课堂效果，还要充分考虑到就学生反馈一方面而言课程的区分度对于教师课堂语言传播效果的影响。

2.3.2　传播主体课堂语言定量分析

根据上一小节确定的研究思路,这一小节主要对新疆师范学大学非学历班级教师课堂语言进行量化分析,整理了 10 位教师 34 次课堂的录音资料,对教师上课过程中所涉及的话语量、平均语速、平均句长、提问次数、停顿时长、纠错次数进行全方位的统计,以期从这些量化的数据中通过可视化的表达,发现教师课堂话语传播过程中的诸多特点。

根据目前的统计,如表 2-4 所示。

表 2-4　教师课堂话语统计表

单位:字、次、秒

姓名	性别	平均话语量	平均语速	平均句长	提问次数	停顿时长	纠错次数
HXTE 老师	男	1408	2.1	6.8	24	5.4	9
LR 老师	男	964	2.67	7.3	17	3.6	10
LH 老师	女	571	3.1	6.4	14	3.7	11
XY 老师	女	996	2.67	6.9	14	5.8	14
WJJ 老师	女	904	2.45	7.6	14	3.4	8
XHR 老师	女	885	3.25	7.3	25	7	18
YH 老师	女	923	1.97	9	29	7.6	20
FX 老师	女	988	2.8	8.6	36	2.9	16
SJ 老师	女	831	3.86	7	36	3.4	18
KXQ 老师	女	778	2.91	7.1	32	5.1	12

单独把教师的平均话语量作为一项列出来是因为话语量涉及的数值远大于平均语速、提问次数、纠错次数等数值,放在一个统计图中难以体现对比,故单独列出。

笔者先从话语量的角度进行分析,可以看出各位老师的平均话语量基本保持在 900 左右,其中最高的是 HXTE 老师,达到了 1408 字,最低是 LH 老师,为 571 字,反观听课记录及课堂录音,造成这一现象的主要是课型造成的,前者所教授的课型为精读课,需要大量的讲解示范、综合分解等,需要的话语量偏多,这样学生才能听得清楚明白;而后者所教授的课程为口语课,这是强调学生开口的课程,教师适当引导和调整以达到学生训练的目的。从整体上而言，教师的平均话语量基本上占课堂时间的40%左右，符合精讲多练的基本原则。教师平均话语量对比统计如图2-5所示。

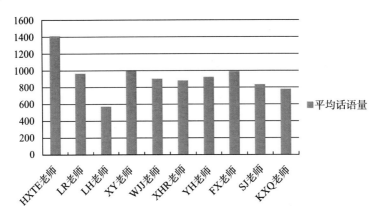

图2-5 教师平均话语量对比统计

从图2-6中可以清楚地看出教师的平均句长趋于一致，基本上保持在7个字左右，在对外国学生而言句长不超过10个字的限度之内，形式上而言，比较有利于学生理解；纠错次数最多的是SJ老师、YH老师、XHR老师和FX老师，从现场的录音情况分析，对学生的即时纠错加强了学生的记忆，学生很快学会正确地表达；差别最大的就是提问的次数，从统计数

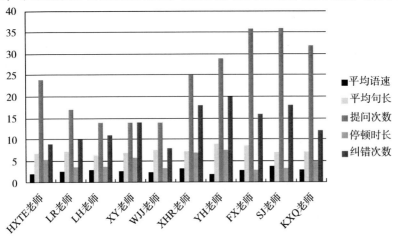

图2-6 教师语速、句长、提问次数、停顿时长、纠错次数对比统计

据上分析来看，FX 老师和 SJ 老师非常善于提问，在上课期间一连串的问题分布在课堂的每一个阶段，强迫学生集中精力思考，提升了学生的学习效果，同时课堂语言的传播效果非常好。

2.4 小结

在这一章中，笔者主要分析了汉语国际教育教学中的三个重要因素对教师课堂语言传播效果的影响，首先从大背景出发，阐释新疆师范大学非学历留学生的教学现状及教学特点，接下来对作为对汉语的教学主体的教师的相关资料进行收集整理，以对教师课堂语言传播效果提供背景性的解释，然后是对作为教学接受对象基本情况的整理，从生源地、文化背景等不同的因素分析出学生的特点，其目的亦是对教师课堂语言传播效果提供背景性的解释。

本章的重点在于对教师的课堂语言本身的研究分析，通过收集教师上课的样本，不断地进行筛选，选出有效性和具有代表性的样本作为考察对象。笔者从汉语国际教育教学基本要义出发，对于如何激起学生学习汉语的兴趣和如何保持学习者接受语言刺激的频度这两个要点，通过对收集到的资料进行分类整理，分别从质性分析和定量分析的角度，对教师课堂语言的传播特点进行全方位的解读。质性分析除了课程本身的特点之外，笔者主要从教师课堂导入、外语辅助、学生反馈和韵律节奏的角度进行考察；定量分析主要从初级阶段教师课堂语言的话语量、平均语速、平均句长、提问次数、停顿时长、纠错次数等方面进行全方位的统计，以期从这些量化的数据中通过可视化的表达，发现教师课堂话语传播过程中的诸多特点。

3. 新疆师范大学非学历班级教师语言传播效果反馈分析

在上一章中，笔者从静态的角度仔细探讨了影响初级阶段教师课堂语言传播效果的各项因素，包括教学背景分析，教学主体的教师背景的全方位考察，教学对象的非学历留学生的生源调查及成分构成等，最主要的是对初级汉语课堂教学过程，进行了立体式分析。笔者通过对 50 余节课堂做了详尽的录音和课堂记录，然后遴选出 34 节课作为样本，分立了各项二级指标，而后进行详尽的分析，它是研究教师语言课堂传播效果的静态指标，也是从动态角度考察教师课堂语言传播效果的重要参照。而语言的传播行为是在说话者和听话者的互动中完成的，立足交互的角度，在现场授课与学生反馈中间、在结构访谈与调查问卷之间获取真实有效的一手材料，才能准确地了解教师课堂语言的真实传播效果，因此，它是笔者在这一章当中研究教师课堂语言传播效果的出发点。

3.1 教师课堂语言传播效果教师反馈分析

对于教师的调查分为两部分进行，第一部分是教师的基本情况，诸如性别、年龄、教龄、外语语言背景等，这些对研究教师教学风格的形成起到一定的参照作用，在教材确定性的情况之下，整个教学设计的过程基本上都得以定型，而教师根据教学环境、教学对象和教学目标的要求对其进行调整的过程显示了强烈的个性化风格，这种个性化风格包含了我们研究教师课堂语言传播效果的各项因素。

第二部分的调查分为两种表现形式，一是以选择题的形式出现，二是以结构化访谈的形式出现。这两种形式的背后其实是同一种理念，即是从元认知的角度出发，分析教师怎样从自我认知的角度对自己的教学活动进行自我判断与自我评价，这样有助于我们从根源上发现影响教师初级阶段课堂语言传播效果的一些因素。因此，访谈的内容主要集中在以下三个方面：第一种是教师从理论和实践经验的角度出发，分别阐述教师在初级阶段的课堂上所遇到和应该解决的主要教学问题；第二种是在教师实际授课的过程中，课前是怎样设计和准备自己的课堂语言以达到良好教学效果的；第三种是从教学开展的角度出发，教师根据业已形成的教学风格综合运用了哪些教学手段。

从理论问题到教学设计到教学过程的推进，这三者是一个统一的整体，统一于元认知的理论背后，下面笔者根据访谈和调查问卷的结果梳理出教师对这三者的认识。

3.1.1 教师课堂语言的主要问题

在这一阶段教师们认为问题主要集中在学生使用母语问题方面，教师会频繁地使用学生母语进行教学，但要掌握一个度，如果过多，二语学习效果则适得其反；教师尤其要注意语言规范问题，教师的指令语如果超纲的话，也一定先要让学生听懂，不然说再多的话也没有任何作用。

3.1.2 教师课堂语言的综合设计

有关课堂设计的问题，教师们认为能用目的语就用目的语，尽量用大纲之内规定的词语，如果超纲过多，加重了学生的学习负担，并且课堂学习效果也不好。

根据课文中出现的生词，尽量使用学生们能听懂的词汇，归纳名词动词形容词等，进行简单的词类拓展训练。

3.1.3 教师课堂语言手段的运用

对于这个问题，教师运用最多的是重复策略，辅助手势语。广泛运用多媒体技术等，此外，教师的语言要生动幽默，活跃课堂氛围。

3.2 教师课堂语言传播效果学生反馈分析

3.2.1 留学生调查问卷的设计

由于初级阶段课堂中教师语言传播的效果并非由教师一人决定的，而是在教师和学生的互动中逐步确定完成的，所以对学生进行全方位的调查，从学生理解的角度进行考察，是衡量教师语言传播效果的重要标尺。诚然，教师课堂教学活动推进的同时，其语言运用构成了研究的客观主体，而在师生教学与反馈的交互中才能确立教学课堂的语言传播效果，接下来笔者阐述一下学生调查问卷的设计理念。

问卷设计的出发点主要围绕教师课堂语言传播效果进行。如果说上一章中对教师课堂教学过程进行的切分与分析属于客观考察的话，这一章中对学生的问卷调查则属于学生根据自己的亲身经历对教师课堂教学效果进行主观判断的结果，这两者之间相互参照才能真实地反映出教师课堂语言的传播效果，对于学生的调查问卷主要集中在以下几个方面。

首先，是关于教师在课堂教学中对话语量的控制。这些话语量包括课堂总体话语量的把握、学生听懂话语量的数量和教师运用外语辅助的话语量。根据学术先贤们的研究结果，一堂高质量的汉语国际教育课程，尤其是初级汉语课程，它成功的关键不在于教师讲得越多越好，而在于学生学会多少，因此精讲多练成了专家学者和一线教师们的共识。对此，我们就有了这个设计的结果，按照一堂课 45 分钟来计算，教师的话语量以中间稍多取 25 分钟作为分界点，按照李克特量表的设计原则，笔者将教师授课时间划分为五个部分：即小于 10 分钟，10 到 15 分钟，15 到 20 分钟，20 到 25 分钟和大于 25 分钟，和绝对的物理时间不同的是，这是包含学生主观感觉的时间观念，它恰恰反映了学生对教学话语的耐受能力与期望值。

同样，对于学生能听懂的话语量的统计也带有主观色彩，学生对听懂话语量的主观判断直接涉及教师课堂语言的传播效果，笔者依然参照李克特量表的设计方法，将学生听懂教师的话语量分为 5 个部分，取中间值作为分界线，再取半数以下的 30%、以上的 80% 作为标准，这样的切分或许比均匀地划分更能反映出真实情况。关于教师外语辅助的使用量因为不占主要话语组成部分，只是调查出大概的状况即可。

其次，是围绕教师提问的环节展开。教师的提问是汉语国际教育课堂上教师为达到教学效果而对学生实行的强制性反馈要求的话语手段。因此，问卷首先关注的是教师的提问和学生反馈之间的时间差问题，如果没有时间差，则证明教师只是形式上的提问，有时间差及其长短则是教师专注于语言传播效果的结果，笔者将时间差的调查设置在教师提问问题、外语辅助翻译、教学效果的现场确认等方面。

再次，就是提问问题的形式。例如，学生希望教师提问开放性或封闭性、公共性或私人性话题，教师提问的频率是多少，教师对所提出问题要求学生回答分布的把握如何，教师在提问问题之后，学生的反映以及教师的期待等。显而易见，从教学效果的角度出发，下面要考察的则是教师对学生反馈的反馈，因为教学是一个师生双向互动的结果，考察了教师话语、学生反馈、教师对学生反馈的反馈，这不仅构成了一个完整的互动过程，更将教学向前和更高层次推进。

最后，问卷要调查的是学生对教师主题风格的认知问题。比如你希望教师在你回答问题时的反应是什么，教师在选择词汇方面的特色，教师的性格特征和教学风格，教师的各项语言要素包括音高、音色及清晰标准程度对学习效果的主观影响以及教师对学生的鼓励或批评性的评价对学生学习效果的影响，等等。

总而言之，教师话语量把控、反馈时间差的掌握、对提问的设计与反馈及教师个体风格等四个方面的问卷设计反映了一个教学活动的全部过程，可以从传播对象的角度出发，教师和学生交互的观点相对全面地考察出初级阶段教师课堂语言传播效果的整体状况。

3.2.2 留学生调查问卷的分析

正如上文中所述，对留学生的调查问卷分析主要集中在以下三个方面，首先是教师课堂语言问题，其次是教师提问及学生回答之后教师的语言手段问题，最后是教师课堂的评价性话语对学生课堂学习效果的影响，三个方面的问题都是站在学生的角度回答，笔者进行统计分析，从一个侧面反映出教师课堂话语传播效果问题。

针对新疆师范大学非学历班级留学生，笔者发放了 100 份调查问卷，通过遴选去除无效样本，共收到 48 份有效调查问卷，图 3 - 1 是分析调查结果。

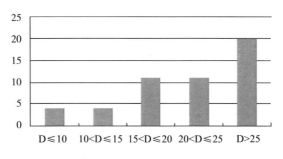

图 3 - 1　教师话语时间统计

关于教师的课堂话语时间问题，通过对调查问卷统计，笔者发现有接近一半的同学将教师的话语量定在了最大值，接近一半同学期待教师的话语量与学者们的建议保持一致，这说明了学生的主体自觉性非常好，当然，这只是站在学生期望的角度而言的。

关于教师在上课的时候提问的频率问题，前文中笔者根据课堂录音及转写材料已经做过相对客观的统计，这是只是客观地反映一下教师在课堂提问频率方面学生的心理主观认知。如图 3 - 2 所示，在所给的四个选项中，18 人认为经常提问，5 个人觉得提问非常少，22 人认为教师是偶尔提问和集中提问，这反映了学生对于提问是相当敏感的，有效地保证了课堂效果，而少数几个人认为教师提问量少则是积极的学习者。

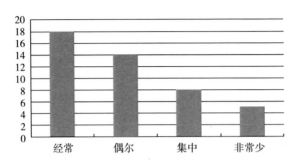

图 3 - 2　教师提问频率统计

关于教师课堂纠错的策略问题，由于这是课堂语言传播效果的关键因素所在，如图 3 - 3 所示，笔者详尽列举了 9 种课堂问题解答方案，通过这种细分可以看出教师哪种策略运用较多，9 种选择当中教师运用最多的是重复提醒，在其启发下让学生进行自我纠正，其次是请他人回答；然后是延长等待时间，期望学生自我修正和运用某些策略引导学生进行自我修正；然后是给出部分正确答案，希望你补充其余答案，最后是打断学生发言，即时纠正。从图 3 - 3 中可以清楚地看出教师很少直接给出正确答案，极少忽略学生问题，在尊重学生的同时并对问题进行策略性处理，然后顺其自然由学生自己或者师生共同纠正错误。

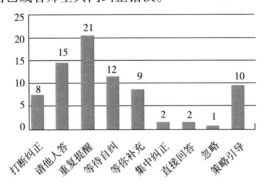

图 3 - 3　教师解答问题策略统计

图 3 - 4 关于课堂上老师的表扬鼓励或者批评等评价性的话语对学生学习有效果的影响程度，有 31 位同学非常肯定地说有很明显的效果；14 位

学生感觉有点儿效果但不明显；有 3 名同学认为一点儿效果也没有。一方面要肯定教师评价性话语在课堂语言传播效果以及学生学习效果中所产生的积极影响，另一方面也要关照到少数不太受教师评价性话语影响的学生，这要根据实际情况分类并加以区别。

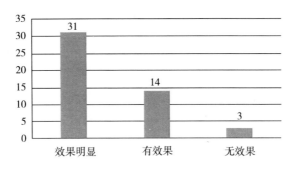

图 3 - 4　教师课堂评价性话语对学生学习效果统计

3.3　教师课堂语言传播效果其他因素分析

根据汉语国际教育课堂教学的信息传播模式，关于传播效果的有五个重要因素：作为信息传播者的教师、作为信息接收者和反馈者的学生、作为信息传播渠道面对面授课、作为课堂教学内容的教材以及作为噪音而存在的课堂干扰因素。

前文中，我们对于便于观察的教师语言运用的方方面面进行考察，并对语言传播的主体和接受者进行详细的调查和分析，而得出相关结论。然而，语言的传播是在一定的场域内进行的，尽管我们排除了教师课堂语言之中教材等同质化的因素，但是其他方面的因素也制约着教师课堂语言的传播效果，比如教师声音的音色、音长、音强等物理因素；教师肢体动作、面部表情等非语言表达形式；教师的整体气质形象；还有与课堂相关的教室布置、天气、整体氛围、课堂偶然出现的不确定因素等都会对教师语言传播效果产生制约机制。

根据收集的现有调查材料，不难看出主要集中在教师上课过程中形成的可记录语言材料，对于上述非语言材料，有的稍纵即逝，有的只有在特定的时间和地点才能产生意义。因此，本文研究的内容建立在所搜集到的语言材料之上，那些很难收集和记录的材料不在本文的研究范围之内，所以本文研究的初级阶段教师课堂语言传播效果，是在有限前提条件下得出的结论，全面而客观的结论尚需进一步的研究。

3.4　小结

本章主要从动态的角度，以新疆师范大学非学历留学生课堂为教学场域，以教学过程中教师和学生的交互反馈为研究对象，以初级汉语教师课堂语言的传播效果为最终考量，分别对教学活动中的关键因素教师和学生进行问卷调查和结构性访谈。调查的出发点有别于上一章从静态的方面对于教师的教学过程进行客观分析，而是从元认知的角度出发，首先了解教师针对自己所进行的教学活动的基本认知，包括教学过程中教师语言存在的问题、教师在使用的语言手段、在课堂上使用的课堂语言设计等，对学生的调查也是从建立在真实反馈的基础之上，对教师的课堂语言进行整体的描述，主要集中在与课堂语言传播效果密切相关的话语量、提问、时间差、教师个人风格等，最终以可视化的方式进行动态的相关性分析，并得出了影响教师课堂语言传播效果的影响因素。

4. 结论

4.1　结论及建议

教师的语言是汉语国际教育教学中，尤其是初级汉语教学活动中的一项非常重要的因素，它贯穿于教学活动的始终，对教学活动的每个环节都产生作用。因此，小而言之，教师课堂语言的传播效果与一堂课的教学效果密切相关，是提升教学效果的一项重要参照；大而言之，它关乎整个教学的生命线，如果没有课堂语言，则整个教学工作将不复存在，更不用说教学效果和文化传播了。

对于汉语国际教育教学各个要素的探讨，学术先贤们在教学的各个切面都有非常完备而精深的研究，而一切的理论研究必须结合实际才有意义，并在实际的教学活动之中去检验理论的信度和效度。因此，以不同的教学环境、不同的教学对象和不同的教学要求而产生的教学自由变体则成为理论研究的补充或镜鉴。以对初级阶段汉语国际教育教师语言为研究对象，以教师语言的传播效果为终旨，才正是本文研究的立足点和出发点。

文章整体的研究思路以新疆师范大学的汉语国际教育教师及非学历学生为研究对象，以该校教师的语言为内容、以教师课堂语言传播效果为标的进行研究，总结出他们的语言有哪些特点，他们的语言有哪些分类，他们的语言应该遵循哪些原则及传播效果等都成为本论文研究的问题，研究结果将对汉语国际教育教师事业的发展提供理论支持。

就论文的具体研究过程而论，各章节都是围绕教师课堂语言传播效果而展开论述，最终成为一个有机组成部分。笔者首先从理论入手，对初级阶段教师课堂语言的概念做一界定，笔者认为初级阶段教师课堂语言属于中介语的范畴，所不同的是，一般中介语的概念是指二语学习者在学习语言的过程中所习得的介于母语和目的语之间的语言状态，这是一个从无到有逐步完善的过程，而教师的中介语系统则正好相反，因为教师语言是一个非常完整自足性的语言系统，在可理解输入的前提条件之下，教师打破原有自足而完备的语言系统，将其有意识地调整到中介语的状态，这是一个从整到零的过程，如果说学生中介语是一个被动的语言过程，而教师中介语则是一种主动的调整系统。

以课堂语言传播效果为导向，教师对这种语言系统的自觉调整，则反映出教师语言手段的运用能力和对整个教学过程的驾驭能力，在教师必备的语言能力的探究中，笔者将教师的语言能力切分为语言素养为基础的隐性能力和以课堂实践为表现形式的显性能力，显性的实践能力包括课堂讲授能力、沟通协调能力和语言管理能力；隐性的语言能力主要集中在对语言材料的综合分析基础之上，包括对教学大纲分析、教学效果预判、适用效果分析、进度分析、教学对象、过程及环境分析，等等。

所有的语言教学都是在适当的场域中进行的，在五个传播要素教师、学生、教学内容、教学形式和反馈的分析中，由于所使用的教材具有普遍性的特点，整个教学活动的推进趋于同质化，其对语言传播效果的影响不太明显。还有教学形式都是采取班级面授的形式，这两个因素都具有趋同性，因此不在本文讨论的范围之内，本文研究的要点集中在教师课堂语言的内容分析和对学生反馈及教师访谈的调查分析，对教师、学生和教学场域的背景分析则是教师课堂教学语言传播效果的参照和补充。

如果说对教师课堂语言教学内容是一种客观静态分析的话，那么对教师结构化访谈和教师问卷调查分析则是一种动态的偏主观性分析。对教师课堂语言的分析，笔者综合学术先贤的理论研究，将教师课堂语言切分为一些小的语言要素并分立二级指标。因为汉语国际教育教学的核心是激起学习兴趣和保持训练频度，在这两个要求之下，笔者分别进行质性分析和定量分析。质性分析包括教师课堂导入分析、韵律节奏把握、外语辅助和学生反馈等要素，定量分析则关注教师课堂话语量、平均语速、平均句长、提问次数、停顿时长和纠错次数，分析的结果用统计的方式可视化表达出来。

对教师进行的结构化访谈和对学生进行的调查问卷分析则是从元认知的角度出发，让教师在教学的过程中对自己的教学活动进行自觉判断，通过这些实实在在的教学活动，使每一个环节都让学生亲历其中，因而对其进行反馈性的问卷调查则显得非常必要。将学生的反馈性问卷调查结果、教师自我认知的结构化访谈结构以及教师课堂语言定量和定性分析的结果相互参照，进行相关性的分析，得出了一些影响初级阶段教师课堂语言传播效果的因素，这也正是本文所要集中研究分析的对象。

4.2　局限与展望

笔者的研究目的是想通过对既往研究材料的搜集整理，从理论框架出发，以新疆师范大学非学历留学生班级为观察对象，对其进行调查研究，分析出现实中教师课堂语言的具体传播效果，并发现相关问题，分析出相关建议和对策。

但是在实际的调查研究和实际分析的过程之中，因为影响教师课堂语言传播效果的因素非常之多，而本文研究的视野限定在教师语言内部；从教学活动发生的场域上将研究的焦点锁定在新疆师范大学非学历留学生；从研究的适用范围上而言，本文研究锁定为初级阶段，因此，本文的目的是从一个很小的纵切面，管窥锥指，发现影响教师课堂语言的若干要素。

本文的研究也存在着局限性，对研究对象样本的分析可能只代表新疆师范大学一时一地的教师课堂语言传播状况，对教师的结构化访谈、对学生反馈性的问卷调查，还有一些参照性研究材料如学生成绩等资料的不足，这些都影响了本文研究的精确度。然而从另外一个角度而言，虽然此项研究有着诸多的个体性差异，但是影响初级阶段教师语言传播效果因素则具有普遍性的特征，以此为出发点，本文理出了一些教学原则和语言传播效果的影响因素，推而广之，希望对汉语国际教育教学中教师课堂语言传播效果问题起到借鉴作用。

参考文献

一、论著类：

［1］郭启明，赵林森．教师语言艺术（修订本）［M］．北京：语文出版社，1998．

［2］郭庆光．传播学教程（第二版）［M］．北京：中国人民大学出版社，2011．

［3］姜丽萍．教师汉语课堂用语教程［M］．北京：北京语言大学出版社，2006．

［4］蒋同林，崔达送．教师语言纲要［M］．北京：华语教学出版社，2001．

［5］刘良初．课堂传播效果研究［M］．长沙：湖南人民出版社，2007．

［6］李苓．传播学理论与实务［M］．成都：四川人民出版社，2002．

［7］刘珣．对外汉语教育学引论［M］．北京：北京语言文化大学出版社，2000．

［8］马显彬．教师语言学教程［M］．广州：中山大学出版社，2000．

［9］臧乐源．教师学［M］天津：天津人民出版社，1987．

［10］张国良．传播学理论［M］．上海：复旦大学出版社，2009．

［11］［美］洛厄里，［美］德弗勒．大众传播效果研究的里程碑［M］．北京：中国人民大学出版社，2009．

［12］［美］E. M. Rogers．传播学史：一种传记式的方法［M］．上海：上海译文出版社，2005．

［13］［美］沃纳·赛佛林．传播理论起源方法与应用［M］．北京：华夏出版社，2006．

［14］［美］詹姆斯·W. 凯瑞．作为文化的传播［M］．北京：华夏出版社，2005．

二、期刊类：

［1］白朝霞．对外汉语教学初级阶段课堂语言的特点和组织原则［J］．德州学院学报（哲学社会科学版），2005（1）：82－85．

［2］刁晓静．从语用学角度分析教师语言艺术［J］．文学教育（中），2010（12）：

133 – 134.

[3] 杜慧敏. 浅谈教师语言传播机制 [J]. 河南商业高等专科学校学报, 2004 (4)：87 – 88 + 97.

[4] 段巧凤, 姚安修. 论教师语言的特点 [J]. 河南社会科学, 2004 (4)：145 – 146.

[5] 代松刚, 吴坤, 马聂飞. 教师的语言传播效果刍议 [J]. 新闻世界, 2009 (3)：129 – 130.

[6] 党东耀. 传播学原理在高校课堂教学中的应用 [J]. 新闻前哨, 2010 (12)：36 – 38.

[7] 董晓敏. 近三十年来教师语言研究述评 [J]. 南京师范大学文学院学报, 2007.

[8] 杜慧敏. 浅谈教师语言传播机制 [J]. 河南商业高等专科学校学报, 2004 (4)：87 – 88 + 97.

[9] 傅传凤. 对外汉语课堂教学语言的特点和功能类型 [J]. 四川教育学院学报, 2011 (2)：81 – 85.

[10] 傅惠钧. 小学教师语言特点初议 [J]. 当代修辞学, 1990, 02：29 – 30.

[11] 关春芳. 对外汉语教师课堂用语浅论 [J]. 东北财经大学学报, 2009 (3)：89 – 91.

[12] 黄鹂, 吴廷俊. 教育传播学新探 [J]. 现代传播, 2003 (1).

[13] 金志军. 对外汉语教师课堂用语的语言变异及其语用意义 [J]. 科教文汇 (中旬刊), 2007 (9)：49 – 50.

[14] 旷娟. 汉语作为二语的课堂教学语言 [J]. 四川师范大学学报 (社会科学版), 2006 (1)：106 – 109.

[15] 李春红. 对外汉语初级综合课的教师语言 [J]. 四川职业技术学院学报, 2004 (2)：75 – 77.

[16] 李永平. 课堂教学效果的传播学分析 [J]. 西安石油大学学报 (社会科学版), 2004 (3)：70 – 72.

[17] 李玉莉. 浅谈对外汉语教学中教师的课堂语言 [J]. 科教导刊 (中旬刊), 2012 (1)：151 + 177.

[18] 梁宁辉. 不用媒介语从事对外汉语课堂教学的探讨 [J]. 汉语学习, 1998 (3)：40 – 43.

[19] 刘宝彤, 马泰儒. 试论高校教师教学语言的特点 [J]. 武警技术学院学报, 1994 (2)：81 – 84.

[20] 刘恩葵. 教师语言特点浅谈 [J]. 吉林师范学院学报 (哲学社会科学版), 1987 (4)：102 – 103.

[21] 刘弘. 论对外汉语教师课堂用语的语言变异 [J]. 语文学刊, 2007 (16)：108 – 110.

[22] 龙剑梅. 课堂传播研究述议 [J]. 湖南城市学院学报, 2012, 33 (4)：104 - 108.

[23] 彭利贞. 试论对外汉语教学语言 [J]. 北京大学学报（哲学社会科学版）, 1999 (6)：123 - 129.

[24] 彭亮. 教师语言研究的元分析 [J]. 教育科学研究, 2013 (10)：73 - 78.

[25] 饶勤. 对外汉语教学语言特点及量化分析 [J]. 外语与外语教学, 1998 (2)：48 - 49.

[26] 宋玥凝. 浅谈对外汉语教师课堂教学语言的使用 [J]. 安徽文学（下半月）, 2011 (11)：254.

[27] 孙德金. 对外汉语教学语言研究刍议 [J]. 语言文字应用, 2003 (3)：98 - 105.

[28] 田文. 教学语言初探 [J]. 北京师范大学学报, 1981 (5)：82 - 87.

[29] 王颐嘉. 教师口语的特点与规律 [J]. 语文建设, 1994 (8)：11 - 14.

[30] 王珊. 对外汉语课堂教学特殊性之分析 [J]. 汉语学习, 1992 (2)：42 - 46.

[31] 王艺寰. 近十年来国内教师语言研究综述 [J]. 中国校外教育, 2013 (2)：32 - 33.

[32] 王祖嫘. 国际汉语教师话语能力研究 [J]. 当代教育科学, 2012 (9)：62 - 64.

[33] 阎书春. 教师语言的特点 [J]. 煤炭高等教育, 1992 (2)：46 - 47.

[34] 叶人珍, 孙骥, 钱美珍. 谈教师的语言 [J]. 华中农业大学学报（社会科学版）, 2005 (Z1)：141 - 142 + 148.

[35] 张飞祥. 论对外汉语教学中教师语言规范 [J]. 牡丹江教育学院学报, 2013 (3)：83 - 84.

[36] 张鸿博. 对外汉语初级口语课教师话语个案分析 [J]. 青年作家（中外文艺版）, 2011 (5)：50 - 51.

[37] 张苉文. 对外汉语教师的课堂教学语言浅析 [J]. 现代语文（学术综合版）, 2016 (8)：150 - 152.

[38] 张九洲. 课堂教学的传播要素探析 [J]. 哈尔滨学院学报, 2003 (12)：100 - 102.

[39] 张玲霜. 语文课堂教学活动的传播学分析 [J]. 文学教育, 2010 (7)：144 - 145.

[40] 张美. 课堂传播中教学信息的优化 [J]. 浙江教育学院学报, 2004 (5)：99 - 102.

[41] 张锐. 浅谈教师语言艺术 [J]. 渤海学刊, 1989 (1)：165 - 174.

三、论文类：

[1] 何玉杰. 大学英语课堂交际中的教师话语分析 [D]. 山东师范大学, 2015.

[2] 胡维丽. 论对外汉语教师课堂语言艺术 [D]. 云南师范大学, 2015.

[3] 黄妙丽. 高中英语课堂教师话语的现状调查 [D]. 山东师范大学, 2011.

[4] 黄晓颖. 对外汉语有效教学研究 [D]. 东北师范大学, 2011.

［5］贾莎. 初级汉语综合课语言输入及效果研究［D］. 陕西师范大学，2013.

［6］蒋伟. 对外汉语教师课堂语言研究［D］. 河北师范大学，2014.

［7］刘良初. 课堂传播效果：研究的维度与理论的构建［D］. 湖南师范大学，2007.

［8］罗美娜. 英语教师课堂教学语言研究［D］. 上海师范大学，2005.

［9］邵鹏博. 初级阶段汉语综合课教师课堂教学用语探究［D］. 新疆大学，2014.

［10］孙彦彦. 大学英语课堂教师话语对于学习者输出的影响［D］. 山东师范大学，2009.

［11］王晓音. 对外汉语教师素质研究［D］. 陕西师范大学，2013.

［12］王招玲. 初级对外汉语口语课交互活动中的教师话语调查与分析［D］. 厦门大学，2009.

［13］伍晨辰. 初级汉语综合课教师语言研究［D］. 沈阳师范大学，2012.

［14］赵永梅. 第二语言课堂教师话语研究［D］. 辽宁师范大学，2004.

［15］张欢. 对外汉语课堂教师纠正性反馈研究［D］. 北京语言大学，2006.

［16］张洁. 对外汉语教师的知识结构与能力结构研究［D］. 北京语言大学，2007.

［17］张巧艳. 初级阶段对外汉语综合课教师话语特点分析［D］. 厦门大学，2008.

［18］周喜欢. 基于传播视角的有声教学语言的有效性研究［D］. 辽宁师范大学，2015.

学术翻译

Research on Reconstruction of Ethnic Relations among Post-disaster Migrants and Their Communication Patterns in the New Era
—A Case of the Community of Tajik Abati Town, Xinjiang[1]

刘明/著、张倩汝/译；刘明/校

Abstract: The first group of Tajiks who had inhabited on the Pamirs for generations started to relocate in Tajik Abati Town, Yuepuhu County in March 2000. During ten years of migration, the communication patterns of Tajik people changed. Communication within Tajik people extended from one village to different villages. Besides, their communication with Uyghur people, Kyrgyz people and Han people became closer, which was reflected from the perspectives of administrative, educational and economic scenes. This paper attempts to sort out the interactive communication patterns of Tajik people with extensive interview data obtained through field research so as to find a breakthrough point to interethnic communication and ethnic relations from aspects such as residential patterns, language study and educational status.

Key words: Tajik, ethnic relations, communication patterns

Interethnic communication is an important indicator of and well embodies ethnic relations. Ethnic relations are not only related to the depth of interaction among different groups but also social stability, ethnic unity and internal harmony of the nation. The Tajiks have a patriotic tradition who contributed greatly to national unity and border security in history. A devastating flood in 1999 forced the

---

❶ 文章的早期版本系刘明：《新时期灾后移民的民族关系重建及其交往方式探研——以新疆塔吉克阿巴提镇社区为例》，《甘肃社会科学》，2011 年第 5 期，第 250～255 页；译者：张倩汝，女，新疆阿勒泰人，祖籍山东临邑，硕士研究生，主要从事翻译研究，英国利物浦大学访问学者。

Tajiks who had inhabited on the Pamirs for generations to resettle in Tajik Abati Town, Yuepuhu County. The change of living environment inevitably brought about changes of communication patterns among different ethnic groups.

In the past, most Tajik people lived in the closed and isolated mountains and thus had littlte contact with the outside world. Their communicative activities are mainly conducted inside their ethnic group. Now significant changes have taken place in interethnic communication, residential patterns, language study and educational status as the Tajiks moved downhill. What are the patterns of their communication? At a deeper level, what are the factors affecting their communication? The above questions are the focus of this paper and to be solved after the writer's research.

1. General Introduction to the Relocation of Residents in Tajik Abati Town

1.1 Background of the Relocation of Residents in Tajik Abati Town

The population of Tajiks in China is 43,953(2009 data),96% of whom live in Xinjiang Uyghur Autonomous Region. In Xinjiang, most of the Tajik people live in Taxkorgan Tajik Autonomous County on the Pamirs(others basically distribute in neighboring counties such as Zepu, Yecheng, Shache, Pishan, etc.). In 1999, a rare torrential flood and debris flow swept over all the towns and villages of Taxkorgan, among which Bulunmusha Township was the worst affected. After investigation, Kashgar Prefectural Party Committee and Administrative Office decided to lay out a 50 thousand mu of empty land in eastern Yuepuhu County for resettlement of residents. The first group of over 140 households started to move in March 2000. Soon afterwards, the residents from some poor townships and villages in Taxkorgan County also began to move.

1. 2   Demographic Composition of the Community of Tajik Abati Town

The population in the community of Tajik Abati Town is mainly comprised of migrants from 14 townships, villages and farms in Taxkorgan County, including 11 townships, 2 towns and 1 farm. As is shown by the statistics collected from Tajik Abati Town in Yuepuhu County from July to September 2005, there are 4 groups (respectively in 2000, 2002, 2004 and 2005), totally 393 households with 2071 people relocated.

Table 1   Number of Households Relocating from Taxkorgan County

Township/town/farm	2000	2002	2004	2005	Total(households)
Kekeyaer Kyrgyz Township	–	8	–	–	8
Taheman Township	–	12	1	7	20
Tizinafu Township	–	6	3	3	12
Taxkorgan Township	–	–	–	3	3
Kukexiluge Township	25	15	8	3	51
Datong Township	47	4	5	48	104
Bandier Township	–	2	–	4	6
Waqia Township	–	7	1	12	20
Maeryang Township	8	4	–	6	18
Dabudaer Township	–	3	–	–	3
Bulunmusha Township	123	2	–	2	127
Taxkorgan Town	–	–	1	9	10
Bazhadashi Pasture&Forest Farm	–	–	1	10	11
Total	203	63	20	107	393

According to the statistics in *The Annals of Taxkorgan Tajik Autonomous County*, by the end of the year 2005, the population of the whole Tajik Abati Town amounted to 463 households, totally 2532 people. The number of Tajik people reached 2388, accounting for 94. 31% of the total; the number of Kyrgyz people totaled 92, accownting for 3. 63% of the whole; Han people 31, accounting for 1. 22% and Uyghur people 21, accounting for 0. 83%. The ethnic composition of population is illustrated in the following chart.

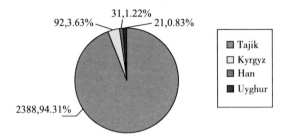

Chart 1　Ethnic composition of Population in Tajik Abati Town(number, percentage)

During the writer's research in July and August 2010, there were some 10 households of Han people coming from inland to do business here❶ and some other Han people came to undertake project works. In the government there were over 10 Han cadres and in schools a few Han teachers. From Taxkorgan County moved about 20 households of Kyrgyz residents. Besides, there were several households of Uyghur residents, 5 – 6 Uyghur cadres in the town government and some Uyghur business owners from No. 7 Production Brigade of Bayiawati Township. Seeing from ethnic composition of the community, majority of the population were Tajik people, combined with some Han, Kyrgyz and Uyghur people.

1. 3　Geographic Location of Tajik Abati Town

Tajik Abati Town is located in the easternmost part of Yuepuhu county, Yuepuhu – Maigaiti Road, 45 kilometers(the road traverses the whole town) and it is 53 kilometers from Yuepuhu County, 20 kilometers from Pailou Labor Re-education Farm, 45 kilometers from Maigaiti County, 132 kilometers from Kashgar – a city of key position in southern Xinjiang. Abati Town has an average elevation of

---

❶　According to interview, only 2 households of business owners registered their residence here. The rest Han business owners only open shops here.

1178 kilometers and a territory of 33. 4 square kilometers(equivalent to 50 thou-
sand *mu*). Originally this area belonged to Bayiawati Township, Yuepuhu
County. However, after its establishment, Tajik Abati Town received 80 *mu* of ara-
ble land and 15 houses with facilities which were originally owned by Yuepuhu
County.

No. 7 Production Brigade of Bayiawati Township is 3 kilometers away from Ta-
jik Abati Town while it is 20 kilometers from the township government. Therefore,
the Uyghur farmers living in No. 7 Production Brigade often visit Tajik Abati Town
to buy daily necessities at bazaars or to repair motorcycles, fuel up vehicles,
etc. These activities form the major means of communication between Uyghur and
Tajik people.

1. 4   Transportation Situation in Tajik Abati Town

Traversed by Yuepuhu – Maigaiti Road from east to west, daily traffic flow in
Tajik Abati Town can reach 200 – 600 vehicles. Though the town is located deep
in the desert, its transportation is very convenient with development in recent
years. 67 kilometers of village – level road has been built in the town, including
17. 5 kilometers of asphalt road, 22 kilometers of gravel road and 27. 5 kilometers
of dirt road.

During the writer's research, the whole line from Yuepuhu to Maigaiti was
under construction. All vehicles heading from Kashgar to Pailou or to Maigaiti had
to go round. It was known that the construction would not be completed until Oc-
tober 2010. Two buses were launched from Tajik Abati Town to Kashgar respec-
tively at 8:30 and 9:00 in the morning every day and turned back to Tajik Abati
Town at 4:00 and 6:00 in the afternoon. A one – way ticket would cost 12. 5
RMB yuan. However, if you plan to travel from Kashgar to Abati Town in the
morning, you would have to take a bus from the stop Nursing School in Kashgar
and go to Yuepuhu county first(79 kilometers, 15 yuan per person if one shares a
taxi with 3 other people), and then transfer to Abati(53 kilometers, 10 yuan per
person).

1.5　Historical Development of Tajik Abati Town

Tajik Abati Town is a newly established community of relocated residents. "Abati" is uyghur pronunciation meaning "prosperity and wealth". In 1999, Bulunmusha Township was the most severely affected place in the disaster, houses, flocks and herds being swallowed by relentless flood and debris flow in a flash. This unexpected natural disaster brought about enormous economic loss to Bulunmusha. Meanwhile, this place was no longer suitable for human to survive due to harsh producing, living and environmental conditions. After extensive investigation and reasoning, the leadership decided to relocate the residents. Farmers and herdsmen who lived in deep, rocky mountains, areas susceptible to disasters and Bulunmusha in Taxkorgan Tajik Autonomous County where conditions were extremely inhospitable were moved from the plateau to plain area. Hence the present Tajik Abati Town.

In 2005, there were 4 village committees in Tajik Abati Town located in the road at about 3 kilometers from east to west along the town government. There were 378 households in the town, totally 2075 people, including 128 CPC members. The area of arable land totaled 5186 *mu*[1]. Up to now (July 22 of 2010), there are already 5 villages, 18 village groups and 1 party group (moved from Bulunmusha Township to the 1st Village). The population amounts to 3382 (the data is dynamic as there are residents moving in and out continually). The number of CPC members has increased to 224. The size of arable land (for planting) rises to 11 thousand *mu*, including 5,000 *mu* of crops, 3,000 *mu* of red dates, 2,500 *mu* of alfalfa, 500 mu of bare land, 800 *mu* of various tree belts. There are 5 religious people but no religious venue[2]. To raise local people's average income, Tajik Abati Town started to grow industrial crop, cotton, since April 2010.

---

[1]　*Basic information of Tajik Abati Town and its 4 village committees*, (internal data), 2004.

[2]　The data are provided by Yu Hongliang (Director of Organizational Department, Tajik Abati Town Government, Taxkorgan County) on July 22nd, 2010.

2. Basic Patterns of Interethnic Communication in the Community of Tajik Abati Town

2. 1   Communication within Tajik People: From One Village to Different Villages

In Taxkorgan County, communication is normally among people from the same township or village, most of whom are relatives of each other. Therefore, their communication is relatively frequent and deep in aspects such as production cooperation, marriage, funerals, etc. Especially during Lantern Festival, the whole village gather together, thus interpersonal relationship is strengthened in this region. While in Tajik Abati Town in Yuepuhu County, only residents of the 1st Village are mainly made up of residents from the same township, Bulunmusha, other villages are comprised of migrants from 14 townships, towns and farms. Due to isolated living environment, communication and interaction within the ethnic group tends to be closed. However, the relocation of migrants leads to contact among people of the same ethnic group but from different places and brings about collision of cultures. In aspects of life adaptation, school education and interethnic communication, some farmers and herdsmen have their own ideas.

Case 1 − 1: Rozi Mehmet(male, Tajik): My family moved from Datong in December 2000 because of the flood. Our orchard, crop land and house were all washed away. We used to grow mulberries, apricots and apples. At the beginning, there was nothing but desert and work was very tough. Now we are used to it and have gained good results. The government is paying great attention and giving lots of assistance to us. At first we were given 24 *mu* of land and we grew 10 *mu* of wheat, 10 *mu* of alfalfa and 2 *mu* of orchard. The left 2 *mu* was too alkaline to grow anything. Now things are better. Beef and mutton is too expensive for our farmer's family, so we normally cook pilaf with chicken and potatoes. In the 2nd Village, our residents receive a subsidy of 48 yuan per month per person. The 5th

Village is made up of Tajiks moving down from the mountains, thus their subsidy standard is 120 per month per person. The subsidies vary across villages.

From the above case we can see the reason and process of the relocation of migrants as well as their adaptation to new environment. In daily life, due to absence of pasture and lack of cows, sheep and forages, cow's and goat's milk is scarce and thus traditional food such as yoghurt and vrum are rare to see on the table. As a result, the Tajik migrants rarely eat beef and mutton. In July 2010, the price of mutton in Tajik Abati Town was 48 yuan per kilogram and beef was 35 yuan per kilogram. The purchasing power of farmers supported by minimum living allowance is relatively low.

Case1 − 2: When we first moved to this place, we were not accustomed to the climate and labor here. Here labor is the main source of livelihood, which is not suited to lazy people. After all, this is desert. There is not enough arable land. We hope to live there(Datong) , but we have got used to this place. There(Datong) is no land to grow anyway. We miss our hometown. However, the children here receive better education. We think the biggest benefit here is its well − developed education. My kid Diwanaxia moved here at the age of 7 and now he is 17. He went to Han people's school since the age of 7. It is good for the children! I have 6 children and 3 of them go to school. One of them is studying in "Xinjiang Intra − regional Middle School Class" (classes offered for students from poor and remote places of Xinjiang) in Urumqi. Besides expenses on food, we only pay 450 RMB per year and the rest is covered by the government. One is studying in Karamay No. 3 Middle School. And one is in Kashgar No. 6 Middle School. Here the education condition is good. Comparatively, the environment of schools in Datong and Tizinapu Township is not very satisfactory. The truth is that the more the students see, the greater their minds will change. And consequently they will make more progress and receive more help.

This case shows the Tajiks' identity conversion from herdsmen in the mountains to farmers down the hill, the transition and adaptation of their thoughts about labor and their longing for homeland. Labor here is intensified compared to living in the mountains. Nevertheless, good education condition becomes an important factor attracting the herdsmen to move out of the mountains. The favorable educational resources in Tajik Abati Town are the major reason why most herdsmen are willing to relocate. The writer is informed that 4 Tajik students were enrolled by "Xinjiang Intra – regional Middle School Class" in 2007 for the first time in history. In merely 10 years, we witnessed the influence of education on Tajik migrants. Many Tajik children have left the mountains. More importantly, they have moved to the cities and become new forces of the Tajik people.

Case 1 – 3: We mostly associate with Uyghur, Han and Kyrgyz people. We Tajiks are migrants to this place which used to belong to others. So we try to make friends first. Though we are all Tajiks, we are somewhat different in customs and languages. The Tajiks from Datong speak Sariqul dialect while those Tajiks moving from Dabudaer Township speak Woxi dialect. Sometimes we could not understand their dialect. Besides, in Datong when people get married, they wear mask paintings(the pigment is made from ground stones) , meaning this is the first marriage. There will be no mask paintings if it is the second marriage. But there is no such custom here. (Interview transcription, July 20th, 2010)

According to the writer's field research, the Tajiks moving from different villages from the mountains greet by hand – kissing when they meet. However, speaking of drinking, as is told by a shop owner, when the Tajiks first arrived, they would buy drinks for anyone they met. One person paid for the drink and all others came to freeload. Now, some Tajiks do not want to share drinks with others, so they drink in a separate room and others would not come in. Those who do not come together will not drink together. Just a glance and one will leave.

The Tajiks'explanation for this is that drinking helps to recover from fatigue of labor. Sometimes we invite relatives to drink when they visit us. Sometimes we get to know each other by drinking. We arrived here at different times. Some came last year and some this year. We communicate and know each other. Today(July 20th of 2010) it seems that another 8 households is moving down from Maeryang Township.

From the above we know, though from the same ethnic group living in Taxkorgan County on the Pamirs and most of the habits are the same, there are slight differences in their living habits. The reason for the differences comes from partial variation in geographic environment along with some historical factors(it is said that the Tajik people in Dabudaer Township are immigrants from Afghanistan who have lived here for over 100 years). As the mountain roads are isolated from each other, their interaction is not as close, convenient and deep as it is at the foot of the mountains. In the past, it took a long time to see relatives and friends, who now live only 3 – 4 villages away at most with a straight – line distance of merely 3 – 5 kilometers. The concentration of living and culture space inevitably brings about the friction and collision among individuals within the same culture. The Tajiks become divided, which can be seen from the case of drinking. If there are no smaller groups inside the ethnic group like in the past, it means life is worse off financially. The awareness of individual economy is enhanced gradually, which undoubtedly contradicts the past communication pattern within the ethnic group. In the past, there would be no problems concerning eating and drinking as long as there were pastures and livestock. Now, life depends on the land, crops and basic living allowances. No money, no food. The transition of production mode naturally leads to the change of the way to make friends.

2. 2　Communication between Han and Tajik People: Administrative, Educational and Economic Scenes

The communication between Han and Tajik people is mainly displayed at three levels. The first is administrative level. The staffs of government help the Tajiks with farming, teaching them when to irrigate, to fertilize, to weed and to harvest. Up to now, the town government has been delivering such information concerning production from door to door. The second is educational level. Schools implement bilingual education, teachers speaking Chinese in class. The Han teachers in school mainly teach the Tajik students Chinese, maths, etc. The last is economic level. The number of Han people is small. There are scarcely Han people

moving from Taxkorgan County or other places to live together with minority
groups here(In terms of residential patterns, the Tajiks mostly inhabit a region).
Local Han people mainly come from Maigaiti or inland to do business here.

From economic perspective, Han people communicate frequently with Ta-
jiks. Tajiks are not good at running business. Acquaintances buy goods on credit
and will not pay back in short time. Consequently, the business cannot go further
due to loss of money. However, if business owners do not give credit, they will find
it hard to maintain relationships. The communication between Han and Tajik peo-
ple mostly starts from the attraction of each other's distinctive customs, which
leads to mutual understanding and then familiarity. Finally, they accept each
other's culture.

Case 2 – 1: Han business owner(female, from Zhoukou, Henan province):
Before, I was selling vegetables in Maigaiti. In 2002, I heard that people here
lived in small western – style buildings (indicating the skylight protruding from
Tajik – style house structure). I also heard that women here would kiss each
other's mouth in the daylight(referring to Tajik's etiquette of cheek – kissing). I
even came over to find out. Later, I started selling eggs here. You never know how
nice the Tajik people are. We sold eggs in two modes: wholesale and retail. We
would wholesale if the quantity needed was large. We sold eggs to a Tajik. He not
only paid the money but also shared Nang(a kind of crusty pancake, which is
common food in Xinjiang). He would get upset if the offer was not accepted.

This case shows that, in the interaction between Han and Tajik people, Han
people are mainly from inland who are not familiar with the customs and habits of
ethnic groups in Xinjiang. In the meanwhile, Tajiks are gradually influenced by
new things from outside in daily communication. When people of different cultures
first meet, they tend to be interested in what is different from their own culture, for
example, the so called "western – style building" "mouth – to – mouth kissing in
the daylight" "sharing of Nang after the deal", etc. In different cultural environ-
ment, the communication between each other undoubtedly becomes deeper as time
goes by.

Case 2 – 2: Tajiks are very honest. They are poor and living on basic living allowances provided by the government. The allowances are granted on a quarterly basis. Recently, allowances were given late, which should have been granted on June 1st. By that time, wheat was just ripe, which means a lot of labor. Therefore, the provision of allowances was postponed. On this small account book made up of used cigarette boxes all their indebtedness is recorded. At first, I offer them credit, altogether 4000 – 5000 yuan. They were not able to pay back for a long time. My husband was very angry. I asked every Tajik I met in my shop to pay their debts as soon as they got their subsidies. On that morning, I did not know how they spread the message so fast, but they repaid about 1000 yuan in total. They do buy on credit, yet they will pay back eventually. Hence I just record their debts. They will come to clear their debts as soon as they have money. No matter how poor they are, the Tajiks always keep their debts in mind.

The above case reflects the good virtue of the Tajik people. During their association with Han people, they always keep a high moral standard just as when they are living in the mountains. Life in the mountains was exactly as the old saying goes, "No one pockets anything found on the road and doors are unbolted at night." Economic poverty does not make them lose credibility. Because of this, Han people who communicate with the Tajiks say, "Tajik people do not bear grudges. No matter in how bad manner you speak to him today, tomorrow he will come to your shop just like nothing happened. This is better than some Han people." If we say ethnic relations will finally be carried out in communication, the communication will be practiced by individuals who bear different cultures. The communication between Han and Tajik people in real life has to be reflected in perspectives such as daily language communication and economic exchanges. Their interactive activities are the most typical cases.

Case 2 – 3: Some Tajik families invite us to their weddings. Those Uyghurs only give some 5 yuan as a gift, while I give 20 yuan. Last time, I bought two drumsticks to cook Big Plate Chicken(Xinjiang special dish, chicken cooked with potatoes in saute spicy flavor), which I planned to eat in my shop. The Tajiks saw the dish and asked to taste. In the end, they ate up two bowls of rice with chicken. Sometimes, they even eat our noodles!

According to the writer's observation, some Tajik who has a backache just pointed to the back for the Han shop owner. The owner would take out medicinal liquor steeped for many years and let him drink. For a while, the ache was gone and he left. The Han shop owner is familiar with every Tajik household, their surnames, given names, addresses and family connections.

From the above materials we may find the communication among different ethnic groups starts from the differences of cultures, which develops into deep quality interaction and extends to daily deals such as buying fuel. Further on, the scope of communication expands to diet, marriage and festivals and the degree of exchange grows deeper. At first, their contact was just watching each other in the distance. Then economic trades occurred in shops and visits to houses started. Those communicative scenes reflect that the communication between Han and Tajik people constantly grows deeper and dependence on each other in economy and daily life becomes strengthened.

2.3   Communication between Uyghur and Tajik People: the Formation and Cultivation of Economic Consciousness

The communication between Uyghur and Tajik people is conducted mainly at economic level, being centered by Tajik Abati Town. On its periphery are all Uyghurs. Therefore, on scenes such as cotton picking, doing business and going to the bazaar, communicative activities are mainly between Uyghurs and Tajiks.

Case 3 – 1 : Warisi(male, Tajik) : We raise three goats. One goat cost me 300 yuan at the bazaar, the other two are Maimaiti Kurban's. I help him feed the goats and the milk belongs to me. If there is no grass, we will go to help the Uyghurs in No. 7 Production Brigade with farm work in exchange of some grass. Or we bring the livestock near their farmland to eat the grass. Now we also grow some alfalfa to sell and to feed the livestock.

From the above case we know that the Tajiks did not have enough forage to feed the livestock when they first moved from the mountains. Therefore, they had to go to No. 7 Production Brigade to help Uyghur farmers with farm work in exchange for some forage. They have not formed market and economic conscientiousness and thus they obtained productive resources through the traditional method of " doing favor".

Case 3 – 2: Yu Hongliang(male, Han, director of organization department): when newly – relocated farmers and herdsmen went out to work, they picked up cotton at Bayiawati for merely 1 mao (equal to 0. 1 yuan) or 2 mao per kilogram. So we let them wait till the price was as high as 5 mao and 8 mao. Some residents did not understand. They would rather earn 2 – 3 mao per day. Newly – moved Tajiks did not know how to read scale, so the cadres organized them to pick up cotton together. The Uyghurs in No. 7 Production Brigade quoted 7 mao per kilogram of cotton picked. However, when the Tajiks arrived, the uyghurs changed the price into 5 mao and said " pick or walk back". That was several kilometers of walking! Some set the price at 6 mao. But when the Tajiks picked 20 kilograms they only counted 15. The Tajiks would never know.

The above material tells us, at the very beginning, the Tajiks tended to be disadvantaged while dealing with surrounding Uyghurs in the economic aspect. The Tajik people's weak economic awareness made them unaccustomed to trade operated by the market. Nonetheless, Tajik women started to walk out of their homes and gained slender income through physical work.

Case 3 – 3: writer: I hear that Tajik girls are not allowed to work outside. Is it true? Now they are working outside picking cotton and such. What do you think about it?

Halafei(male, Tajik, Caliph, a religious figure in Tajik Abati Town): Yes. For one thing, minds are emancipated and people think of making money. For another, there is no way(to survive) except earning money. If the family is rich, they will never let their girls out to pick up cotton.

This case reflects how the Tajiks think of the new phenomenon of women working outside. As it is the first time for many people to work outside, they have no idea of the price of the cotton and do not know how to read scale. Consequently, they may be cheated. However, economic conscientiousness can be cultivated gradually.

Case 3 – 4: Meihuaguli (Female, Tajik) : For some people, a day's work at No. 7 Production Brigade is worth merely 2 mao. Today, my step daughter Shadatihan and I went to No. 7 Production Brigade to pick up cotton. The price of picking up one kilogram is 5 mao. I picked 35 kilogram and earned nearly 18 yuan. Shadatihan earned about 12 yuan. Tomorrow we will pick up cotton for Maiyili(toponymy) , a Han owner who offers 6 mao per kilogram. At the Uyghur owner in No. 7 Production Brigade the price is only 5 mao per kilogram. Every day, I can pick 90 – 120 kilograms. Plus my kid, the total is around 180 kilograms, 70 – 80 yuan per day.

During communication with business owners of different ethnic groups, the economic conscientiousness of Tajiks is gradually awakened. In 2005 when the writer did his first field research, he knew Meihuaguli and lived at her home. This is a kind – hearted, gentle, shy and capable Tajik mother. In the above case you can see her joy of making money with her own hands. The economic awareness is growing. In the past, they would pick for 1 mao or 2 mao. Now, they realize the differences of cotton prices. All this forms and develops in the economic market.

From the above four cases, we may notice that the Tajiks moving from Taxkorgan County obtained a little forage by helping Uyghur farmers with farm work at first. Gradually, they started to earn some money. Though the amount was small, it showed the growth of their economic conscientiousness. Besides, it was accepted by the Tajiks that girls could work outside to earn money. With the development of community economy, the Tajiks started to learn to compare and calculate daily income during economic exchanges with the Uyghurs.

However, the Uyghurs moving from Taxkorgan County live, work and dance together with the Tajiks. Therefore, their communication and exchange is deeper. From linguistic perspective, they (Uyghurs moving from Taxkorgan County) can communicate with the Tajiks either in Uyghur or in Tajik language.

Case 3 - 5 : Maimaiti(male , 20 years old , Uyghur) thinks himself as a Uyghur from Taxkorgan County. Different from other Uyghurs , not only can he understand Uyghur language but he can also speak Tajik language.

Uyghur language is mainly used for communication between Tajik and Uyghur people. At economic level , Uyghurs are more business – minded. However , as the Tajiks have moved here for longer time , they start to integrate into Uyghur people's economic culture. A small part of Tajiks work in the bazaar. The types of shops also grow gradually. Therefore , the bazaar is mainly made up of shops owned by Uyghur , Han and Tajik people.

According to the writer's statistics about the market in Tajik Abati Town in July 2010 , there are totally 62 shops(including a flour mill). The following chart is formed according to the statistics of the ethnic composition of the shop owners.

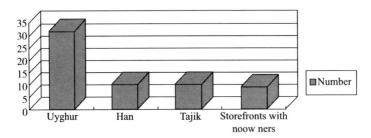

Chart 2:A List of Shops Owned by people of Different Ethnic Groups in Tajik Abati Town

From the chart we can see the number of Uyghur business owners moving from Bayiawati Township to Tajik Abati Town is large. According to the names of their shops , their main businesses are general merchandise , sugar , cigarettes , wine , mobile phones , barbershop , billiard parlor , electronic appliance repair shop , etc. Operating those shops such as *Xiatelan Mobile Phone Repair Shop* and *New Times Tailor's Shop* requires professional skills. Comparatively , Han people mainly operate items like supermarkets(totally 7) that depend on capital investment for delivery and stock , for example , *Limin Supermarket* , *Xinchao Supermarket*. Besides , there is *Chuan Gui Delights* , the only Han restaurant in the town. The Tajiks mostly run businesses concerning the necessities of life , such as restaurants , clothing shops and clinics. You can see *Tajik Gourmet Noshery* , *Tajik Awati Fastfood* , *Ham-*

uximen Clinic, etc. For now, there are no Kyrgyz opening shops. Shops owned by Uyghurs account for 51. 61% of the market share, while shops owned by Han and Tajik people account for 16. 13% respectively.

2.4 Communication between Kyrgyz and Tajik People: Using Uyghur Language as Interlanguage

There are not many Kyrgyz people moving down here. According to the writer's observation, many Kyrgyz people from the mountains come to visit their relatives in Tajik Abati Town. To keep the memory, they go to the Tajik's photo studio to take pictures. They (the Kyrgyz people) communicate in Kyrgyz language among themselves. When they communicate with the Tajiks, they use Uyghur language as interlanguage.

Case 4 – 1: Bohaliqiemu (female, 23 years old, Kyrgyz): I moved here from Kekeyaer Kyrgyz Township in 2009. Now I am almost used to living here except that the weather here is hot. I keep good contact with Tajiks and Uyghurs and we are on good terms. We respect each other's customs and habits. If my neighbor needs a favor, my husband and I will try our best to offer help. (Interview transcription, July 23rd, 2010)

Case 4 – 2: Ailadili (male, 21 years old, Kyrgyz): I also moved from Kekeyaer in 2009. I've got used to the present life. Work is tougher here. Though there is more freedom in the mountains, I still feel better living here. People move because of tough labor or climate. We have connections with Uyghurs and Tajiks. We are like a family and we work together.

As the residence of Kyrgyz people is centralized after their relocation in Abati Town, their communication is still at surface and shallow level. Some newly – moved residents are in the process of familiarizing with the environment and making new friends. From the above case we know that they are still at the initial stage of getting used to local production and life. Due to linguistic reason, their communication is not deep enough. However, the Kyrgyz people from Taxkorgan County have lived with Tajiks for a long time, so they get on very well with each other. Besides, they have lived in the same area for a long period and are undoubtedly more familiar with the living habits of Tajiks compared with the Uyghurs down the mountains. Therefore, the contact and communication between Kyrgyz and Tajik people tend to be smoother and deeper.

3. Factors Influencing the Communication Patterns of the Ethnic Groups in the Community of Tajik Abati Town

3. 1   Residential Pattern: Centralized Residence of Tajik People

As a development area for relocation of migrants, the residential pattern of local populace is arranged by the government according to chronological order of their relocation. So to speak, the residential pattern of the community of Tajik Abati Town is decided by the government. Therefore, the earliest Tajiks moved from Bulunmusha Township formed No. 1 Village. No. 2 Village is mainly made up of Tajiks from Datong Township. The composition of No. 3 and No. 4 Village is more complicated which are composed of residents from different townships, villages and farms. No. 5 Village, set up across the road of No. 1 Village, is still in the process of receiving relocating residents.

Houses are provided by the government for free(construction cost is nearly 50,000 yuan). Household registration of the relocated Tajiks is automatically transferred from townships, towns and villages to Tajik Abati Town. The houses are built according to Tajik construction style(with protruding skylight). Aside from a three – floor school building and a two – floor building constructed by a Han business owner(with an area of 160 square meters and construction cost of nearly 150,000 yuan), all others are one – storey houses.

The characteristics of the present residential pattern are: the Tajik and Kyrgyz people all enjoy the nation's preferential policies and live in Affordable Houses (housing projects provided for low – income residents). Consequently, the Tajiks live on a centralized pattern. Comparatively, the number of Kyrgyz and Uyghur people are small, so they live on embedded pattern. The Han business owners all build their shops (together with houses and yards) along the road and live on the periphery of Tajiks' residence area. The Uyghurs of No. 7 Production Brigade at Bayiawati has formed even outer cultural circle. See the following chart.

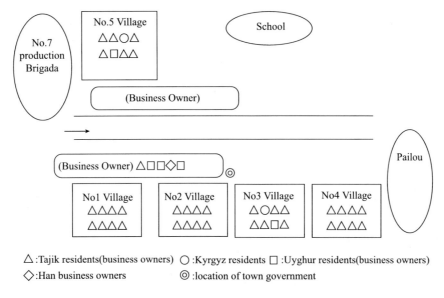

△ :Tajik residents(business owners) ○ :Kyrgyz residents □ :Uyghur residents(business owners)
◇ :Han business owners   ◎ :location of town government

Chart 3 : Residential Environment in Tajik Abati Town

First, the favorable relocating policy of providing free houses makes the Tajiks live on a relatively centralized pattern, therefore communication is seldom conducted among ethnic groups in daily communication (compared with living together). If people of different ethnic groups live as neighbors, their communication will definitely become closer. This is one of the deep reason why the communication among ethnic groups in Tajik Abati Town is mostly centered on administrative, educational, economic scenes. Second, the Kyrgyz and Uyghur people moving from Taxorgan County have a long history and cultural background of interaction with Tajiks. Thus, their communication tends to be closer and more natural given convenient location of residence'such as borrowing water, helping with livestock grazing and visiting during festivals. Lastly, for Uyghur business dealers from No. 7 Production Brigade of Bayiawati Township, their interaction with Tajiks is centered on economic level. As the Uyghur business owners live around the market and are susceptible to market economy, small conflicts are unavoidable during their communication with Tajiks. Anyway, peace and mutual assistance will definitely be the mainstream of their relationship.

3. 2   Language Study: Reflection of Tajik People's Multilingual Advantage

The language used by Tajik people in our country belongs to the Pamir Branch, Iranian Group of Indo – European language system. Tajik language is the major spoken language in communication during daily life used by the Tajik residents living in Taxkorgan Tajik Autonomous County. There are two situations when Tajiks communicate with Uyghur language. First, Uyghurs moving from the mountains mainly speak Tajik language, benefiting from their experience of living together with the Tajiks for a long time. In the meanwhile, they can also use Uyghur language. The reason is: when the first public school was set up in Taxkorgan in 1936, Tajik language teachers were scarce and there were no concerning publications. The usage of Tajik language in government work was inconvenient. Thus, schools adopted Uyghur language in teaching. After new China was founded in 1949, Tajik students still used Uyghur language at school. Only a small part directly learned Chinese. Now, many Tajik scholars are still using Tajik language in their academic and creation activities. The second situation is, the Uyghurs living down the mountains mainly speak Uyghur language. The reasons for this situation are: communication between Uyghur and Tajik people is centered on economic level; the time they have spent with each other is short, up to a maximum of 10 years; their residence is not centralized; the number of Uyghurs living around Tajiks is small.

Tajik language is family language, social language in Tajik community, extracurricular communicative language of Tajik students and moreover, a cultural carrier of the Tajik people. However, during their communication with Kyrgyz people, Uyghur language serves as an interlanguage.

As schools in Tajik Abati Town adopted Chinese as teaching language[1], Tajik students' Chinese level is relatively good. They are able to communicate well with local Han business owners in Chinese. With their good level of Chinese compared to their parents, they often serve as translator when their parents are doing business.

In interethnic communication, Tajiks are able to speak both Tajik and Uyghur language and their next generation also learns Chinese and English. This bilingual advantage makes ethnic interaction go deeper. Therefore, language study is one major factor which deepens communication among ethnic groups. Only by increasing the depth of learning each other's language can people improve and enhance communication among ethnic groups and better consolidate and develop the socialist ethnic relations based on equality, unity, harmony and mutual assistance[2].

3.3   Educational Status: the Foundation for Establishing New Type Ethnic Relations in the Future

There is one middle school with 19 students and one primary school with 470 students in Tajik Abati Town[3]. The Tajik Abati Town Primary School was established in 2000 and its new campus was completed in September 2003. The campus covers an area of 160 *mu*, including 24 classrooms together with 12 supporting auxiliary classrooms. The number of teaching faculty amounts to 31, including 3 with bachelor's degrees, 12 with college degrees, 15 with secondary technical school degrees and 1 with high school degree[4].

---

[1]   In February 2001, schools of Tajik Abati Town started to enroll students and adopted Chinese as teaching language. Referring to *The Annals of Taxkorgan Tajik Autonomous County*, edited by Compilation Committee of Local Chronicles in Taxkorgan Tajik Autonomous County, Urumqi: Xinjiang People's Publishing House, 2008:43.

[2]   Concerning the research on the change of language environment and adaptation of Tajik people, the writer intends to write another paper based on the 725 language questionnaires.

[3]   *Distribution Map of Schools in Taxkorgan Tajik Autonomous County*, (internal data), March, 2009.

[4]   Abati Town Primary School. *Basic Information of Abati Town Primary School*(Internal data).

In history, the Autonomous County declared every May as "National Unity Education Month" since 1981, implementing intensified education on national unity. In 2005, a propaganda delegation organized by the Prefectural Committee of CPPCC, Prefectural United Front Department and Prefectural Bureau of Religious Affairs carried out propagation and education on national unity in the county. As can be seen, Tajik people have always been a major force in the establishment of the national unity in Xinjiang. The promotion of educational status is not only the foundation for but also the priority among priorities to improve patriotism education and national unity education. With the implementation of favorable policies of Xinjiang and the whole nation, a lot of Tajik students have been provided with opportunities to study in Kashgar, Urumqi and inland. Good learning environment and high – quality teaching have built a stable bridge for the new generation of Tajiks to communicate with the outside world. In the future, with more opportunities to study in big cities, their connection with other ethnic groups will definitely become closer. In the meanwhile, they will face greater challenge of an entirely new life. This will provide opportunities for them to communicate with different ethnic groups. Moreover, Chinese will become the first choice of language for communication in the near future.

4. Brief Summary and Reflection

Community formed by relocated migrants is a typical community type in the multi–ethnic society in Xinjiang. Through the research on the ethnic relations in the community of Tajik Abati Town, some common characteristics may be found.

First, the residential patterns of most relocated residents are arranged by the government according to chronological order. Non–migrant can hardly move to the inner part of the migrants' residence area (the latter normally enjoy some preferential resettlement policies of the nation), so the ethnic composition of the relocated residents is relatively concentrated. This phenomenon leads to the situation that the relocated residents are centered by their own ethnic group and they seldom communicate with the outside world.

Second, the communication with different ethnic groups is mainly on individual level. Subjective comments on ethnic relation intervene much and individual's ideas and views upon one certain tiny incident will form a general impression on different ethnic groups. Such subjective impression will form behavioral normal form (either active or passive) in communication among different ethnic groups. The cultural differences among different ethnic groups are gradually carried out on the level of individual communication through "honesty" in market economy.

Third, for the community of relocated residents, communication among ethnic groups is conducted on three scenes: administration, education and economy. These three levels constitute the main means of communication with the outside world for a certain ethnic group. If administrative level belongs to superstructure, for it is not inevitable for every household to exchange and communicate with administrative staff and educational level is restricted by age because only children of relocated family are able to communicate, on economic level the communication among different ethnic groups tend to be closer to life and more universal.

The following are the writer's reflection on reconstruction of ethnic relations among post-disaster migrants and their communication patterns.

Firstly, along with the migrants' relocation there are accompanying problems: leaving their homeland the migrants need to get accustomed to the interpersonal and social relationship of the place they move to. In the process of establishing new ethnic relation, they have to suffer throes and struggles and meanwhile enjoy the joy of interpersonal communication and happiness. When sharing experience of interethnic communication, relocated migrants possess more local knowledge.

Secondly, the direct contact among different ethnic groups is language communication. Though their languages belong to different language groups and systems, people are always able to find a way out. They either center on their own language or on the language of the other ethnic group. Sometimes they choose an interlanguage to communicate. Verbal communication is the most direct and important, without which there will be no in – depth communication pattern.

Thirdly, with the improvement of educational level, there are more opportunities to contact and communicate with different ethnic groups and consequently new communication patterns will be formed. For example, the language used and grasped by more people will become the priority in communication. Under the interaction of education and language, interethnic association will become diversified and thus new interethnic communication type will be formed.

Lastly, residential pattern, language study and educational status can become a breakthrough point to the research on ethnic relations. Residential patterns with a style closer to daily life, multilingual advantage in language study and the future establishment of educational status will form a solid structure for research on ethnic relations, which will provide referential value for future studies on the origin of new type interethnic relations in Xinjiang.

Research on the Degree of Tajik Women Socialization in Social Transformation of Xinjiang[1]

刘明/著、王倩/译、刘明/校

Abstract: The first group of Tajiks who had inhabited on the Pamirs for generations started to relocate in Tajik Abati Town, Yuepuhu County in March 2000. During ten years of migration, the communication patterns of Tajik people changed. Communication within Tajik people extended from one village to different villages. Besides, their communication with Uyghur people, Kyrgyz people and Han people became closer, which was reflected from the perspectives of administrative, educational and economic scenes. This paper attempts to sort out the interactive communication patterns of Tajik people with extensive interview data obtained through field research so as to find a breakthrough point to interethnic communication and ethnic relations from aspects such as residential patterns, language study and educational status.

Key words: Tajik, ethnic relations, communication patterns

I Theory and Methodology

(I) Social Transformation

The word "social transformation" stems from the classic notion of western modern theory of social – function – structuralism. In China, early in the 1980s, concepts of "China society in transformation" "transformational society" and "so-

---

❶ 文章的早期版本系刘明:《新疆社会转型中塔吉克女性社会化程度研究》,《新疆社会科学》, 2009 年第 5 期, 第 106 ~ 112 页; 译者: 王倩, 女, 新疆乌鲁木齐人, 在读博士研究生, 新疆师范大学音乐学院教师, 主要从事中国少数民族艺术研究。

cial transformation" were adopted by the sociologists to generalize the great chan- ges in mainland. Here, "social transformation" refers to "the process that the so- ciety changes from traditional one into modern one, or the process of changing from traditional society to modern society. Specifically, agricultural, rural and iso- lated traditional society shifts to industrial, civic and exoteric modern society. "❶ However, due to China's long history, vast territory and multiple ethnic groups, every domestic group and religion differs in the starting point, opportunity, social environment, developmental conditions in social transformation. The mentioned factors above formulate the imbalance of contemporary social transformation in China. Therefore, it is rather instructive to study the degree of women socialization in the time of Xinjiang transformation. Social transformation of Xinjiang under dis- cussion may hardly be regarded as a denial of the tradition, while it is at stake a kind of transformation of human❷. It is more essential to study the culture trans- formation as well as value and worth transformation.

(II) Women Socialization

Woman holds multiple social status rather than a gender place. Researches on women are polybasic, ever – changing, which generate diversed reseach per- spectives and approaches as well. In the late 1980s, feminism theories were intro- duced and put into an exploration into practice by China's education field❸. For

---

❶ Referring to Zheng Hangsheng. *Ethno – sociology* , Beijing: China Renmin University press, 2005: 386.

❷ About the discussion of Xinjiang social transformation, in 2006, the writer attended forum held by Xinjiang Economy Newspaper and kept notes about the discussion. Detailed information, referring to http:// www. xjts. cn , Xinjiang Tianshan net, *Notes of Discussion on Ethnical groups social transformation held by Xinjiang Economy Newspaper*, March, 11th 2006. Besides, recently, Meng Chibei holds that women socializa- tion has two levels: one is the national change, and the other is international change. He proposes that Xin- jiang women's beauty education should be emphasized, and nowadays commercialization of women is a great problem which deserved attention.

❸ Reviewing researches on women education in China, the key points are mainly focused on women program construction and open of women subjects, gender and education as well as school course and gender problem in course. Referring to Wang Xiaomei. *Review and outlook of China's women education research*, re- corded in *Journal of Xinjiang Normal University*, 2007(1): 106 – 108.

traditional anthropology, women researches mainly cover women's natural features, psychological features, marital state and social problems[1].

In China, research on women and social gender, as a discipline, is a product of "women problem" research in the middle of 1980s. During this period, researchers from Xinjiang began to conduct researches in this field. In 1995, the "World Women Conference" was held in Beijing, which greatly enhanced relative studies on Xinjiang women and social gender. Therefore, scholars in Xinjiang began discussing extensively about the local women and social gender problems. Studies of this kind in Xinjiang mainly cover women and education, women and health, marriage and family, women rights and status, women literature and culture, population and birth control, women and women movements and other women studies, etc. [2]

(Ⅲ) Tajik Studies

Most of Tajik in China have been living in the Pamirs, that is why they are called the "Plateau people". The average height of the Pamirs is over 4,000 meters. It is located in the inevitable course of the ancient Silk Road, and was known for intergrations between the East and the West. The charming Tajik culture was made into being in this typical meeting point.

Studies on the Pamirs and Tajik have been carried out continuously at abroad. The Russian scholar Gafurov (ГаХуров)'s *Central Asia Tajik*, and the British scholar Kwa Chong's *Pass through the Pamirs*, etc. , similar studies from the angles of history, geography, residents and boarder territory. Contemporary Works like the Russian scholars T. S. Kalandarov's (Каландаров, *The State of*

---

[1]   From the 1960s to the middle of 1980s, research focus was on social gender and culture construction; while from the late 1980s to 1990s, the focus changed to the discussion of feminism ethnography. Researches can be typed into the following categories: biological determinism and cultural determinism, social gender and the research on gender relationship, research on women social status and feminism ethnography.

[2]   Referring to Yang Xia, Liu Yun. Xinjiang women/social gender studies and review, *Journal of Xinjiang University*, 2007(6): 36 – 40.

Pamirs Religion) and Yousubofu(*Research on Ismayilism*, Hayebek's *The Philo-sophy of Farmers Rebellion*) and Luobaqiewa(*Ancient Customs and Sarcrifice of Central Asian People*) published several academic monographs full of great historic values based on fieldwork on the Pamirs religion and culture.

Studies of this kind at home were started from the 1950s, and were mainly focused on reporting materials of manufacture and life of Tajik people. When it came to the 1980s and 1990s, studies focus was changed to observation, investigation, folk custom and culture. As the studies went further, researches done by Tajik scholars became more and more attracting, Xiren Kuerban was one of the professors with great achievements. What's more, scholars like Hong Jiashi, Mierzhayi Dusimaimaiti, Maitikaimu Zhayier, Aibuler Aishanhan, Rehemankuler and Zhamier Sadula also did lots of researches on Tajik from the inner – ethnic literature and folk custom. Besides, some Han Chinese scholars such as Duan Shiyu, Guan Yewei, He Xingliang, Xu Xifa, Xiao Zhixing, Li Xiaoxia etc, did researches from the outer–ethnic angle. However, few studies on Tajik women could be found from the perspective of feminism, anthropological fieldwork and female ethnography methods. Therefore, this paper intends to explore the issues of the degree of socialization of Tajik women in Xinjiang social transformation, which is supposed to be of great significance and referencing values.

(IV) Feminism Ethnography

Materials on feminism ethnography could be collected and sorted out through women's life history, oral history and autobiography. First of all, women's life is involved in their life history. Connecting every piece of description of women's life can help connect together the past, the present and the future, can help reflect the true side of women's living state. Secondly, every woman has her own language corpus, her own life experience and social background. In the research of oral history, both the interviewees and the listeners are supposed to make effects on the process of oral action. Thirdly, autobiography writing undoubtedly is better realized by describing the original appearance of women's life. Although its research method is of a traditional type, it is useful to be adopted for the researches on the degree of women socialization. It is the old materials that avail us to examine the social and cultural background where they were born and raised. Besides, with the comparison between different feminism ethnographies, the changes and dynamic side of the degree of women socialization can be further displayed.

II The Degree of Tajik Women Socialization in Xinjiang

The degree of women socialization is one of important standards to judge the improvement of a society. Specifically speaking, women's social status❶, the number of women leaders and the number of educated women, women's evaluation towards themselves and men's evaluation towards women's social status, in a deep level, can all reflect the effects that social development makes on the women socialization.

(I) Family and Society: Reflection on Tajik Women's Status in Traditional Society

For a very long time in history, confined by the feudal system and religious regulations, Tajik women were rather humble in society. The traditional idea that men are superior to women played a dominant role for generations that women were not allowed to participate in any social activities but to stay at home doing their housework. However, respect for women has rooted in Tajik traditional social view. For instance, whenever local folks are invited to pay the host a visit, or attend a wedding(or a funeral) ceremony, or pay a New Year visit, the eldest woman among guests is considered to be the most respected one. She is always invited firstly to enter, followed by the other guests in an order of lady – first and the se-

---

❶ The connotation of "social status" can be expounded from two aspects: one is women's status in social life compared with that of men, and the equality problem; the other one is women's status in family life compared with that of men, and the equality problem.

nior first. As to seating arrangement on kang (brick bed) of Tajik residence, the right side, set aside for seats of honor, is mostly arranged for being seated by female guests, while male ones are offered left seats. The eldest female guest takes the first seat on the right side. When serving guests a newly slaughted sheep, the host will put the fresh part of sheepshead and tail in front of the eldest women. When people greet each other, younger generation go up to kiss the senior women's palm. What is more, there is a female praying room for women in Tajik mosque, but for other Muslin people, women are not allowed to enter mosques.

It can be learnt from traditional Tajik society that even though their family status was low (compared with that of male), when women go in for social activities such as paying a visit attending a wedding or a funeral ceremony, or making a New Year's call, their social status is doing a fine adjustment in certain special situations. This kind of adjustment is greatly relevant to Tajik culture. Firstly, Tajik people adopted monogamy in the long-standing feudal society and kept strict patriarchy. Generally speaking, the eldest man is considered to be the family host, hence owns controlpower. He arranges manufacture activity and daily life for his family members. Therefore, women's status was lower than men's at home, especially than those elder male with absolute powers. Secondly, Tajik traditional ethical value and social virtues are to respect parents and women. Therefore, women were seriously respected in social activities. Patriarchy (social structure) and ethical virtue (social moral principles) are binary instead of paradoxical, rather, there are profound reasons of cultural adaptation. Cold weather and high altitude, together with half-farming and half-stock-raising manufacture style at the Pamirs, draw forth the large, patriarchy Tajik family. Objective conditions require families of economic units to have a certain amount of labor force and means of production. Meanwhile, In the past, the reactionary government often charge household with apportions and corvee, which urges big Tajik family against separation. Tajik women's status differs greatly in family and in society. In the Tajik patriarchy family context (discourse background), gender and identity decide women's relatively low status, while in the social moral context of Tajik society,

female gender makes their relatively higher status(both compared with that of Ta-
jik men's).

In Chinese traditional culture background,especially in Tajik traditional cul-
ture in Xinjiang, women carry more family burdens than men do. Therefore,
women actually need more efforts if they want to be as successful in their cause as
men in society. It is believed that with the development of society and culture,the
improvement of people's self – quality and the perfection of social service,Tajik
women's dream of emancipating from family will come true.

(Ⅱ) Social Education and Political Participation: Expounding the Change of Tajik Women Socialization in Modern Society

On August the 1st,1954,with the approval of the Government Administration
Council, Xinjiang government decided to cancel Puli Prefecture, and set up
Taxkorgan Tajik Autonomous Prefecture. On September the 17th,1954,Taxkorgan
Tajik Autonomous Prefecture was founded, its former name Puli was cancelled and
regional autonomy was realized❶. Since the founding of PRC,especially the foun-
ding of Taxkorgan Tajik Autonomous Prefecture,it has been a new phase of deve-
lopment for Tajik women,a new generation,a fresh image. They played a pionee-
ring role in every field and have become modern Tajik representatives. The most
influential ones are Duerdana Kakule, Aierka Mushake, Atikaimu Zhamier and
Gulidalaiti Badailike. Their degree of socialization and changes could be seen
through the growing experience of the four.

Case 1: Duerdana Kakule, female, Tajik, born in a herdsman family at a
Taxkorgan village in April, 1938. She had her primary education at Taxkorgan
from 1950 to 1955, and started working after graduation. At that time, there was
not a literate female leader at Taxkorgan, hence she was deployed to work in the

---

❶ Referring to Annals Office of Taxkurgan Tajik Autonomous Perfecture in Kashgar: *Chinese Commu-
nist historical incidents of Taxkurgan Tajik autonomous county* (1949. 12 – 2000. 12) , Kashgar: *Xinjiang
Kashgar Daily Newspaper*(internal data) ,2002.

local Women's Federation in 1956. Till 1980, she was assigned as the subrogating director, the vice director and the director. She was elected as the deputy director of the NPC at Taxkorgan and also the Standing Committee from July, 1981 to 1989. She had been the representative, the committee member and the standing committee of the Women's Conference in Xinjiang Uyghur Autonomous Region for five times from the first to the fifth, and the representative of the fourth and fifth National Women Congress. She is an outstanding worker as well as a representative for women. She insists on equal rights and has done lots of work concerning the protection of women and children.

Case 2: Aierka Mushake, female, Tajik, born in a common herdsman family at Tizinafu village, Taxkorgan in 1948. She graduated from Kashgar Normal School in 1968 and worked as a teacher at different schools like Datong Village Primary School, County boarding school for 30 years from 1968 to 1998. She was rewarded for achieving extra ordinary successes at an ordinary post, which arose the attention of from her leaders and education authorities. She was praised twice as the advanced worker in Kashgar. In 1996, she was honored as the outstanding communist by the Autonomous Regional Committee in Xinjiang, and was rewarded as the national first-rank worker in 1989. In 1997, she represented Taxkorgan Tajik Communist to attend the 15th National People's Congress and was met by the China's national leaders. She has contributed a lot to the educational development of Taxkorgan and set up a good example for teachers.

Case 3: Atikaimu Zhamier, female, Tajik, born in a Tajik intellectual fa-mily in Kashgar in 1943. She graduated from the Arts Department of former Xinjiang Institute in 1955 and started to work in 1959. She was the representative of the 7th NPC and member of Chinese Ethnic Writers Association, Chinese Dancers Association, Xinjiang Writers Association and Xinjiang Dancers Association, and chairman of Kashgar Dancers Association. Atikaimu mainly works on the literature collection and sorting up in Taxkorgan. Her academic of literature creation began after the Third Plenary Session of the Eleventh Central Committee in 1978. She has issued 150 poems, over 20 short novels and film scripts. Some of her works have been translated into Chinese and other languages.

Among the contemporary Tajik works, her novels hold a large propor-
tion. *Pastoral Song* is an outstanding one, and this work makes great achievement
in art. It tells a story that a Tajik couple connects their pure love and personal in-
terests with people's interests. They fell in love at a village and trusted each oth-
er, and broke down the old customs and traditions. The spiritual civilization at new
times makes their life full of contents and colors. Other poems and script writings
like *The Night of Stormy*, *Raoruozi*, *Oh*, *My Lover*, *The Heart of Icy Mountain* and
Zharenni are also noticeable.

Atikaimu Zhamier has been working on Tajik literature and arts for a long
period. She was one of the authors of *Chinese Tajik Literature* (a national key pro-
ject) and has released over ten academic articles about Tajik traditional dance,
music, instruments and folksongs, all of great values. Poet is her other identi-
ty. The most well – known poem of her is *Wafa and Gulixiade*. Besides, she edited
Tajik poem collection of *Welcome the New Year* (by Ethnic Publishing Press) and a
collection of Tajik short novels *The Story of the Pamirs* (by Kashgar Uyghur Pub-
lishing Press). These works reflect typical Tajik life. Her first full–length novel
The Nearest Man to the Sun has been released, and is thought high of by its litera-
ture value. She had been awarded twice as the outstanding worker in the region.

Case 4: Gulidalaiti Badailike, female, Tajik, the well–known violinist, born in
a herdsman family at Maeryang village, Taxkorgan in October, 1963. She had her
primary and high school education at Taxkorgan. From September 1974 to July
1978, she learnt to play violin in Minzu University of China in Beijing. From her
graduation year to 1998, she worked as an violin artist in big and small orchestra
and ensembles in Beijing and Kashgar. She has been a member of the Xinjiang
Philharmonic Orchestra since 1998. In the 20 years' artistic career, she has con-
tributed greatly to the development of Xinjiang literacy and art cause. Gulidalaiti
was widely known for her extraordinary violin performances home and abroad. In
1984, she got the third prize in "the Sound of Mountain Tianshan Music".

Music is the best way to express people's mind and feelings. *Beautiful*

Taxkorgan, *Gulibitai*, *The River of Zelapuxiang* and *Eagle Flute*, these music pieces Gulidalaiti performed, they all reflect strong ethnic features and express the present time's spirits, and hence influence Tajik people greatly. Gulidalaiti is good at expressing the main characters' spiritual movement, and inner course, and exploring their mental activities.

Gulidalaiti was invited to visit and perform together with other delegation members to Japan and Pakistan three times in 1983, 1984 and 1991. Domestic and foreign media did plenty reports for her exquisite performances, her rigorous artistic attitude and her popularity among common people. Despite of the thriving career prosperous, she still worked on distinct performance style and skills. Her show at the New Year's celebration evening party in 2003 was a good example. Gulidalaiti Badailike is now the national second – level actress, a member of the Xinjiang Music Association and the NPC representative of Tianshan District, Urumqi city.

From the four cases, it is found that a good educational experience is the start and platform for socialization. Early childhood education for female is a necessary gateway to improve women's all – round quality, realize the equality of men and women, narrow the gap between the East and the West, get rid of poverty and ignorance and enhance social progress. In the 1950s, there were no literate women leader at Taxkorgan. Under this circumstances, Duerdana Kakule started her working career; Aierka Mushake devoted herself into normal education; Atikaimu Zhamier focused her career on arts creation and Gulidalaiti Badailike specialized in violin performances. From their experience, education plays a dominant role: from primary school to university, from Kashgar, Urumqi to Beijing, Tajik women not only step out from the Pamirs to a broader society (from a closed society to an open one), but also connect with their career development. Women' Federation leader, primary school teacher, writer and violinist, controlling power of gender factor declines: it is more suitable for a woman to take part in Women's Federation; teaching post was usually taken by women in the 1950s. On the other hand, higher education becomes necessity by profession and techniques for posts like writer and violinist. What is worth mentioning is that diversification of occupation reveals modern Tajik women's pursuit of their ambitions, which is inevitable in social development and economic growth(social division of labor refining).

However, development space for male is wider than for women in modern Tajik society. In social power distribution, Tajik men take a greater proportion than women, take the first leader at Taxkorgan, Xirenboke Maimaiti as an example. In villages and even smaller areas, men are more likely to be chosen as leaders instead of women. From the occupational angle, religious leaders, doctors, university teachers and scholars are usually male. Compared with men, women's degree of socialization is relatively low, though there are outstanding and typical women, yet there is no greater change in Tajik women as a group to develop as fast as men does.

Women's political participation refers to women's rights, as a social group, through the practice of the constitution and the laws of rights, to participate in every activity in national political life and management of social public affairs. It is based on certain political and educational quality, and the rights mainly focused on two aspects:democratic participation and rights participation. Women's political participation is not only a basic right of the law entitles, but also the precondition and basis for every woman to share. Women's political participation symbolizes their emancipation, manifests a country's demorcratic politics. It is also an important factor of civilization and social development. Due to the lack of education and understanding of political significance, women's expectation for democratic election is relatively low; the percentage of female leaders is small; and women leaders are most taking deputy positions. Therefore, it is necessary to make a good social and family environment for Tajik women's political participation. Women's educational quality needs improvement and it is vital to provide public policy and institutions to give them more opportunities.

III Data analysis and Discussion: Sketching the Degree of Contemporary Tajik Women Socialization

(I) Tajik people's cultural structure of population in Xinjiang

Table1: Educated population of main ethnic groups in Xinjiang with every million units (person)

Ethnic group	Population	University	Rank	Senior high school	Rank	Junior high school	Rank	Primary school	Rank
Xinjiang	18459511	513		1218		2755		3791	
Minority	10969592	274		807		2310		4614	
Uyghur	8345622	240	11	705	12	2198	11	4756	3
Han	7489919	862	6	1820	6	3407	2	2585	10
Kazaks	1245023	363	9	1181	8	2741	8	4372	4
Hui	839837	158	13	927	9	2833	6	3891	5
Kyrgyz	158775	278	10	883	10	1744	12	5130	2
Mongolian	149857	766	8	1847	5	2766	7	3359	7
Manchu	19493	1729	1	2754	1	2653	9	1926	13
Xibe	34566	1207	4	2442	3	2859	5	2469	11
Uzbek	12096	937	5	1847	5	2545	10	3385	6
Russian	8935	1405	2	2644	2	2949	3	1985	12
Daur	5541	816	7	1657	7	3864	1	2657	9
Tatar	4501	1251	3	2095	4	2902	4	2739	8
Tajik	39493	192	12	737	11	1399	13	5152	1

Source: Materials from demographic census of Xinjiang in 2000.

Cultural Structure of Population (CSP) refers to the quantity and proportion of the educated people of every kind. It reflects the development degree of the educational spread of a nation or an ethnic group. In one ethnic group, the larger the high - educated people's proportion, the higher the whole ethnic group's quality. Table one below shows that primary schooling takes the main part in Tajik people's CSP.

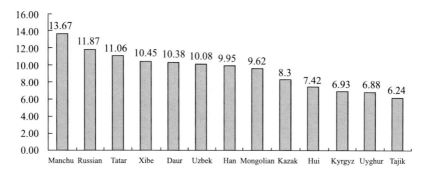

Chart 1：CECM of main ethnic groups in Xinjiang in 2000

Source：Materials from demographic census of Xinjiang in 2000.

（Ⅱ）Tajik's cultural education comprehensive mean in Xinjiang

In order to show the culture – educational state of Xinjiang Tajik people, the comprehensive index of cultural levels of institutions like university, junior college, senior high school, junior high school and primary school is concluded, named Cultural Education Comprehensive Mean(CECM). This mean is the most effective index to evaluate one ethnic culture quality. Procedure as follows：provided that the university, junior college, senior high school, junior high school and primary school educated cultural levels are 25,20,15,10 and 5 points respectively, and multiply the percentage of targeted educated people(the objects are over 6 years old), then sum up the data. It could be seen from the results that Tajik's CECM is very low, 6.24, lower than that of Xinjiang whole mean and ethnic groups' mean by 2.08 and 0.92, which ranks the 13th among 13 ethnic groups of Xinjiang. Provided that 5 and 10 equal to primary and secondary educated level, it shows that Tajik people only reached primary educational level in 2000.

(Ⅲ) Illiteracy rate of Xinjiang Tajik women

**Table 2 : Illiterate gender rate of main ethnic groups
in Xinjiang above 15 years old**   Unit : %

Ethnic group	Illiteracy Proportion	Male Illiteracy Proportion	Female Illiteracy Proportion
Xinjiang	7. 72	5. 74	9. 87
Minority	8. 72	7. 60	9. 89
Uyghur	9. 22	8. 38	10. 09
Han	6. 48	3. 53	9. 85
Kazak	2. 65	1. 87	3. 45
Hui	13. 07	9. 41	16. 95
Kyrgyz	9. 12	6. 85	11. 49
Mongolian	4. 45	3. 27	5. 59
Manchu	1. 85	0. 77	2. 99
Xibe	3. 29	2. 27	4. 33
Uzbek	2. 37	1. 87	2. 95
Russian	2. 27	1. 23	3. 18
Daur	2. 99	2. 05	3. 95
Tartar	1. 66	1. 27	2. 09
Tajik	13. 45	9. 74	17. 34

Source : Materials from demographic census of Xinjiang in 2000.

Girl's education refers to the basic school education of girls under 18 years old. It is not only the basic right for modern people, but also the necessary basis for girls to survive and develop in modern society. Illiteracy rate symbolizes the degree of cultural popularization and development in a nation, it also reflects the degree of state development. It illustrates from table 2 that Tajik people's cultural quality is relatively low with a large number of illiterate, among which female takes larger portion than male does.

(IV) Culture formulation of employed population among Xinjiang Tajik people

It can be seen from the table below, employed populations at junior, senior high school and junior college level are relatively lower than the regional average, which indicates that there is a gap at the junior high school education, and hinders the following higher educated people's development.

Table 3: Culture formulation of employed population in Xinjiang   Unit: %

Ethnic group	Above junior colleges	Colleges and senior high school	Junior high school	Primary school	Illiterate/ half – literate	Total
Xinjiang	8. 05	15. 41	34. 31	34. 14	8. 09	100. 00
Minority	4. 39	9. 89	29. 08	45. 68	10. 96	100. 00
Uyghur	3. 70	8. 47	27. 57	47. 98	12. 29	100. 00
Han	13. 25	23. 23	41. 72	17. 79	4. 02	100. 00
Kazak	6. 69	15. 74	36. 11	39. 34	2. 13	100. 00
Hui	5. 17	12. 01	36. 52	34. 93	11. 37	100. 00
Kyrgyz	4. 25	10. 47	21. 34	53. 98	9. 95	100. 00
Mongolian	13. 33	22. 51	32. 52	27. 02	4. 61	100. 00
Man	30. 81	37. 43	26. 09	4. 91	0. 76	100. 00
Xibe	13. 10	26. 58	34. 88	23. 81	1. 63	100. 00
Uzbek	17. 57	30. 45	26. 57	24. 27	1. 05	100. 00
Russian	24. 55	35. 93	32. 34	6. 89	0. 30	100. 00
Daur	7. 60	13. 68	56. 53	21. 58	0. 61	100. 00
Tartar	23. 53	34. 12	27. 65	14. 12	0. 59	100. 00
Tajik	4. 94	13. 03	19. 02	51. 99	11. 02	100. 00

Source: Materials from demographic census of Xinjiang in 2000.

IV   Cause Analyses of for Tajik Women Socialization in Xinjiang Social Transformation

Sociology classifies social types into the following patterns based on the social mode: (1) society of hunting and gathering; (2) society of animal husbandry, or nomadic society; (3) primitive society❶; (4) agricultural society, or pre – industrial society; (5) industrial society, or modern society. It is a practice of social evolutionism if we simply classify Xinjiang Tajik society into the second or fourth category; or a false conclusion if we define it as a shift from nomadic to industrial society. Therefore, Tajik society could be classified as one special type in Xinjiang social transformation. Following along the path of agriculture and industry society, there will not be clear and correct understanding of Tajik society. Xinjiang Tajik women socialization has its deep cultural connotation and causes.

(I) Tradition and modern: shift from "Gemeinschaft" to " Gesellschaft"

German sociologist Ferdinand Tnnies proposed "Gemeinschaft" and "Gesellschaft". "Gemeinschaft" is also called "community", referring to one kind of traditional society featured as small-scaled, less division roles with traditional bounds and very strong homogeneity. Family is the core unit of the society and one person or primitive relation controls people. "Gesellschaft" is named "communicative society", which is a large-scaled, complicated division of social roles. Economic organizations and professional institutions rather than families are the essential units in society. Impersonal and objective rank relationship play the dominant role. People's behaviors are constrained by the laws and regulations. If women are respected because of customs in traditional society, then in modern society, they are respected for the reason of the social shift from "Gemeinschaft" to "Gesellschaft", just like the four female cases we mentioned above.

---

❶ Primitive society occurred in the farming land with farmers gradually mastering of cultivating methods. Featured: crop planting ceased to dominance; hunting and gathering is reduced to subordinate; several settled groups appeared; social inequality and class polarization began just as that of animal husbandry society.

(Ⅱ) Identity and contract：shift from "human's feeling – based closed society" to "interests – based open society"

In the traditional family education, boys are generally taught by fathers, and girls are by mothers. Teaching contents to boys are：loyalty and honesty, respect for the senior, diligence and simplicity, mastering farming skills, acquiring knowledge, and no philandering. Teaching contents to girls are：milking, attending to young cattle, doing housework, stitch works, respect for parents – in – law and husband, never accosting male strangers and never kidding with men. Children must be absolutely obedient to parents. Traditional large family with patriarchy is the cell of Tajik society；therefore, relatives must cooperate with each other in work and life, which formulates complementarily to maintain inner relationship among them, to guarantee manufacturing procedures, and sustain small poor families. With the development of market economy, Tajik society communicates more with the outside than before, and the obstacles of transportation and languages gradually decreases. Hoping to improve life quality, many Tajik women begin getting in touch with the outside world. Some go to Shanghai to learn knitting skills, to Kashgar to engage in trade business, and some devote themselves to the educational field. The previous housewives and family women are now becoming skillful and knowledgeable mass. The shift of identity and contract transform successively from "human's feeling – based closed society" to "interests – based open society", which is inevitably beneficial to the improvement of Tajik women socialization and the reintegration of the social structure, and strike traditional customs and regulations.

(Ⅲ) Cognition and value：shift from "family – centered society" to "economy – centered society"

During the field work, by observation, there is a great change in women's self – cognition and the outlook on life and values. Xiamike (Tajik, female, 20 years old, uneducated) described her life: "there were lots of laboring work to do every day. Every morning, I had to make tea, sweep the floor, take care of kids and do some stitching. In midday, I had to make tea, feed cows and sheep, and continue the stitching work. In the afternoon, I cooked and feeded my babies. Every day was like this. I seldom went out, for there was hardly time. I have never had meals on kang bed, I must have put away bowls and plates after each meal once I finished my meal. Before I got married, I think my parents should eat on kang, and I should fill their bowls and clean table; after my marriage, I respected parents-in-law and let them eat on kang, and I still did the same studd. One thing remain fresh in my memory is that one day, I was alone at home, my uncle went to bazaar, so did my parents-in-law. I cleaned everything at home and did a sweepup. While doing so, I imagined my parents-in-law praising me, which came true afterwards. Though it was not a face-to-face praise, I just heard from others, I was still quite pleased and made up my mind to do better. " (Note taken from the interview in Abati town on September 7th, 2009) This case is very typical in Tajik society. Some women are still centered in family and all of their life is to tided to husband and children attending work. A traditional family value controls their behaviors, they pay little attention to their self – development as a result.

Meanwhile, Tajik women start fighting against inequality for their legal rights while they are working outside. "Meihuaguli and her daughter Shadatihan always went the cotton – picking in the seventh Dui in Abati Town. It was 0. 5 Yuan per kilogram of cotton. Today Meihuaguli picked 35 kilograms and earned 18 Yuan. Shadatihan made nearly 12 Yuan. " (Note taken from the observation in Abati Town on September 17th, 2006) "Today Meihuaguli went to a place named 'Maliya' to pick cotton. When she went to get her pay, the female boss said she had got the pay and refused to give more. Meihuaguli told her she would take away the cotton if the boss refused to pay. The boss started to pull Meihuaguli's neck, and Meihuaguli gave her a punch on the breast. At last the boss had to pay her 16 Yuan. " (Note taken from the observation in Abati Town on September 21st, 2006) This case reflects the reality that Tajik women starting to participate in the economy actively, which contradicts traditional view that women are not allowed to work outside. As for this phenomenon, Halifa (Tajik, male, 44 years old), a religious leader in Abati Town concluded: "On one aspect, Tajik people are open – minded now and they start to learn how to make money; on the other, things cannot go successfully without money. If a family is rich enough, girls will not be asked to pick cotton outside. " (Note from the interview in Abati Town on September 24th, 2006)

(IV) Summary

Society is a big system and a big concept. It is an integration made from certain structures, which leads to the concept of social structure. In other words, the essence of social transformation is the change of social structure, which is a relatively stable and lasting pattern of human's life, manufacture style, and communicative measure. This pattern is directly displayed as a social normal system, which makes up the common pattern of social life, or the pattern of social life. In our country, social transformation is common to every ethnic group; the overall background and exclusive in feature and case study when being expressed in the "cultural transformation". Every ethnic group living in China acts on the common standards of values, common concepts and common social system, which are the background and basis of pluralistic unity of Chinese national culture and national cohesion. We could say different ethnic groups are living in totally different societies, yet we still could not deny the fact that different ethnic groups have their own typical cultures. Therefore, profound reasons of cultural transformation in social transformation must be explored when the degree of Tajik women socialization in Xinjiang social transformation is under discussion.

The process of Tajik women socialization in Xinjiang social transformation shows clearly that in social change, the transformation of cultural structure is more basic and difficult than economic and political structure. Therefore, when social transformation develops into certain degree, many direct and indirect issues will emerge as deep culture problems. From socio – cultural anthropology or an even broader sense, any kind of economic and political activity is actually a kind of human's cultural activity in specific field, together with people's belief, faith, will, feeling and standard of value. Therefore, more attention should be paid to cultural transformation, especially for the issue of ethnic group women socialization in the process of social transformation. Cultural transformation is at stake is the modernization of human beings themselves.

V   Strategical Suggestions: Degree and Development of Tajik Women Socialization in Xinjiang Social Transformation

The shifting process of every ethnic group in Xinjiang is inevitable and practical directly powered by the progression of Reform and Open. In the time of cultural transformation in every aspect of social life, such as life style, logic pattern, ideological pattern, esthetic culture and ethical moral and regulations, the new and the old, the tradition and the modern, the conservative and the transformative, crisis and opportunities, all these patterns are seemingly irrelevant to one another, yet have deep connections in essence. Every ethnic group's socialization is bound to its special historical culture. Accordingly, socialization must not only keep pace with the demands of the times, but also adapt itself with its own cultural features. It is not recommended to look down upon one's own culture, and blindly take other or foreign culture. Digging deep into one's own special and good cultural tradition, educating and passing on one's own cultural spirits are possible strategies to achieve women socialization. Therefore, there is no need to discuss Tajik's social development, if women cannot get rid of difficulties and bounds. Then how to solve this problem?

(I) Enhancing the self – consciousness among Tajik women by means of "self – power"

French thinker Simone de Beauvoir in her classical work *The Second Sex* reveals that women are said to be inherent, rather than forming gradually. Influenced by factors like family economic state, social – cultural notions and geographical environment, the degree of Tajik women socialization is not ideal. Therefore, Tajik women's self – consciousness must be inspire in order to solve this dilemma. That is, Tajik women are advised to actively learn things by every possible means and of every form, improve self cultural quality and increase their participation in social activities. Socialization is not only a forming process of human's culture, but also the process of shaping a nation's sensible mind and national ethos. Specific cultural spirits are the basic elements for human's socialization, which must be given enough attention for a country and an ethnic group.

(II) Creating better social atmosphere for the development of Tajik women by means of "other – power"

It is vital for women to foster self – consciousness by means of subjective efforts with the aim of realizing their emancipation. Meanwhile, the society is supposed to create a harmonious environment to sustain women's development. Maslow insists that there is an active and constructive power in man's inner heart, and people's development, perfection and realization are the inevitable tendency, prevented or even twisted by environment and external conditions. Therefore, the whole society including the national functional departments and social organizations is advised to concern more about and support Tajik women. For example, study and explore Tajik women's new working patterns and ways in modern situation, increase culture sports activities to make their life splendid and healthily, set up and improve laws and regulations for women's rights to protect their legal rights and interests and make sure they could get timely assist and support.

Xinjiang is a relatively environmentally closed, culturally diversified backward region in the development of social economy. In this area, studies on degree of socialization of ethnic women is a key issue for researches on gender as well as Xinjiang minority society, no matter from what kind of aspects, nationality unity and progress, whole quality of nationality or culture complementary, minority women hold an important place. To some extent, women's development decides the development of a society. "Caring about girls is actually about the future of a nation. " The ultimate goals of researches on Xinjiang ethnic communities are to change the poverty and living state of the poor, to reduce poverty status, and to entitle them with better living condition and rights. In areas where ethnics living, women are a vulnerable group to men. Only by giving great concern about their socialization could realize equal rights and opportunities. As pointed out by Professor Ma Guoqing from Sun Yat – sen University, "the evolution of human beings is the process of enlarging possibilities for every member in society in stead of certain constituents. Suppose most women are excluded, this process must be unequal and malformed. " ❶

---

❶ Ma Guoqing. *Step into the World of the Other*. Academy Press, 2001 ; 271.

Исследование о таджикской культуре воды в высокогорьях Памира[❶]

刘明/著、冯雪/译

Основное содержание: Из поколения в поколение, в моей стране, таджикский народ веками проживает в высокогорьях Памира, в этих исключительных природных условиях. В данной статье используются и изучаются исторические материалы, исследования таджикской жизни в сельской местности, таджикской литературы и понятия о культуре воды. Также данная работа—попытается осветить такое историческое явление таджикского народа, как культура воды, влияние переселения и сохранившися традиции её традиции.

Ключевые слова: Памир; таджикский народ; культура воды

Г-н Го Цзяиь считает: "Так называемая культура воды, является технологией использования водных ресурсов, это один из методов управления водными ресурсами и способ знакомства с окружающей средой. Культуру воды составляют три ключевых элемента вера, технология и система. В этой системе из трех элементов, основными областями являются водные ресурсы, вера и знакомство с окружающей средой. Культура воды представляет собой тысячелетний народный опыт или же является исторической истиной, являет собой национальные ценности и взгляд на устройство мира, преломленные в

❶ 文章的早期版本系刘明：《帕米尔高原塔吉克族水文化调查研究》，《新疆社会科学》，2008 年第 6 期，第 90～98 页；译者：冯雪，女，新疆哈密人，祖籍山西万荣，硕士研究生，主要从事俄罗斯文学、俄汉翻译研究。

мифах, сказаниях и народных преданиях. "❶ Посредством данной статьи проводится изучение и анализ существования таджикского народа в естественной среде обитания, исследуются исторические заметки и анализируются труды, полученные в результате проживания в селькой месности, а так же обсуждаются темы, относящиеся к воде в обиходной жизни, производству воды и литературному понятию о культуре воды. ❷

I Природные условия в месте проживания таджикского народа – Памир и Ташкурган

Памир расположен в центре Евразии, всемирно известные горы-Гималаи, гора Каракорум, Кунлун, Тянь – шань, Гиндукуша-все они берут свое начало с Памирского огромного горного узла. Таким образом, всё это отражает древнюю таджикскую пословицу: "Пупок человека на животе, а пупок мира на Памире". Памир организован множеством центрально – азиатских горных узлов и представляет собой высокогорье. С центра Памира берут начало пять больших горных систем и три крупные горные реки. ❸Три основные системы рек это текущая на запад Амударья, на восток – река Тариму и на юг река Инд. На Памире круглый год снег, между многочисленных гор и долин, тает снег, тем самым образуя много

---

❶ Го Цзяиь: "Сишуанбаньна дай воды культура: традиционные и изменения-Хан Менг Чжэнь Манн Цзинхун тематические исследования далеко цунь", "Этнические исследований" второй период 2006г.

❷ Со слов г – н Фэй Сяотун: « В полевые исследованиях, нельзя довольствоваться лишь одной стороной культуры, как, реликвиями в музеях коллекционеров, они только смотрят на материальную часть некоторых артефактов. Можно просто держать деревянную палку с резной картинкой и рассуждать о культуре... А нужно было бы-изучить и сопоставитьдух и модальность данного артефакта, язык того времени, общественные и другие материалы, и только после этого, превратить данный объект-в предмет современного мира. » Фэй Сяотун: "Понимание культур усвоенное от пр. Малиновского", "Антропологии и культура сознания", Пекин: издательство Huaxia, 2004, стр. 54.

❸ К. Ф. Станюкович: "Еще раз о том, что такое-Памир", г. Ганьсу, факультет педагогического университета: "Сборник материалов по Памиру" (внутренняя ссылка). 1978 году, стр. 3.

рек и озер, вокруг которых есть много естественных пастбищ, лугов и пахотных земель.

Ташкурган является символическим именем, город прославился каккаменный; традиционная земля таджикского народа "Селекур", в переводе "Одна из первых гор", "Самое высокое место". Ташкурган – таджикский автономный уезд, находится в восточном Памире, север горы Куньлунь, западная окраина Таримской впадины, на юго – западном углу округа Кашгар (в 290 километрах от Кашгара), эта часть земли соседствует со многими уездами разных стран. Ташкурган-это уезд горной области, во внутренней части Китая, структура рельефа местности очень сложна, здесь в окружении гор, на юго – востоке на высоте 8611 метров располагается вторая в мире по высоте вершина-Чогори, а к северу от гор "Родина", находится пик Муштаг (высота 7,546м). С гор круглый год тает снег и нависшие ледники, стекая в реку, которая раскинулась между многочисленных гор и долин. Река Желапущиан и река Ташкурган проводят водяные потоки к самой длинной внутренней реке мире-реке Тарим. В долине рек есть много естественных пастбищ и пахотных земель. Обилие водыудобно для орошения, это хорошее место для фермерских угодий. ❶

II Таджикская культура воды

Согласно письменным источникам и полевым исследованиям, автор разделяет таджикскую культуру воды на 4е подвида: вода в жизни, производство воды, вода в литературе и общие понятия о воде в четырех категориях, удобных для анализа, в основном, чтобы облегчить

---

❶ Этот материал можно найти в национальном институте китайской академии « Отредактированное краткое описание таджикской истории » описывается географический ландшафт Ташкургана. Китайская академия наук, Синь – цзяньский Институт социально – этнических меньшинств, исследование истории: « Отредактированное краткое описание таджикской истории »(первоначальный вариант), 1963, вторая страница.

разъяснение ситуации. Разумеется, что концепция культуры воды берет свое начало из жизни и знаний таджикского народа о воде, и наоборот, культура воды и её концепция отражают всю жизнь и знания таджикского народа, а литература явно свидетельствует о нити развития самой культуры воды. Подводя итог, можно сказать, что четыре подвида понятий о культуре водывзаимно дополняют друг друга, взаимосвязаны и неразделимы.

1. Культура воды в жизни таджикского народа: лексика и ежедневная жизнь

(1) Словосочетания, связанные со словом « Вода »

В нашей стране таджикский язык принадлежит к индоевропейской языковой группе, иранской языковой ветви, памирской подгруппе, а исходя из названия относится к Салькурской и Ваханской части. Салькур и Вахан, первоначально были названием мест, Салькурской язык (Произношение на родном язык sariqul (уроженец), также есть приблизительный перевод в устной речи как-Сальıгол, Селекул и т. д.) в нашей стране используют более 20 тысяч человек, это основной язык, на котором разговаривают в Ташкургане таджики на территории Китая, Часть жителей города Ташкурган, Шачэ, Иечен, Жепу и Пишаниспользуют таджикский язык Вахан. ❶ В словаре таджикского языка, есть много слов, связанных с водой, такие как:

Просить дождя у камня:/ jaOo—3er/; вода скопилась в поле:/ peinuv/; шлифовать водой:/Xadurd3/; шлифовка водой:/Xadurd3bun/; шлифовщик водой:/Xadurd3tf i/; стекающая влага:/paa⌉uv/; развилка воды:/partf uvgo/;контролирующий воду:/merob/; водяной пар:/tef—a—

❶ Гор Цян: "Краткое описание таджикского языка", Пекин: Этническая издательство,1985, стр 1; Хирен Курбан, Мада Ли Хан, Дуан Ши Юй : "Китайские таджики", Урумчи: Синьцзяньский университет,1994, стр 68.

tef/; струящаяся жидкость:/ruf —wa—mf/; чай:/tf oi—ma—tf oi/и. т. д**❶**.

В таджикском языке словосочетания, связанные со словом « Вода », берут свое происхождение из повседневной жизни, богатая повседневная культура обогатила лексику таджикского языка и особенно словосочетания, связанные с « Водой », например-молить у камня о дожде и. т. д

Таджикский народ тщательно изучил воду и имеет четкие знания относительно её свойств и в своем языке разделяет воду на: источники, горячие источники, реки, озера, половодье, дождь, лед и. т. д Мы также можем наблюдать в языке-отражение отрицательных словосочетаний с « Водой », такие как: помутнение воды, грязная вода и. т. дЧто говорит о большом внимании таджикского народа к гигиене воды в повседневности. Все эти словосочетания не только говорят о существовании знаний о естественных функциях воды, но и указывают на смысловой символ понятий таджикского народа о культуре и окружающей среде. Все это является результатом активной адаптации таджикского народа к ресурсам естественной природы и водной окружающей среде.

（2）Культура воды в повседневной жизни

Таджикский народ очень серьезно относится к « Воде », например: если постирал в воде одежду, то выливать обратно эту воду нельзя; нельзя мочиться в воду ; нельзя ходить по большому в воду. В повседневной жизни таджики любят пить чай, особенно "Атигачай" (чай с молоком): следует взять черный или кирпичный чай и проварить в кипятке. Эти наиболее распространенные напитки таджиков, как и основное питание являются необходимостью.

Пример 1**❷**: Нуук(женщина, таджичка, работала в Памирском отеле, сейчас на пенсии, живет в деревне Айкырык): В тот раз, Абдульрахат

---

❶　Гор Цян: "Краткое описание таджикского языка", страницы 8,12,3,7,15,18,l6,29,27.

❷　Все примеры с данного труда автора относятся к полевым исследованиям и интервью материалам 7 – 9 2006г.

Абдулрихит-председатель городского округа Датун, попросил меня сварить чаю, я подала чай. Один был красный, а другой белый, он спросил меня: « Почему цвет чая разный? » . Охранники вокруг него были особенно нервными и я ответила ему: « Таджики делятся на две категории, одни Дабни Даль (Вахан) – красные, а другие, Ле Карри-белые, вы прибыли и выпили два вида таджикского чая считай, видели таджиков двух видов. Все услышали и рассмеялись. (2006 18 июля , запись интервью)

Описанный случай отражает понимание и классификацию чая таджикским народом: Дабни Даль (Вахан) цвет лица и чая-красный, Ле Карри-белией и чай тоже. На самом деле, Вахан и Ле Карри-это просто разные земли, что может проявляться в очевидную разницу в культурах. Можно сказать, что геополитические различия, вызвали культурные различиями, сформировали идентичную и региональную культуру. Конечно, это также является результатом культурной адаптации.

Когда подбирают имя новорожденному, таджики проводят небольшой обряд. Сперва нужно пригласить старшину или священнослужителя и уже с ними обсудить будущее имя ребенка. Иногда имя могут подобрать в честь известных мест, гор, рек и растений Памира. Таджики, перед тем как выдать невестку замуж, закрывают её в маленькой комнате и накрывают толстым одеялом для того, чтобы она как следует пропотелась, это альтернативный способ принятия ванны. Во время брачной церемонии, когда священнослужитель благославляет жениха и невесту, старшина со стороны невесты должен выйти, а " Байдархан " (брачный отец) обязательно должен присутствовать. После молитвы священнослужителя Байдархан-лично наливает жениху и невесте стакан соленой воды, потом дает закусить мясом и хлебом. Таджики Памирского высокогорья совершают обряд захоронения Это традиционный обряд религии Ислам. Аравийский полуостров-это колыбель Ислама. Таким образом, Ислам предусматривает, что, во время богослужения при отсутствии воды, можно очищаться землей. Обряд посмертного захоронения человека в землю имеет своим началом утверждение❶-« Вернуть тело земле,чтобы очиститься »❷.

Таким образом,можно увидеть важное действие воды в повседневной жизни таджикского народа, от ежедневного мытья рук перед едой до любви к чаю, нигде не обходится без воды. Особенно хорошо видна важность воды в различных обрядах, таких, как подбирание имени новорожденному, свадьба, похороны и. т. д. Так же хорошо отражены труд и мудрость таджикского народа,в том числе и культурная адаптация к природной окружающей среде.

2. Производство воды в таджикской культуре:исторически

Таджикский народ моей страны занимался животноводством, большая часть народа вела кочевой образ жизни. Вода является основным условием для успешного развития животноводства и земледелия. Неважно-возделывание земли или застройка пастбищ-ключевым элементом является вода. Горы, реки, географический ландшафт оказали огромное влияние на вид деятельности таджиков.

У таджиков есть традиционный праздник починки водяных каналов❸ (праздник "Зуур"). «Зуур» на таджикском,дословно-подвод воды, этот праздник относится к земледельческим работам. Праздник «Зуур» отражает природу высокогорья Памира и трудолюбивый нрав таджикского народа. В Ташкургане зимой очень холодно, вся горная вода застывает и весной необходимо разбить куски льда, тем самым позволяя воде естественно

---

❶ Ма Су Кун:"Общекультурное явление захоронения в Исламе у таджиков моей страны. ", "Изучение западной области" в 1991 г. четвертый период.

❷ Лан Сюй: " Истинное учение " (Тиэн Фан Джын Сюе), Пекин: Мусульманское издательство,1925г.

❸ Г. редактор Фан Су Мэй: " Общие табу малых народностей Китая ", г. Нан Нин: национальное издательство Гуанси, 1996 г., стр. 292; "Большой религиозный словарь мифов разных народностей Китая", Пекин: издательство Сюеюан, 1990 г.; Сирэн Курбан, Иминцзян Мулат :" Таджикская народная культура ",г. Урумчи,Издательство синьцзянского университета, 2001 г.,стр. 89

течь по водным каналам. В одиночку провернуть данное мероприятие невозможно, необходима работа всего народа деревни. « Зуур » - праздник, основанный как раз на этом мероприятии. Вместе с приходом весны, необходимо посыпать землей главные водяные каналы (земля позволит растопить лед быстрее), подготовить рабочие инструменты и испечь три больших хлеба на три дня праздника (один хлеб оставляют дома, а два берут с собой для работы на природе). В день подвода воды, весь народ под руководством « Мулап »(управляющий водой)едет верхом к месту работы, участвовать в мероприятии по починке водных каналов. После успешного подвода воды, весь народ собирается вместе и едят специально приготовленный хлеб, в то время как дети играют с водой. После этого, все молятся, молят о мягком ветре и благоприятном дожде и о хорошем урожае. Затем все празднуют праздник играют в игры и устраивают скачки на лошадях. Вода в производстве, проявляется в совместном труде и людской адаптации к условиям естественной среды.

Пример 2: Иламуджан (Мужчина таджикской национальности, школьный учитель биологии, уезд « Та »): каждый год примерно 18 марта, местные жители собираются в месте под названием « Синган », празднуют праздник « Освобождения воды ». Праздник отмечают основном в сёлах Тизынап, Ташкурган, п. Таган и. т. д. Сельский комитет каждого из мест -сам организует общественные мероприятия, игры, пиры и жертвоприношения. Праздник « Освобождения воды » проводится до праздника « Сягонрбаха » 21го марта (по таджикски-встреча весны, в простонародии « Науруз »). Разумеется, 18го марта в горах еще лежит снег, даже в апреле и мае снег до сих пор там. Люди считают, что праздник « Сягонрбаха » – это праздник уборки помещений, нельзя, чтобы на воду оседала пыль. Зимой воды нет, а после праздника « Освобождения воды », вода может смыть всю пыль, поэтому праздник « Освобождения воды » нужно проводить раньше, чем праздник « Сягонрбаха ». Но в каждом селе конкретное время проведения праздников может разниться. (14 июля 2006 г. Запись интервью).

3. Культура воды в таджикской литературе: слова "soug" и "bety"

Народную литературу таджиков Китая в народе делят на два вида. Первый-"soug" (Сауг, то есть-«истории», включая мифы, рассказы, истории, притчи, анекдоты и загадкии. т. д.) и "bety" (Буйе «тело стихотворения», это-лирика, поэзия, четверостишия, стихи Касуид, то есть религиозные стихи и дифирамбы, стихи Маснавы, то есть двустишия и свободные стихи, стихи Тайджикын, то есть траурные песни).

(1) Культура воды в "Soug" (рассказ или проза)

Мифы о воде: Одна добрая и милосердная фея охраняет парк на возвышенности "Отец ледяной горы". Фея подарила людям цветы с горы, за что с неба спустился ангел и приказал демону сковать её оковами на пике Муштаге за солеянное. Фея была очень рада, что подарила людям счастье и из её правого глаза текли слезы радости, которые превратились в реку, покрывшую всю землю. А ее боль и страдания привели к тому, что из её левого глаза текли слезы печали, которые превратились в лед на пике Муштаг, лед стал запасами и источником огромного количества воды. ❶

Мифы о озере: из путевых заметок Сон юн. В озере, рядом с которым нет гор, жил ядовитый дракон. Когда-то один торговец проходил мимо озера и встретил гневного ядовитого дракона, и был убит им. Когда царь Чипантуо узнал о этом происшествии, то передал трон своему сыну, а сам отправился в царство Уцай (в районе реки Сват нынешней страны Пакистан) чтобы стать брахманом (древняя система каст в Индии), учиться заклинаниям. 4 года спустя король вернулся домой и восстановил свой пост. Отправившись на озеро, он укротил зверя и тот превратился в человека, после чего раскаялся. Царь отправил дракона жить в лес за 2000

---

❶ Сирен Курбан, Иминджан Мурат: "Таджикская народная культура", стр. 186.

км от того озера. Этот царь был 13ым Чипантуо в их семье, что был выясненово время записи заметок путешественника Сон Юн. ❶

Легенда об "источнике": « В предании об источнике Рустам », рассказывается об источнике у входа в гору Танджи в Тахмане. Проходящие мимо люди пили здесь воду и набирались сил. Местные называли ручей « Рустам ». Когда-то Рустам свергнул тирана на этой земле, а после ушел в сторону Муштага. Когда он дошел до горы Танджи в Тахмане, с силой пронзил рукой землю, а когда вытащил обратно-там появился источник. Попив воды, он ушел, а источник существует и по сей день, являясь землей обетованной для проходящих мимо людей.

Исходя из вышеизложенных материалов, "Вода" занимает важное место в таджикской народной литературе, от мифов до преданий, от загадок до пословиц-все это является таджикской системой ценностей, что есть добро и зло, хорошо и плохо, красиво и уродливо. Тем самым народная мудрость развивалась непрерывно, передаваясь из уст в уста, вместе с юмором и интересным способом изложения.

Пример 3: Джанай (Мужчин таджикской национальности, житель деревни Айкырык, студент). В прошлом, в горах бльз деревни Датон был источник воды, в котором жила огромная рыба. Та рыба, была придавлена горой и потому не могла уплыть, но она могла шевелить своими плавниками. Обычно она всегда спит, но каждые 5 – 6 лет она двигает плавниками и наступает прилив. 28го июля 1998 года (скорее всего 1 августа 1999 года) вечером после 12, соседи начали кричать:« Прилив! », в тот раз все сильно затопило. Снесло дом моей сестры, включая ящик с 1300 юанями. Коровы, овцы и ослы убежали. Из – за того, что прилив наступил мгновенно, люди покинули деревню, не забрав вещи. По причине прилива

---

❶ Сяо Джи Син:"Исследование о древнем Памире, Чипантуо", Бай Бин, Ши Джин Бо, Лу Сюнь, Гао Вын Ды: "Китайская национальная история" (II) Пекин: опубликовано центральным университетом национальностей, 1989 г. стр. 22 – 23.

муж сестры и родители разделили имущество. После потопа те, у кого была работа и люди пенсионного возраста перебрались в Ташкурган, а остальные были направлены правительством в таджикское село Абати уезда Юпуху. (записи интервью 20 июля 2006 г.)

В данном примере есть одна особенность: во - первых, знакомство с водой берет свое начало из преданий, в которых не обошлось без мифов и вымыслов. Во - вторых, в Датунской деревне Айкырык, местный народ имеет свое частное понимание и объяснение прилива именно по причине их системы культуры и ее особенностей. Как только рыба пошевелиться-так сразу потоп, не шевелится-и потопа нет. О причинах возникновения прилива у местного населения тоже есть своя концепция: вода родила рыбу, а рыба рождает воду(прилив воды). В структуре культуры хорошо отображается взаимодействие реальности и мифов в жизни народа. В - третьих , влияние прилива сильно повлияло на традиционную жизнь таджикской общественности. Причиной деления семей скорее всего является унесенная потопом земля, необходимость постройки нового жилья. Одновременно потоп повлиял и на экономическое развитие народа и на их переселение. Земля, накопленное имущество, ранее потраченные силы и время-все было погребено водой. Потоп повлиял даже на разделение общества: выбрать новую землю для жилья самим или же предоставить это дело правительству. Резюмируя, можно сказать-какое огромное влияние на жизнь таджикского народа оказала окружающая среда, а особенно вода. ❶

---

❶ 1 - го августа 1999 года в г. Датун произошло сильное наводнение,47 человек остались без крова, безвести пропали 12 человек, оползни камней вызвали разрушения на 1052 акров земли и экономические потери в размере до 13 млн юаней. Можно рассмотреть « Основные исторические и календарные события г. Датун" (внутренние материалы). Местные фермеры и пастухи сообщили автору: до наводнения, земельный налог, сельскохозяйственный налог и налог на животноводство, в общем в год составлял 500 – 600 юаней, а после потопа, не то что налогов нет , но и электричества тоже.

（2）Культура воды в "beyt"（народная песня или народные стихи）❶

Любовная песнь-является одним из распространенных видов песни у таджикского народа. Данный вид песни, в основном, воспевает о любви молодых людей, описывается стремление молодых людей к свободной любви. Например:" Твоя любовь ко мне не должна быть такой же, как цветы у реки, расцветать по утру и вянуть к вечеру ". Или « В белоснежном козьем молоке»:«…, в котел с раскаленным маслом, нельзя налить и каплю воды. В нашей с тобой любви, нельзя допустить и капли корысти. » Этот способ выражение своих чувств посредством сравнения с природными красотами, часто используется в таджикском языке. Лирические песни, например " Любить так, как жемчуг любит чистую воду ", " Жемчуг любит чистую воду, соловей уповает о красной розе; любимая, до конца дней я уповаю о тебе, и даже если потоп разрушит всё, я не буду сожалеть ", кроме того, в двухстишиях часто встречается словосочетание " Чистая горная вода " и. т. д.

Кроме того, в таджикских поговорках тоже отображается содержание культуры о воде, например: " Любить свою страну, как Муштаг головой подпирает небо, а ногами стоит на земле. Воды Муштага-святы ", " Лучше пить воду из Сингана, чем есть кашу в Шачы ", " Лучше пить воду с рук друга, чем молочной чай с рук врага ", " Когда поливаешь колосья, дикая трава тоже может хлебнуть воды ", " Огонь не связать веревкой, а воду не унести в мешке ", " Торопясь-не сможешь пить горячий молочный чай, а большим пламенем не разогреешь еду " , " Большая скала не удержит ручей, а корова не удержит блоху ", " Вода-это жир земли ", " Сильный дождь-замоет землю, а многословие навлечет неприятности ", " не бери в жены девушку из Дабана, не сажай у себя чужую землю ", " Знания-как источник с водой, глубже копнешь-чище вода " и. т. д.

❶ Лю Джин Тао : " Таджикские народные отборные песни," Ли Джин Я , переводчик Мадели Хан , Урумчи: Синьцзяньское народное издательство ,1999 г. , стр. 8.

Посредством народных песен и стихов, хорошо отображается культура о воде и можно рассмотреть символику « Воды », что является символом духа : например « Воодушевление », « Вдохновение », « Печаль », « Радость », « Воспоминания », « Возложение » и. т. д. Одновременно, можно заметить , что культура о воде в таджикской народной литературе , существует не только на словах или книжных писаниях , но и в реальной жизни народа.

4. Концепция таджикской культуры воды : письменные материалы и полевые исследования

Таджикский народ изначально верил в концепцию о « 4х элементах » . В глазах таджикского народа , мир состоит из 4х элементов : « А – фу (вода) , " Атайси " (огонь) , " Хаг " (земля) , " Хава " (воздух). Человек , является частицей космоса , мира и так же состоит из объединенных четырех элементов. Жизнь человека существует в равновесии четырех элементов , если этот баланс будет нарушен , то и человеческая жизнь подойдет к концу.

Предсказатели и пророки таджикского народа , используют воду , землю , воздух и огонь для того , чтобы узнать о характере и качествах человека. Вода , сама по себе , является жидкой , прохладной и дает начало сотне жизней. Поэтому у таджиков есть такие поговорки , как " Вода – есть процветание и благополучие " , говорят , что человек с характером воды будет всегда счастлив. Таджикская поговорка « Вся жизнь берет свое начало из воды » так же отражает эту концепцию. Люди по своей природе делятся на четыре категории : с преобладающей водной составляющей (текучесть , гибкость) , с огненной составляющей (тепло) , с воздушной составляющей (ветреность , летучесть) и составляющей земли (стабильность , терпеливость). А какова же концепция о « воде » в реальной жизни таджикского народа?

Пример 4 : Джамиль (мужчина таджикской национальности , сельский житель деревни Тизнап, 6 человек в семье) : В Ташкургане вода под открытым небом, на которую попадает солнце, называется « мужской водой », а такая вода, как в г. Каши, подземная вода, которая не видит солнца, называется « женской водой » . Утром, если умыться мужской водой, то весь день будешь бодрым , так же отрезвляет и помогает от головной боли . ❶(6 июля 2006 г. запись интервью)

Пример 5 : Шер Мамат (мужчина таджикской национальности, житель деревни Айкырык г. Датун, 3 человека в семье) : "Не будь ледяной горы, не было бы и г. Каши, не будь горы Датун, не было бы и воды, не будь воды, не было бы и села Абат. Старики говорили, что если существуют солнце, ветер, вода и земля то и мы существуем, насекомые существуют. Не будь чего – нибудь одного, то все перестало бы существовать. " (20 июля 2006 г. запись интервью)

Два примера, в разной степени хорошо отражают место " воды " в мировоззрении таджиков. В случае, описанном " Джамилем ", воде присваивается половое различие по структуре : ташкурганская вода, на которую попадают солнечные лучи и которая находится под открытым небом, есть мужская вода (свет), она бодрит и отрезвляет. Вода в Каши, не опаленная солнечными лучами, есть женская вода (тень). Эта структура берет свое начало из геологической концепции о том, что разная природная вода делится на разные культурные смыслы. А также имеется разделение по половым признакам, которое составляет понимание о свете и тьме, и намекает о ценности и свойствах мужской воды. Мужская вода лечит головную боль, отражает национальное мировоззрение о "трезвости", как о лучшем знакомстве с самим собой, благодаря чему познаешь и мир вокруг.

Пример "Шер Мамата" описывает знакомство с водой, посредством ее

---

❶ В деревне Датун существует привычка по употреблению "утреннего спиртного", с утра, сразу выпить спиртного, так же называют "похмеляться", если вечером была пьянка, то по утру нужно выпить еще.

связи с зарождением и существованием других объектов. Описана структура: ледяная гора Ташкурганского уезда, горы и реки деревни Датун, село Абат. Эта структура имеет своим началом геологическую концепцию, которая является отражением естественного природного явления и представляет из себя геологические символы, такие как "ледяная гора", "горы и реки", тем самым объединяя и связывая воедино, определенные места, пример (1): снег-ледяная гора-Ташкурганский уезд-г. Каши; пример (2): горы-реки-деревня Датун-село Абат; явно отображено, как с помощью познания внешних, внутренних, географических и природных объектов, изучают и ищут понимания новой среды и географической местности. Используя имеющееся знания, познают и изучают ранее неизвестное и неизученное. Все это является накопленным культурным достоянием адаптации таджикского народа к условиям окружающей среды

III Культура воды в таджикском селе Абат: Иммиграция и адаптация

Таджикское село Абат занимает ныне существующий в стране земельный участок площадью в 50 тыс му (1 му ≈ 0. 07 га), является значительной площадью и большой помощью нуждающимся области Каши. Была проведена граница на территории уезда Епух деревни Байават, освоено 1928. 8 му, из которых вспахано 1546. 7 му, на оставшейся территории 382. 1 му (дороги, канализация, водные каналы, лесопосадка и. т. д). Почему, во время переселения, таджикский народ выбрал деревню Абат уезда Епух? Как адаптировались в новой водной среде таджики из села Айкырык деревни Датун? Что изменилось в культуре воды в результате культурной адаптации?

Пример 6: в то время, выбирая место, (1) сначала посмотрели Атушен. (2) В уезде Шуфу-кусок земли, но без воды. (3) В месте

Байшынкад, богатая почва, но вопрос воды не был решен. Предыдущий секретарь Каши, Яо Ионг Фын, во время собрания сказал о том, что нужно развивать Байшынкад, повернуть реку от Бачу и Хытиэн, тем самым, создав новый канал. Но главы Бачу и Хытиэн сообщили, что, если повернуть реку, им самим воды будет не достаточно, вполне вероятно, что фермеры могут убить их, лишат титула, а потому не бывать этому. (4) Еще посмотрели место Ечын , это место всего лишь на 10 тыс му земли, а это-намного меньше земли, чем было необходимо, к тому же Ечын не хотел делиться землей. (5) Также посмотрели и место Шачы. Первая причина выбора село Абати-вода; вторая причина-войско, (название места-примечание от автора) уже была построена даже арка; вблизи города Каши, удобное место расположения, а потому все-хорошо развито. (20 сентября 2006 г. упоминания о таджикском городе Абат, запись интервью)

Исходя из ситуации описанной объектами интервью, во время выбора места, были обсуждены и рассмотрены 5 мест, но из – за воды, земли и других причин, окончательный

выбор переселенцев пал на " село Байават в уезде Епуху". Основными причинами являются: наличие воды, достаток земли, удобная транспортная развязка и подобные факторы, уже своевременно развитые в этой области. Последний вопрос, как же тут обстоят дела с водными ресурсами?

1. Адаптация культуры воды в жизни

Для управления водными ресурсами, в новой области уже был построен водный канал "Супироз", расчетный расход составляет 3 кв. м / сек, длиной в 4. 5 км , является основным развитым каналом сельского хозяйства деревни Абат, построен главный дренажный канал, расчетный расход составляет 1 , 5 кв. м / сек, длиной в 1. 4 км, общая длина трех отраслевых каналов составляет 4 ,77 км, расход 0 ,5 – 1 м / сек. Одно место для водозабора, один буровой колодец 3 кв. м / сек. Кроме того, этот район богат подземными водами, данные гидрогеологического бурения показывают, что объем скопленной воды под землей составляет 170 кв. м[❶]. Так какова реальная ситуация? Можно ли бурить скважины? Достаточно ли воды? Как решить вопрос воды в сельском хозяйстве?

Пример 7 : Здесь, в песчаной почве могут вырасти хлеба, но в твердой почве, под давлением не вырастет ничего. По причине низкого рельефа местности в Абате сама по себе местность отличается большим кол - вом соли, поэтому здесь не пробурить скважину, копнешь на 2 - 3 метра и появится вода; пробуришь до 20 ти метров, а вода до сих пор соленая-не по попьешь. (глава округа Ли : вскопаешь на 300 метров, а вода по - прежнему соленая , негодна для питья.) (4 сентября 2006 г. , упоминания о таджикском селе Абат , запись интервью)

Очевидно, что если имеются водные ресурсы, то это не обозначает, что их можно успешно использовать или употреблять в пищу. Наводнении смыло их дома, таджики съехали с плато так же по причине воды, почва земли в Абате имеет природное засоление, что так же является преградой и проблемой местных жителей. Для того чтобы у всех была питьевая вода, правительство, во время строительства домов, установили в каждом доме водопровод, но воду подают не в любое время.

Пример 8 : каждый день в 14 : 00 и в 20 : 00 подают воду в течении одного часа. Иногда два дня могут не подавать воду, иногда и целую неделю, бывает-вода есть всегда, но все это не стабильно. Поэтому, воду необходимо, заранее залить в пустые резервуары, на случай когда она будет нужна (для стирки и. т. д). (6 сентября 2006 г. таджикское село Абат , запись интервью)

Пример 9 : Вода не плоха, но на вкус соленая, выпьешь немного больше-желудок заболит. (Макзум , 14 сентября 2006 г. таджикское село

---

❶ Народное правительство Ташкурган – таджикского автономного уезда , плановый комитет окр. Кашгар , комитет помощи нуждающимся окр. Кашгар : "Ташкурган – таджикский автономный округ план по помощи нуждающимся переселенцам " г. Абат , (внутренние материалы) 1999 г.

Абат,запись интервью)

Пример 10：Здесь, еще хорошо (говорится о воде), здесь удобно и есть вода, а там (имеется в виду Датун), нужно набирать воду с реки, но если говорить о воде в поле, то Датун удобней. (Кадиль ,14 сентября 2006 г. таджикское село Абат, запись интервью)

Пример 11：Вода в Датун очень сладкая, позволяет людям расслабиться, для воды, мы используем большое ведро. Выпив этой воды, хочется спать. Иногда в день, два раза подают воду, а иногда три. Когда сверху (говорится о реке Бачу) воды мало, то и подают мало воды. А когда много, то и подают больше. Иногда я беру воду у соседей, а бывает и они у меня, для деревни-это обычная ситуация. Бывают дни, весь день пашешь, некогда самому набрать воду, потому просишь у соседей. Обычно с утра и в обед нужна вода, для того чтобы выпить молочного чая, а к вечеру для того чтобы приготовить ужин. После обильной работы, в легкую можно выпить 5 – 6 больших чаш. С августа 2005 года по сентябрь 2006 года, каждый день после работы, все моются в специально вырытой канаве для воды, в Датуне все моются в реке, иногда все моются два дня. (Вулуджан, 15 сентябрь 2006 года ，таджикское село Абат, запись интервью)

Пример 12：Что бы вы больше всего хотели из Датуна? (я спросил)- "Хатс!" (указывая на воду) Вода в Датуне очень сладкая, а здесь никакая. (Алим 15 сентября 2006 года, упоминание о таджикском городе Абат, запись интервью)

В приведенном выше случае, есть некоторые общие признаки: во – первых, набирать воду очень удобно, но время водоснабжения-неопределено; во – вторых, вода в Датуне имеет приятный вкус, многим переселенцам непривычна такая вода; в – третьих, по причине нехватки воды, одалживание воды стало обычным делом, потому и емкости для жидкости подверглись большим изменениям; в – четвертых, воду в Датуне набирают из реки, нет ограничения по времени, а в городе Абат, есть водопровод, но есть ограничение по времени; если срочно необходима вода, то верхом добираются до разветвления абатского водяного канала.

Очевидно, что следуя за изменениями в водной окружающей среде, таджикская культура воды начала активный процесс адаптации, а именно: во − первых, по причине подачи воды в строго определенное время, таджики стали бережнее относится к времени; во − вторых, из − за изменений в емкостях для воды и способах ее одалживания, укрепились отношения между соседями и увеличилось количество общих мероприятий. В г. Датун нет проблем по вопросам одалживания воды; в − третьих, адаптация к новым способам передвижения (например-осел) по причине необходимости передвижений к водным источникам. Разумеется, что в понятии о вкусовых качествах воды, до сих встречается факт не полной адаптированности, но этот вопрос не может быть урегулирован за столь краткий срок.

2. О адаптации культуры воды в производстве

В сельскохозяйственной отрасли, переселенный народ мигрантов лицом к лицу встретил новую природную среду, в ранее имеющихся знаниях и условиях труда произошли перемены, далее запись о том, как автор участвовал в мероприятии по подаче воды на новой земле: в 8:00 часов вечера, я с старшиной села Чын, на мотоцикле объехал три поселка с целью посмотреть процедуру подачи воды. Старшина Чын, в основном, отвечает за работу в трех пунктах, живущий там народ-это люди, переселившиеся из сёл Датун, Вача и Куксилуг. Это относительно новая земля и переселенцы будут впервые что − либо здесь сажать, именно поэтому важно видеть, как это все впервые происходит. Встретились рабочие из 6 разных местностей, по отдельности − это (1) Варыс, администратор части поселка №4/3 , 4 апреля 2005 года переехал из деревни Айкырык, (2) Рыим, переехал из деревни Айкырык, местности Тайулап, (3) Мулаколь, переехал из Куксилуг, (4) Давлат, переехал из Тахмана, (5) Мамат, мужчина уйгурской национальности, 20 лет, считает себя Ташкурганским уйгуром, от других отличается тем, что говорит как по-уйгурски, так и по-таджикски, （6）Курбан Бай, бывший старшина поселка №3. Прождав немного, оповестили от том, что скоро пустят воду （в селе Абат, всего есть 4 деревни, воду подают поочередно, до 20 сентября вода уже должна быть везде подана, как земля подсохнет, можно сажать крупу. Понятие о разбиении земли на колеи, определенно является техническим. Если земляные межи сделаны хорошо, то и вода будет течь равномерно. Если провести межи в пустынной почве, то образуются полые участки, в которые легко можно провалиться ногой. Оросительные канавы делятся на: главную канаву, распределительную канаву, подводящую канаву, насыпную канаву, перенаправляющую канаву（от больших канав к маленьким）. Главная и распределительная, а так же распределительная и подводящая канавы располагаются перпендикулярно друг к другу.

Пример 13: Народ Датуна умеет трудиться, но по причине иной почвы, и обращаться с землей необходимо по－другому. Например, посадив кукурузу в Датуне, только через 45 дней необходим полив, а здесь через 20 дней, иначе ростки засохнут и умрут. Но люди не верят и не понимают, почему нужно поливать так рано, и трудиться так рано. （Юхон Лян, заведующий организационным отделом таджикского села Абат, 4 сентября 2006 г. запись интервью）

Пример 14: Если сравнивать здешнюю местность с Датуном, то, во－первых, после полива, пройдет 10, 20 дней, а земля и канавы все еще не высохли, земля покрыта коркой. Во－вторых, в Датуне, полив необходимо проводить утром и вечером, это правило передавалось тысячелетиями. С утра все промерзшее, а как выйдет солнце обогреет землю и сожжет все ростки. Несколько дней нет сна, по причине подачи воды. Здесь земли много, а воды мало, но днем ее подают. В－третьих, здесь постановления правительства очень важны, если днем не подадут воды, то и иногда и вечером её не будет. Сверху（указывается на горы）вода бесплатная, вода сладкая. И по сей день вода здесь бесплатная, но во время посева работа трактора-платная. (Амиль, 16 сентябрь 2006 г. запись интервью)

Говоря о сельскохозяйственных вопросах, таджики переселившиеся из деревни Айкырык в Датуне, до сих пор не до конца адаптировались к условиям окружающей среды снизу (почвы). Все знания о земледелии, поливе и всем, что связано с водой-попали под удар, по причине несоответствия знаниям, необходимым для жизни на равнине. По причине изменений многих природных элементов, таких как-почва, переселившимся таджикам требуется приложить много усилий на переадаптацию, лицом к лицу встретиться с новыми вопросами и знаниями, создать новые жизненные концепции для адаптации к новой среде. Земли много, и вся она с большим содержанием соли. Таджики равнин днем и ночью поливают землю с целью попытки примять соль в земле.

IV Заключение

Все народы мира имеют свою культуру и обычаи, связанные с водой, все народы рассматривают воду-как начало жизни, но нет такого народа, который также как таджикский, искренне любит и уважает воду, наделяет воду тайной. Именно в таджикской культуре встречается наибольшее кол — во элементов культуры, связанных с водой. Вода-является важной частью окружающей среды, которая оказала свое действие на труд и жизнь таджиков, а так как жизнь и труд неразделимы, вода стала символом памяти. В обилии разнообразия мира литературы, вода тоже вошла в человеческую хронику, стала объектом слагания легенд и символом мудрости, пройдя через тысячелетия различных историй, вода стала духом жизни таджикского народа.

Вода является носителем памяти о таджикской культуре, уже стала общей и единой памятью таджикского народа. Культура таджиков высокогорья Памира является частью системы таджикской культуры вообще. Во время изучения культуры воды, автор использовал в изложении-разделение воды на разные сферы жизни, такие как: водяная лексика и повседневные выражения из жизни, сфера производства, исторические записки и реальная ситуация, сфера литературы с народным разделением на 《 soug 》 и 《 bety 》, включая изучение ранее имеющихся материалов и полевую работу. Данный труд не стоит на стороне проведения оценки культурных ценностей, а пытается построить более объективную структуру путем объединения идей двух сторон, пытается объединить исторические материалы с полевыми исследованиями, отражает путь становления и развития культуры воды, имеет смыслом и ценностью-охрану таджикской культуры воды. Для развития одной национальности, не всегда столь важна экономическая мощь, но часто необходимо наличие обилия культурных ценностей и национальной притягательности. Пройдя через закалку и реконструкцию, культура воды стала народным богатством и достоянием культуры. Культурные ценности и развитие цивилизации в целом-есть тенденция развития таджикского народа в будущем.

（Примечания от автора: во время полевой работы, автор получил большую помощь от госпожи Ян Ли из народной больницы уезда Ташкурган, так же от Чын Сию Фын из пункта охраны здоровья матери и ребенка, отдельное спасибо супружеской паре Фан и Хуай Нан за поддержку и помощь. Так же благодарен всем, кто оказывал мне содействие!）